W0412932

Architekturführer
Tessin und Lombardei

Architekturführer

Tessin und Lombardei

Die neuen Bauten

Gerardo Brown-Manrique

Verlag Gerd Hatje

Übersetzung aus dem Englischen von
Cornelia Berg-Brandl

Zuerst erschienen unter dem Titel
The Ticino Guide
© 1989 Princeton Architectural Press,
New York,
und Gerardo Brown-Manrique
Alle deutschen Rechte bei
Verlag Gerd Hatje, Stuttgart, 1990
ISBN 3 7757 0283 0

Gesamtherstellung Todt-Druck GmbH,
VS-Villingen
Umschlaggestaltung Peter Steiner

Inhalt

Danksagung

Die Herausgabe dieses Architekturführers wurde durch einen Zuschuß der Graham Foundation for Advanced Studies in the Fine Arts, Chicago/Illinois, unterstützt. Dieser großzügige Beitrag ermöglichte es mir, das umfangreiche Material, das ich im Zusammenhang mit diesem Projekt erhalten hatte, für eine Veröffentlichung zu bearbeiten.

Die Suche nach autochthoner und zeitgenössischer Architektur in der Region des Tessin begann in den Jahren 1982–84, während ich am Miami University Dolibois European Center in Luxemburg unterrichtete. Der größte Teil der Untersuchung wurde im September und Oktober 1986 durchgeführt, als ich, von Miami für ein Fortbildungsprogramm freigestellt, ein Stipendium in Luxemburg erhielt; abschließendes Material wurde im Sommer 1987 zusammengetragen.

Ich möchte danken: Hayden B. May, vormals Inhaber des Lehrstuhls der Architekturabteilung an der Miami University und derzeit Dekan der School of Fine Arts, sowie Robert Zwirn, gegenwärtig Inhaber des Lehrstuhls für Architektur; Dr. Ivan Lakos, ehemaliger Direktor des Dolibois European Center, der stellvertretenden Direktorin Mme. Maisy Dumont, sowie der für die Unterbringung zuständigen Mme. Elisabeth Prost; meinem guten Freund und ehemaligen Mitstudenten Jean-Marie (Jim) Clemes; Kevin Lippert von der Princeton Architectural Press; und schließlich allen Architekten, die meine Fragen beantwortet haben; viele riefen mich in Luxemburg oder hier an. Sie gingen geduldig auf meine in Französisch oder Englisch formulierten Fragen ein und stellten Material für dieses Projekt zur Verfügung. Ihre Unterstützung und Hilfe war von unschätzbarem Wert.

Ich widme dieses Buch meiner Frau, Susan R. Ewing. Wir beide schätzen gutes Essen und guten Wein, aber noch mehr teilen wir die Liebe zu gutem Design. Zahlreiche Bauten und viele Architekten haben wir gemeinsam besucht. Ich widme dieses Buch auch meiner Mutter und meinem Vater, Maria Enriqueta Manrique de Brown und Dr. Gerardo Brown, sowie meinen Schwiegereltern, Rosemary und Wilbur R. Ewing.

Vorwort

Dieser Architekturführer ist das Ergebnis eines Forschungsprojekts, dessen Anlaß die Neugier war, warum so viele interessante Publikationen aus der Schweiz und Italien kamen. Warum gab es bei einem Großteil der Arbeiten Affinitäten, obwohl sie oft von Architekten verschiedener Generationen stammten? Die darauffolgende Untersuchung, die zunächst einfach darin bestand, alles schriftliche Material über diese Architekten zu sammeln und dann deren Bauten zu besichtigen, entwickelte sich zu einer richtiggehenden Forschungsarbeit, die sich über vier Jahre erstreckte.
Die Publikation, die dabei herausgekommen ist, ist aber kein Katalog. Eine große Zahl von Architekten ist zwar berücksichtigt, andere jedoch, wie etwa Dolf Schnebli und Sergio Crotti, wurden ausgelassen.
Im allgemeinen stammen die erwähnten Architekten aus der Region. Eine offenkundige Ausnahme ist Martin Wagner, Direktor des europäischen Programms des Southern California Institute of Architects (SCI-ARC) in Vico Morcote. Zwei seiner Projekte, ein Zweifamilienhaus, das aktive und passive alternative Energiesysteme nutzt, und die Villa, die das SCI-ARC-Programm beherbergt, sind beschrieben.
Über einhundertfünfzig Werke sind hier behandelt, wobei die große Mehrzahl in den letzten zwölf Jahren entstanden ist. Die wenigen, die älter sind, wurden für historische Vergleiche herangezogen. Es gibt noch viele andere interessante Projekte in der Region, häufig ganz in der Nähe der hier erwähnten. Mit etwas Glück und Neugier kann der Besucher sie ausfindig machen.

Einführung

Der Architekturführer illustriert die Vielfalt der Projekte, die in den letzten fünfzehn oder zwanzig Jahren von einer kleinen Gruppe von Architekten, die in der Südschweiz oder in Norditalien leben und arbeiten, gebaut wurden. Davon sind die Häuser des Schweizers Mario Botta wohlbekannt, während in Italien Aldo Rossi mit seinen einflußreichen Schriften und der zunehmenden Zahl ausgeführter Werke Aufmerksamkeit auf sich gezogen hat. Die Zusammenstellung der hier angeführten Werke besteht jedoch aus mehr als aus Bottas »Casa Rotonda« in Stabio (TI - Kanton Tessin, Schweiz) oder Rossis Schule in Broni (PA - Provinz Pavia, Italien).[1] Sie umfaßt so verschiedenartige Projekte wie die neue Raststätte an der Sankt-Gotthard-Südautobahn bei Airolo (TI) von Carloni und Galfetti, das Tenniscenter in Bellinzona (TI), ebenfalls von Galfetti, und Massimo Fortis' Platzanlage in Nova Milanese (MI). Ihre Architektur wird im allgemeinen als neo-rationalistisch oder als der Tendenz - *La Tendenza*[2] - zugehörig bezeichnet und folgt nicht der postmodernen Orthodoxie historistischer Wiederbelebung. Statt dessen resultieren ihre Bauten aus der Konzeption der regionalen Traditionen eines jeden Architekten. Sie illustrieren die Überzeugung, daß Architektur eher aus der Konstruktion und aus den verwendeten Materialien resultiert, als aus der Anwendung dekorativer Elemente zur Verkleidung der Gebäudestruktur. Die heutige Architektur im Tessin besitzt eine deutliche Ähnlichkeit mit der Baukunst des Neoklassizismus. Emil Kaufmann erkennt seine Merkmale, die sich leicht auf die heutigen Beispiele anwenden lassen: »In engster Beziehung zur Forderung der Materialgerechtigkeit steht die sich nun entwickelnde ›Autonomie der Formen‹ ... Die Wand gelangt vielmehr zu stärkstem Eigenleben, wird reinste Verkörperung ihres Zweckes - des Raumabschlusses, der Umfriedung. Ebenso ist das neue flache Dach nur Raumbedeckung und nicht im alten Geist der Repräsentation ›Krönung‹ ... Das Streben nach der reinen, der ›idealen‹ Form, nach streng sondernder Konturierung, die Abkehr von allen illusionistischen Experimenten entsprechen dem baukünstlerischen Verlangen nach Wahrhaftigkeit, dem Suchen nach der einen Grundform, dem Wunsch nach Isolierung der Teile.«[3]

Die volumetrischen Eigenschaften dieser früheren Architektur dringen in die Tessiner Beispiele ein. Reine Formen herrschen vor, wo die Dekoration, falls sie existiert, dazu neigt, aus dem Spiel von Licht und Schatten, Wand und Öffnungen, Überständen und Rücksprüngen, die die Fassaden beleben, entstehen zu lassen. Selbst dort, wo Architekten sichtbare dekorative Elemente verwenden, geschieht dies auf elementaren Ebenen, nur um das Spiel von Materialien eher hervorzuheben, als es zu verbergen. Es ist den geographischen und kulturellen Eigenschaften der Region zuzuschreiben, daß die Architektur des Tessiner Beckens diese Werte reflektiert.

Das Flußbecken des Ticino als Idee

Ti-ci-no: 1. Alter Name Ti-ci-nus. Ein Fluß, der in der Südschweiz entspringt und 250 Kilometer überwiegend nach Sü-

den in den Po in Norditalien fließt. 2. Ein Kanton in der Südschweiz mit einer Fläche von 2.800 Quadratkilometern.[4]
Das Flußbecken des Ticino als einheitliche Region ist eine Erfindung. Wenn man den Fluß als den Faden betrachtet, der die Alpen mit der lombardischen Ebene verknüpft, dann ist sein Becken ein angemessener Rahmen, um die jüngsten architektonischen Projekte zu besprechen, die im schweizerischen Kanton Tessin und in den italienischen Regionen Lombardei und Piemont gebaut worden sind. Sie zeugen von örtlichen Traditionen, verkörpern aber keine Wiederbelebung vernakulärer Bauweisen. Gleichzeitig zeigen diese Projekte deutliche Zusammenhänge mit den besten Beispielen des italienischen Rationalismus der dreißiger Jahre und den großartigen Beispielen der »heroischen Periode« der modernen Architektur auf.[5]
Die Vielfalt der erwähnten Arbeiten reicht von Einfamilienhäusern bis zu Schulen und anderen öffentlichen Einrichtungen. Eine Ähnlichkeit bei vielen der ausgewählten Projekte betrifft ihren Entwurf als platonische Körper, hergestellt aus gängigen Materialien, die sichtbar gelassen werden, um ihre wahren Eigenschaften zum Ausdruck zu bringen. Diese Baukörper sind häufig durchbrochen, als ob der Diskurs zwischen Außen- und Innenräumen noch gesteigert werden sollte. Der Dialog wird durch die Verwendung gegensätzlicher Materialien entsprechend ihrer Funktionen noch verstärkt. Stark durchbrochene Stahltreppen etwa werden in einen sehr massiven Baukörper aus Beton oder Stein gestellt, um, wie in Louis Kahns Architekturvokabular, den Dialog zwischen ihren beiden Funktionen zu intensivieren. Hier soll nicht die Existenz einer »Schule« oder eines Stils angedeutet, sondern eher ganz spezifische Anliegen, die in den Entwürfen sichtbar sind, illustriert werden.
Drei von Kenneth Frampton erkannte Merkmale erklären auch die generellen Gemeinsamkeiten, die in diesen architektonischen Projekten entdeckt wurden:

»1. Die relative Autonomie der Architektur und die Notwendigkeit ihrer Re-Artikulierung als ein Diskurs in Form von Typen und Regeln für die logische Verbindung ihrer Elemente;
2. Die sozio-kulturelle Bedeutung bestehender städtischer Strukturen und der Rolle von Monumenten als Verkörperung und Darstellung der Kontinuität öffentlicher Einrichtungen über die Zeit hinweg; und
3. Die fruchtbare Hilfsquelle von historischer Form als Vermächtnis, das stets für eine analoge Interpretation in der Gegenwart verfügbar ist.«[6]

Das Flußbecken des Ticino

Das Flußbecken des Ticino umschließt drei verschiedene Regionen: das Gebiet der hohen Gebirgstäler, vor allem nördlich und östlich des Lago Maggiore (das Gebiet *sopra Ceneri* im Tessin[7]); die städtischen Gebiete um die Seen von Lugano, Maggiore und Como herum, sowie die flacheren Talgebiete *(sotto Ceneri* in der Schweiz und die italienischen Voralpengebiete wie das Valsassina); und schließlich das lombardische und piemontesische Flachland und seine Hügel, einschließlich der Ebenen des unteren Ticino und des Po.
Wie der Po und seine Nebenflüsse entspringt der Ticino hoch oben in den Kristallmassiven der westlichen Alpen. Er beginnt einen steil abfallenden Weg auf einer Höhe von über 2300 Metern über dem Meeresspiegel, nahe dem Gipfel des Grieshorn, und folgt dem Val Bedretto zum Valle Leventina bei Airolo, dem südlichen Ende des Tunnels durch den Sankt Gotthard. Hier liegt der Fluß unterhalb 1200 Metern und nicht mehr innerhalb des Alpengebietes. Das Tal weitet sich um Ambri (Höhe 988 Meter) herum aus, verläuft überwiegend in ostwestlicher Richtung, bevor es sich wieder verengt und sich einen Weg zu den flacheren Gebieten bahnt. Gleich westlich von Biasca fließt der Brenno in den Ticino,

und gemeinsam bilden sie die Riviera zwischen Biasca und Bellinzona, dem letzten engen Durchlaß des Gebirgstals, das zum Fuß des Monte Ceneri führt. Hier durchfließt der Ticino die Magadino-Ebene auf einer Höhe von etwa zweihundert Metern, bevor er in den Lago Maggiore mündet. Dort vermischt sich sein Wasser mit dem anderer Flüsse, die in den See fließen: Verzasca entlang dem nördlichen Ufer, Maggia zwischen Locarno und Ascona, Toce nahe den Borromäischen Inseln und Tresa, der von Osten her in den Luganer See fließt.
Der Ticino tritt in Sesto Calente wieder aus dem Lago Maggiore heraus und bildet die Grenze zwischen den italienischen Regionen Piemont und Lombardei, bevor er gleich südöstlich von Pavia mit dem Po zusammenfließt. Hier ist der Ticino ein breiter Fluß geworden, der durch ein fruchtbares landwirtschaftliches Gebiet fließt. Die historische Bedeutung der Gegend ist klar, finden sich doch nahe den Ufern des Ticino so bedeutende mittelalterliche Städte wie Novara, Vigevano, Abbiategrasso, Pavia und natürlich Mailand. Sobald er mit dem Po zusammenfließt, wird der Ticino Teil des größeren Flußsystems in Norditalien. Zu den Städten in der Nähe des Po gehören Piacenza, Cremona, Parma, Mantua und Ferrara. Der südliche Abschluß des Beckens wird von den Gebirgsausläufern des Apennin gebildet.

Subregionen des Ticino-Beckens und autochthone Architektur

Die schweizerischen Architekten, unter anderem Luigi Snozzi[8], fassen den Monte Ceneri als physische und psychologische Barriere auf, die den Kanton Tessin zweiteilt. *Sopra Ceneri*, oder nördlich des Monte Ceneri, ist das Gebiet provinziell mit Locarno als Erholungszentrum und Bellinzona als kantonalem Regierungssitz, physisch durch die Alpen von der deutschsprachigen Schweiz weiter nördlich getrennt. Lugano, das wirtschaftliche

Cevio (TI): Die Dorfkirche

und kulturelle Zentrum des Tessin, liegt südlich, oder *sotto Ceneri*. Lugano und das Mendrisiotto dahinter sind auf Mailand und seine Kultur gerichtet, eine historische und physische Realität. Aber mehr noch als die kulturellen Unterschiede innerhalb der Gesamtregion (und sicherlich mehr als die politischen) sind es die geographischen Unterschiede dieser Gebiete, die die Charakteristika ihrer autochthonen Strukturen bestimmt haben.[9]
Es besteht ein Unterschied im Charakter der Gebäude, zwischen denen der Alpenregionen mit ihrer relativen Isolation und denen der größeren städtischen Zentren in den Ebenen und an den Ufern der Seen.
Die Dörfer der hohen Gebirgstäler im schweizerischen Tessin und in den italienischen Alpengebieten sind gekennzeichnet durch kompakte Siedlungsmuster, in denen die Strukturen eng entlang schmalen Pfaden verlaufen. Es gibt aber noch andere Gemeinsamkeiten. Beispielsweise dort, wo Gebäude quer zum Gefälle der Landschaft angesiedelt sind, findet man separate Eingänge, alle direkt vom Geländeniveau aus zu erreichen; andererseits werden dort, wo die Häuser parallel stehen, im allgemeinen auskragende Steinplatten als Treppen zum oberen Geschoß genommen. Die Verwendung von Materialien variiert auch entsprechend der Höhe. Wo sich in den höheren Gebieten leicht Holz finden läßt, haben Steinhäuser häufig vorspringende Holzbalkone, um die Räume der oberen Geschosse zu

Verscio (TI): Typische Häuser eines Dorfes im Val Maggia

Verscio (TI): Ansicht eines alten Dorfes

Bissone (TI): Die Arkaden gegenüber dem Luganer See

erschließen. In tiefer gelegenen Gebieten macht die Verwendung von Holz einer fast ausschließlichen Nutzung von einheimischem Granit für Mauern, Stürze und Dächer Platz. Dieser Wechsel in der Verwendung von Baumaterialien wird offensichtlich, wenn man beispielsweise auf der Autobahn N2 nach Süden fährt, nachdem man den Sankt-Gotthard-Tunnel verlassen hat: Oberhalb der Ausfahrt nach Ambri ist der erste Typ vorherrschend, während unterhalb das Gegenteil der Fall ist. Zu den Dörfern, die sich ihren ganz traditionellen Charakter bewahrt haben, gehören Corippo und Sonogno im Val Verzasca. Werner Blaser beschreibt ihre traditionellen Strukturen als »empirisch fundierte Gebäude, die zu einer in sich stimmigen Architektur entwickelt wurden« und als »primitive Architektur, die in ihrer Erscheinung zeitlos ... [und] archetypisch ...« ist.[10]

Die Konstruktionsweisen in den Tälern *sotto Ceneri* und in den Voralpengebieten ändern sich in ihrem Wesen entsprechend den wechselnd verfügbaren Materialien und der geringer werdenden Erfordernis, sich gegen das rauhe Gebirgsklima zu schützen. Die tiefer gelegenen Gebiete sind dichter besiedelt, vor allem entlang den Seeufern. Diese schließen Lugano und Como ein, an gleichnamigen Seen gelegen, ebenso wie Lecco (am Comer See), Verbania, Stresa und Sesto Calente (am Lago Maggiore) und eine Reihe kleinerer Städte und Dörfer. Bissone - mit seinen Arkaden in der Hauptstraße gegenüber dem Ufer des Luganer Sees - ist typisch für die Orte in dieser Gegend. Ihre Kennzeichen sind nicht mehr die der an den höheren Gebirgshängen gelegenen Dörfer, sondern eher die von Städten, die vom mediterranen Klima in den unteren Höhenlagen profitieren. Im Zentrum historischer städtischer Gebiete wird eine verfeinerte Materialwahl deutlich. Stadthäuser und öffentliche Gebäude werden eher farbig verputzt - eine malerische Tradition, die für das Tessin wie für die Lombardei typisch ist -, als daß ihre Konstruktion sichtbar bleibt.

Bei Roscio (TI): Ansicht einer cascina

Östlich von Ossona (NO): Cascina *Malpensa*

Westlich von Gorgonzola (TI): Eine größere cascina *von der Straße aus gesehen*

In den lombardischen und piemontesischen Ebenen stellen die ländlichen Strukturen einen Gegensatz dar zu jenen in den kleinen, abgeschiedenen Dörfern der Gebirgshänge und Hochtäler. In den tiefer gelegenen Gebieten entsprechen die großen *cascine* oder Bauernhofkomplexe einem anderen Maßstab landwirtschaftlicher Produktion. Zu den typischen Komplexen gehören die Villen der Landbesitzer und ihrer Bediensteten sowie *rustici.*[11] Diese Gebäude mit Säulengang an der Vorderseite umschließen oft einen archetypischen Hof. Gelegentlich findet man defensiv wirkende Mauern, während es in anderen Fällen parallel angeordnete Gebäude gibt, die teilweise einen Hofbereich definieren. Ihre Architektur variiert nach der Art und Größe der Hofanlage.

Die Architekten und ihre Architektur

Die Tatsache, daß eine kleine Zahl von Architekten diese Ansammlung bemerkenswerter Arbeiten in einer entfernt von den erwarteten Zentren moderner Kultur gelegenen Region geschaffen hat, ist zu einem nicht unbedeutenden Teil den theoretischen Untersuchungen zuzuschreiben, die die hier Tätigen direkt oder indirekt beeinflußt haben. Um das zu erklären, ist es sinnvoll, sowohl die theoretischen Grundlagen als auch einige der Architekten selbst zu betrachten.

Die theoretische Grundlage

Die theoretische Grundlage der *Tendenza*[12] und der abgebildeten Projekte sind neben anderen Schriften *L'architettura della città, La costruzione logica dell'architettura* und *Il territorio dell'architettura*[13]*,* zahlreiche historische Vorläufer dieses Werks finden sich in den norditalienischen Regionen der Lombardei und des Piemont, vor allem um Mailand und Como. Der größte Teil der in dieser Publikation erwähnten Beispiele liegt jedoch tatsächlich nördlich der Grenze im italienischsprachigen schweizerischen Kanton Tessin, wo ein Werk von großer Vitalität von Architekten zweier Generationen geschaffen wurde. Im Tessin umfaßt dieses Werk Bauten von Mario Campi, Tita Carloni, Aurelio Galfetti, Luigi Snozzi und Livio Vacchini - Architekten, die ihre Laufbahn in den späten fünfziger und frühen sechziger Jahren begannen und die noch immer große Beachtung finden; Gebäude der mittleren Generation von Architekten wie Mario Botta, Ivano Gianola und der Bürogemeinschaft von Bruno Reichlin und Fabio Reinhart; und schließlich Bauten von Architekten, die in den späten vierziger und frühen fünfziger Jahren geboren sind wie Bassi-Gherra-Galimberti, Rudy Hunziker, Remo Leuzinger und andere. In Italien gehören Werke von Giorgio Grassi, Vittorio Gregotti und Aldo Rossi aus der Generation der späten fünfziger und frühen sechziger Jahre dazu sowie solche jüngerer Jahrgänge: Mario Cortinovis, Massimo Fortis, Vittorio Introini, die Bürogemeinschaften von Bentivoglio-Brighi, Caccia-Colombo-Mangone-Monti und schließlich das Werk Luca Scacchettis und Cino Zucchis.

Es ist festzustellen, daß die im Flußbecken des Ticino existierende architektonische Kohäsion, welcher Art sie auch sein mag, teilweise einer andauernden intellektuellen gegenseitigen Befruchtung zwischen den älteren und jüngeren Generationen als Lehrer, Mentoren, Studenten und Partner zuzuschreiben ist. So war etwa Tita Carloni Direktor des Architekturprogramms in Genf, Luigi Snozzi lehrt in Lausanne, und Aldo Rossi und Giorgio Grassi lehren am Polytechnikum in Mailand. Als Rossi an der ETH (Eidgenössische Technische Hochschule) in Zürich lehrte, war Fabio Reinhart sein Assistent; Reinhart unterrichtet nun an der Staatlichen Technischen Hochschule von Lugano, wo die Partner Bassi-Gherra-Galimberti zu seinen Studenten gehörten. Während des Praktikums arbeitete Mario Botta zum Beispiel in Carlonis Büro und beteiligte sich auch unter anderem an Projekten von Snozzi; eine Reihe von jüngeren Architekten, darunter Hunziker, Leuzinger und Ostinelli, arbeiteten später in Bottas Büro. In Italien sind die meisten der jüngeren Generation Absolventen des Polytechnikums in Mailand. Massimo Fortis und Daniele Vitale etwa studierten bei Grassi oder Rossi, beide arbeiteten in Rossis Büro, und beide sind nun Professoren am Polytechnikum. Ihre eigenen früheren Studenten und Partner gehören zu der jüngeren Generation lombardischer Architekten, unter ihnen Caccia, Colombo, Monti, Pizzigoni und andere. Die theoretischen Untersuchungen von Aldo Rossi, Giorgio Grassi und anderen über die autochthone Architektur der Region lassen keine romantische Beschäftigung mit dem Pittoresken erkennen. Die formale Analyse der Topologie der gebauten Form und der Morphologie menschlicher Siedlungen ist eher das Ergebnis einer sehr klaren philosophischen Perspektive. Rossi stellte die theoretischen Untermauerungen für das Werk der *Tendenza* in seiner konzeptionellen Stadtgeschichte *L'architettura della città* her. Dem folgten die Schriften Grassis, wie beispielsweise sein Buch *La costruzione logica dell'architettura*, und eine Reihe von Essays wie »Rurale e urbano nell'architettura« und »The licence of obviousness«[14], die die Grundlage seines architektonischen Werks darstellen.

Es ist jedoch die Früchte tragende Arbeit über das Tessin, *La costruzione del territorio nel Cantone Ticino*[15] von Rossi, Eraldo Consolascio und Max Bosshard, die den Kontext für die Beurteilung der heutigen Arbeiten in dieser Region herstellt. 1974 von Rossi während seiner Lehrtätigkeit an der ETH in Zürich begonnen, stellt das Buch eine systematische Untersuchung aller Dörfer und Städte in diesem Kanton an. Aufgrund einer speziellen Nutzung, der geographischen Lage und der Größe weisen Bautypen und Anordnungen eine große Vielfalt auf. Trotzdem fassen Rossi und seine Gruppe diese gekonnt in klare Gruppierungen zusammen: Turmhäuser, Doppelhäuser, Häuser mit zweiräumiger Tiefe, Doppelhäuser mit zweiräumiger Tiefe und Häuser mit zentralem Korridor; Gruppen einzelstehender Häuser, Gruppen von Reihenhäusern, Häuser mit zentralem Hof, solche, die so angeordnet sind, daß sie einen großen offenen Raum umschließen, und solche, die Abwandlungen des traditionellen *palazzo* darstellen.

Die theoretische Richtung, die die Veröffentlichung dieses Buches einschlug, wird beispielsweise an den jüngsten am Polytechnikum von Mailand von Luca Scacchetti und Giancarlo Motta-Antonia Pizzigoni fertiggestellten Studien deutlich. Scacchettis noch unveröffentlichte Untersuchung über die gebaute Umgebung im Voralpengebiet des Valsassina wurde mit der gleichen Gründlichkeit angegangen wie Rossis eigene Studie über das Tessin. Scacchetti katalogisiert und faßt die reichhaltige und vielfältige Reihe von Gebäudeformen zusammen, von Pilgerkapellen und Häusern bis zu landwirtschaftlichen Strukturen, die in den Tälern östlich des Comer Sees oberhalb von Lecco zu finden sind. Als Erklärung für seine Vorgehensweise gibt er an, er versuche »eine homogene architektonische Sprache für Neukonstruktionen in den lombardischen Ebenen und Bergen wiederzubeleben, die in der Lage ist, die Traditionen der Gegend und die Erforschung einer neuen Architektur fortzusetzen«. Weiter behauptet er: »Die Charakteristika der lombardischen Berge unterscheiden sich von denen anderer Berggegenden ...«[16]
So findet Scacchetti durch eine detaillierte und eingehende Analyse eine begrenzte Zahl von Elementen heraus, die immer wieder verwendet werden: Mauerwerks- oder Steinmauern, Holzbalken, kleine, stets tiefliegende Fenster. Eine ähnliche Analyse wurde unter Giancarlo Motta und Antonia Pizzigoni über den städtischen Block und die Viertel in Mailand durchgeführt.[17] In beiden Fällen liefert die sehr genaue und strenge Analyse keine vorgefaßten Antworten auf den bestehenden Kontext. Die beiden Häuser Scacchettis in Baiedo (CO) resultieren deutlich aus den im Gebiet des Valsassina durchgeführten Untersuchungen; die Bauten sind jedoch in keiner Weise von wiederauflebendem Charakter. Während Motta-Pizzigonis Vorschläge für das Porta-Genova-Gebiet städtebauliche Richtlinien darstellen, wird die Art der von ihnen durchgeführten strengen Analyse ebenso an ihrem Wettbewerbsentwurf für den Gemeindeplatz in Nembri (BE) deutlich. Eine weitere eingehende Erforschung wird unter der Leitung von Giorgio Grassi über Pavia durchgeführt.[18]

Eine Einstellung zu autochthoner Architektur

Das Verständnis dafür, wie traditionelle Strukturen die neue Architektur im Tessiner Becken beeinflussen, ist wesentliche Voraussetzung für das Verstehen dieser Arbeiten. Luigi Snozzi erklärt, daß es normal sei, sich seiner Umgebung bewußt zu sein[19], daß man nach sinnvollen oder interessanten Werten suchen müsse. Als Beispiel nennt er die Präzision, mit der Topographie und Geographie in den traditionellen Bauten angesprochen werden, eine geometrische Präzision, die diese Bauten an die Erde bindet. Hierzu führt er als Beispiel das traditionelle Dorf Corippo bei Locarno an, wo es nur zwei Gebäudetypen gibt: Was dem Dorf Vielfalt verleiht, das sind die Abwandlungen innerhalb dieser Typen, wie sie mit dem Boden verbunden sind. Die typische Einstellung untersucht Form und Inhalt der Vorläufer eher hinsichtlich ihrer konzeptionellen Eigenschaft als hinsichtlich der stilistischen Variationen. Aurelio Galfetti bringt ähnliche Gedanken zum Ausdruck, sagt aber auch: »Eine Restaurierung in der Architektur ist immer eine Transformation, man restauriert nämlich nicht nur, um zu erhalten, sondern auch, um neuen Anforderungen zu entsprechen, einem neuen Inhalt ... [und] in diesem Sinn ist Restaurieren eine architektonische Aktivität und das zu restaurierende Projekt ein Architekturprojekt.«[20]
Wichtig ist, daß die regionalen Vorläufer analog interpretiert werden, ob es sich nun um die Strukturen in den kleinen und abseits gelegenen Dörfern *sopra Ceneri* oder um die großen Bauernhofkomplexe in der lombardischen Ebene handelt.
Es gibt zahlreiche Projekte, die auf den ersten Blick unverhohlen neo-traditiona-

Ambri (TI): Ansicht des Ortszentrums mit dem Einfamilienhaus von Pietro Boschetti in der Mitte

Vogorno (TI): Blick entlang der Straße, die am Ufer des künstlich hergestellten Sees verläuft. Der Ort am Hügel bewahrt – durch gesetzliche Bestimmungen – seine traditionellen Charakteristika. In dieser Umgebung baute Livio Vacchini ein kleines Ferienhaus (rechts)

listisch erscheinen, wie etwa das kleine Ferienhaus in Vogorno (TI) von Vacchini oder das Dreifamilienhaus in Baiedo (CO) von Scacchetti. Ein anderes Beispiel ist das Einfamilienhaus von Boschetti im Zentrum des Dorfes Ambri (TI), hoch oben im Valle Leventina, ein kleines Haus, das das traditionelle Dorfhaus umwandelt und dabei dessen grundlegende Charakteristika bewahrt. Die Konstruktion ist aus schlichten Materialien: Modulziegelmauern und Betondecken für das untere und die Hauptgeschosse, Holzwerk für das obere Geschoß und das Dach sowie Holzrahmen für Türen und Fenster. Alle Materialien sind sichtbar belassen. Andere Projekte, die offenkundig neo-historistisch erscheinen, wie etwa das Del-Curto-Haus in Camorino (TI) von Bassi-Gherra-Galimberti oder der Wohnblock in Seriate (BE) von Mario Cortinovis, sind es natürlich nicht. Was diese Projekte von anderen wirklich neotraditionalistischen oder neo-historistischen unterscheidet, ist, daß sie über eine simple Imitation hinausgegangen sind zur Abwandlung der konzeptionellen Charakteristika ihrer Vorläufer.

Die Generation der fünfziger Jahre

Die Architekten im Tessin

In ihren frühen Werken lassen die Tessiner Architekten Carloni, Galfetti, Snozzi und Vacchini eine Vorliebe für die Meister der Moderne erkennen. Carlonis Werk der fünfziger Jahre huldigt dem Präriestil Frank Lloyd Wrights. Galfettis Frühwerk ist deutlich brutalistisch in der Tradition Le Corbusiers. Snozzi und Vacchini reflektieren eine Verwandschaft mit der puristischen Ästhetik eines frühen Le Corbusier, Oud oder Stam.
Während diese vier Tessiner Architekten ihre eigenen Büros fortführten, haben sie gelegentlich in verschiedenen Gruppierungen zusammengearbeitet, und Snozzi und Vacchini arbeiteten früh in ihrer Laufbahn als Partner miteinander. Zu diesen vier kommen die Altersgenossen Mario Campi und Franco Pessina sowie der jüngere Mario Botta hinzu. Die

bedeutendsten Tessiner Projekte der beiden letzten Jahrzehnte stammen zweifellos von diesen Architekten.
Zu Beginn seiner Karriere entwarf Carloni sehr schöne, in der Tradition der Prärie-Schule stehende Häuser wie die in Arosio (TI) und Ligornetto (TI). Er sagt über diese Zeit: »Unsere naive Zielvorstellung war ein ›organischer‹ Tessin, in dem sich die Werte der modernen Kultur in natürlicher Weise in die lokale Tradition einflechten sollten.«[21]
Nach einer Reihe von Jahren als Direktor der Architekturabteilung an der Genfer Universität ist er in die Praxis zurückgegangen. Vor kurzem stellte er mit Julia Carloni sein eigenes Haus in Rovio fertig. Dieses neue Gebäude macht seine Auffassung von den grundlegenden Merkmalen der Bautraditionen des Tessin deutlich. Er illustriert diese Tradition in einer Abhandlung über drei nah beieinander gelegene Kapellen, von denen jede aus einem anderen Jahrhundert stammt. Während das Äußere der drei das Ergebnis einer Konstruktionstechnik ist, die offensichtlich im Einklang mit der traditionellen und banalen örtlichen Bauweise steht, ergibt sich ein surrealer Kontrast durch die dekorativen Details im Innern. Nirgends wird das deutlicher als in der barocken Kapelle nördlich von Rovio. Es handelt sich um ein Bruchsteingebäude mit sehr provinziellen Pilastern und anderen äußeren Elementen. Die Qualität der Fresken in der Kapelle jedoch läßt das Können und das hohe Niveau der Handwerker und Künstler der Region erken-

Rovio (TI): Außenansicht der Kapelle aus dem 17. Jahrhundert. Die schlichten Details bezeugen ihre provinziellen Ursprünge (links oben)

Innenansicht der Kapelle aus dem 17. Jahrhundert. Im Gegensatz zu seinem Äußeren ist das Innere des Gebäudes stark ausgeschmückt und zeugt vom hohen künstlerischen Niveau der Region (rechts oben)

Kapelle S. Vigilio (12. Jahrhundert). Wenngleich auf sehr rudimentäre Art erbaut, enthält die Kapelle doch die wesentlichen Elemente romanischer Architektur (rechts unten)

Bellinzona (TI): Das städtische Tenniscenter von Aurelio Galfetti: Die Zone zwischen den Wänden

nen. Dieser deutliche Gegensatz zwischen einem weniger entwickelten Äußeren und einem außergewöhnlichen Inneren kennzeichnet das neue Haus Carloni und findet sich auch in zahlreichen, von anderen entworfenen Häusern, darunter die von Carlonis früherem Assistenten Mario Botta. In der Art, wie Carloni über Botta schreibt, interpretiert er in gewisser Weise seine eigene Architektur:
»Mario Bottas bauliche Revolution hat im wesentlichen andere Wurzeln. Eine liegt sicher in den stummen Lektionen der ländlichen Architektur in den Voralpentälern und im Po-Tal, die in der Hauptsache auf der soliden Mauer (aus Stein oder Ziegel) und den großen überdachten Lufträumen (Säulengänge, Speicher, die großen Dreschplätze) basieren, und wo eher Schutz als Umschließung das Ziel ist. Eine andere Quelle liegt in der romanischen - hauptsächlich lombardischen - Architektur, bei der allein die kompakte Wand den Raum definiert, und es gibt unzweideutige und genaue Stellen der Durchbrechung ... während Überdachungen im Sinne einer zusätzlichen Schicht ... fast nicht vorhanden sind. Eine dritte Quelle findet sich in der Aufgliederung verschiedener Raum-›Container‹ in aufeinanderfolgende Phasen im Werk von Louis Kahn.«[22]
Während Galfettis frühes Werk den Einfluß von Le Corbusiers brutalistischer Architektur erkennen läßt, beschäftigt sich seine aktuelle Arbeit in erster Linie mit der kollektiven Erinnerung an Bellinzona, einer Stadt zwischen zwei Mauern. Die resultierende Architektur ist eindeutig nicht historistisch; Galfettis Anwendung von Traditionen und Elementen der Region zeigt eher ein fundamentales, konzeptionelles Verständnis als eine Kopie oder gar Anspielung auf die Traditionen des Tessin. Für Galfetti bedeutet Tradition, »wie man in der Vergangenheit lebte«[23]; Formen zu verwenden, die mit jeder anderen Zeit der Geschichte als mit der Gegenwart zusammenhängen, heißt, außerhalb des Kontextes zu arbeiten, eine Haltung, die an Bedeutung gewinnt, da man näher an der Stadt arbeitet, wo Traditionen und Formen stärker ausgeprägt sind. Er stellt beispielsweise den Bau moderner Ferienhäuser in den ländlichen Gegenden mit den Materialien und in Form der traditionellen *rustici* in Frage, da diese Strukturen fest mit dem Land verwachsen sind - eine Bauform, die eher für die landwirtschaftlichen Erfordernisse und die konstruktiven Fertigkeiten jener, die sie entwickelten, wesentlich ist, als für unsere heutigen Bedürfnisse. Für Galfetti ist es ketzerisch, die Geschichte auf so banale Art zu nutzen.
Statt dessen spielt Galfetti auf Bellinzonas Physiognomie an, indem er die doppelte Wand als Hauptthema in seiner Architektur benutzt: In dem neuen Postgebäude schließen parallele Ebenen die Stützfunktionen für die Haupthalle ein; parallele Wände bilden die Primärstruktur des neuen Tenniscenters; die städtischen Häuser werden mit parallelen dicken Wänden gegliedert.

Brione/Minusio (TI): Haus Kalmann von Luigi Snozzi. Im Hintergrund ein typisches Ferienhaus

Auch die Verwendung horizontaler Streifen taucht in seinem Werk immer wieder auf, von solchen durch Materialwechsel gebildeten (wie in der Post) bis zu solchen, die sich aus einer Ortbetonwand ergeben (wie in dem Tenniscenter oder den Stadthäusern). In jedem dieser Fälle resultieren die Streifen aus tektonischen Untersuchungen über die Verwendung von Materialien und Konstruktionstechniken und nicht auf simplem Auftragen von Farben auf die Wandoberflächen.
In Galfettis Vision wird ein Muster von Einschüben in das Gefüge von Bellinzona - besonders in den Vierteln des späten 19. Jahrhunderts - eine neue Ordnung für die Stadt herstellen. Dieser visionäre Plan nimmt die Haupteingriffe Galfettis bis heute in sich auf, als erstes das öffentliche Schwimmbad, 1967-70 in Zusammenarbeit mit Flora Ruchat und Ivo Trümpy entstanden. Dieser Komplex bildet das Rückgrat des öffentlichen Erholungsgebietes, das die Stadt mit dem Fluß verbindet. Darin eingeschlossen sind der neue Tennisclub, das bestehende Fußballstadion, die Eislaufbahn und das geplante überdachte Schwimmbecken nördlich der öffentlichen Becken. Galfetti schlägt darüber hinaus den Bau neuer Mehrfamilienhäuser im Süden vor. Diese neue Wohnbebauung würde nördlich und östlich des öffentlichen Schulkomplexes angesiedelt. Auf diese Weise würde die Dichte in diesem unterentwickelten Teil der Stadt erhöht, während nördlich des Erholungsgebietes ein Bereich für Einfamilienhäuser erhalten bliebe.
Wie bei Carlonis Frühwerk, so wird auch in Snozzis frühestem Werk, dem Haus Lucchini in Faido (TI) von 1958-59, der Einfluß der Prärie-Architektur deutlich. Obwohl das Gebäude mit seinem Unterteil aus Bruchsteinen und den oberen Abschnitten aus Holz die alpine Architektur der Gegend rezipiert, sind die schweren Steinflächen, die die Räume innerhalb des Hauses definieren, deutlich von den selbst in höheren Lagen noch zu findenden traditionellen Hausformen entfernt. Das ist offenbar eine regionale Neuinterpretation von Wrights organischer Architektur. Snozzis späteres Werk jedoch, besonders die Sozialwohnungen in Locarno und das Mehrzweckgebäude in Carasso, beide mit Vacchini entworfen, ist eher mit Mies van der Rohes Architektur aus der Chicago-Periode verwandt.
»Die Moderne, in einem kritischen Kontext betrachtet, stellt einen entscheidenden Bezugspunkt für meine Arbeit dar, und die starke emotionale Reaktion, die gewisse Gebäude in mir hervorgerufen haben - und noch hervorrufen - hat sicherlich meine Ausdrucksweise beeinflußt. Eher als die Suche nach einem Stil beschäftigt mich das Trachten nach formaler Reduktion: entgegen dem lauten formalen Getöse der Postmoderne schlage ich eine äußerst zurückhaltende Stille vor.«[24]
Die Architektur Snozzis, vor allem seine Häuser, entsprechen einer ganz speziellen Auffassung davon, wie architektonischer Raum angeordnet wird und welcher Art die räumliche Erfahrung ist. Die Abgrenzung des Weges ist vorrangiges Schema in seinem Werk: da ist ein Tor, das zu einem Steg führt, der in dem wichtigsten Raum endet. Diese Anordnung findet sich in Projekten, die die ganze Breite seiner Arbeit umspannen, vom Haus Cavalli in Verscio (TI), wo der Ablauf draußen stattfindet, bis zur Turnhalle in Monte Carasso (TI), wo die Überleitung innen liegt.

Bellinzona (TI): Castello di Montebello. Campi-Pessina-Piazzoli haben ein neues Gebäude in das alte eingefügt. Der Eingriff durfte den historischen Bestand nicht berühren, wie an der ins Museum führenden Plattform sichtbar wird

Arosio (TI): Blick auf die obere Stadt. Das kleine Gebäude im Vordergrund enthält einen Transformator und ist Nachahmung der traditionellen Bauweisen. Im Hintergrund das Haus Maggi von Campi-Pessina-Piazzoli

Das Werk der Partner Campi und Pessina, zu denen auch Niki Piazzoli 1969–83 gehörte, ist durch eine klare Definition der Elemente in Zusammenhang mit dem Ganzen gekennzeichnet. Ob es sich nun um die Umwandlung einer bestehenden und historischen Struktur handelt, wie im Fall des neuen Museums in Castello Montebello in Bellinzona, oder um den Entwurf freistehender Häuser zwischen unbestimmbaren anderen gleicher Entstehungszeit, wie im Fall ihrer diversen Projekte in der Nähe von Lugano: Die Art des Baukörpers und die Gliederung seiner Fassaden ist ganz klar eine kompositionelle Anwendung von Primärfestkörpern und konsequenter Materialwahl. Die Turnhalle in Neggio beispielsweise ist ein reines Betonrechteck, bei dem die Vorderfront von zunehmend kleiner werdenden Öffnungen durchbrochen wird. Der Zylinder, der die Treppe der Turnhalle birgt, ist durch die Perforationen sichtbar. Es wurden kontrastierende Materialien verwendet, um die Art ihrer Funktionen zu unterscheiden, von den tragenden Wänden aus Ortbeton bis zu den Stahlträgern der Dachkonstruktion der Turnhalle. Im Haus Maggi in Arosio ging es Campi-Pessina-Piazzoli darum, das Haus selbst zur Stadt hin mit der falschen Tempelfront zu definieren. In ihrem jüngsten Werk findet sich eine Affinität zu den geistigen Vorläufern der heutigen Generation. Ein Zusammenhang wird in den Fassaden des Hauses Polloni in Origlio oder denen der Reihenhäuser in Massagno etwa mit Terragnis Casa del Fascio in Como deutlich.[25] Die Einflüsse, die im Werk von Campi-Pessina (-Piazzoli) erkennbar sind, sind mannigfaltig. Wie andere Tessiner Architekten ihrer Generation suchten Campi und Pessina nach einer Inspiration von außen. Mario Campi schreibt:
»Zuerst war unsere Arbeit vorherrschend vom Experimentieren in den fünfziger und sechziger Jahren gekennzeichnet, als ein starker Einfluß von Frank Lloyd Wright, Louis Kahn und Le Corbusier im Tessin spürbar war. Aber als unsere Gebäude dann gebaut wurden und Abstand von uns gewannen, richteten wir unsere Aufmerksamkeit langsam auf eine bestimmte Art des italienischen Rationalismus, speziell den in Como und Mailand ... unsere Konzentration auf eine besondere historische Erfahrung stimmte schließlich mit regionalen und geographischen Grenzen überein.«[26]

Er nennt eine aufschlußreichere Erklärung für die Abwendung von fernliegenden Einflüssen hin zu den kulturell aus ihrem ›Hinterland‹ kommenden:
»Die rationalistische Sprache besitzt noch immer ihren eigenen, der Architektur innewohnenden Sinn von Ethik, eine Konstruktionsmoral, die uns nicht nur an die rationalistische Erfahrung bindet, sondern an die handwerklichen und beruflichen Traditionen, die wir mit anderen Tessinern gemein haben, darunter Domenico Fontana, Francesco Borromini und Carlo Maderno.«[27]

Modena (MO): Friedhof S. Cataldo von Rossi-Braghieri. Ansicht des jüdischen Friedhofs mit der Erweiterung im Hintergrund

Die lombardischen Architekten

Von den Architekten in Norditalien ist Vittorio Gregotti der Praktiker mit einem umfangreichen Werk nicht nur in der Lombardei und in Piemont, sondern auch in anderen Gebieten Italiens und auf der ganzen Welt, während Aldo Rossi der Architekt/Theoretiker ist, der den Weg für eine neue Architektur bereitet, basierend auf dem Verständnis der grundlegenden Architekturelemente, einer Erforschung des Wesens der Architektur, die frei ist von sozio-kulturellem oder stilistischem Drum und Dran.
Etwas älter als die anderen dieser Gruppe begann Vittorio Gregotti 1951 seine Karriere. Sein Frühwerk hat eher Versuchscharakter und läßt den Einfluß seines Mentors Ernesto Rogers erkennen. Mit dem Wettbewerb für die ZEN-Siedlung in Palermo 1968 beginnt Gregotti den Begriff des Typs als formales Element zu untersuchen.[28] Das wird offensichtlich in dem späteren Entwurf für den Hauptsitz der Feltrinelli-Stiftung in Mailand. Hier erkennt und verwandelt Gregotti die vielen verschiedenen vor Ort gefundenen historischen Elemente. Eine neue Intervention entsteht, frei von historistischen Bezügen, aber deutlich von ihrer Typologie beeinflußt.[29]
Die Bedeutung Aldo Rossis ist gleichermaßen seinen theoretischen Schriften wie seinen gebauten Projekten zuzuschreiben. Während *L'architettura della città* große Aufmerksamkeit erregte, sind seine Bauten die Labors für Experimente und Interpretation seiner Schriften. Rossi erforscht Kompositionen, die auf archetypischen Elementen basieren. Vom Rathausplatz in Segrate (MI) und der Wohnbebauung Gallaratese 2 in Mailand bis zu dem im Bau befindlichen Friedhof San Cataldo in Modena besteht die Gliederung aus reinen Elementen, angeordnet gemäß einfachen Regeln, die auf der analogen Transformation etablierter Bautypen beruhen. Rossis Entwürfe basieren, ungeachtet deren Maßstab, zwischen »Bestandsaufnahme und Erinnerung.«[30] Michael Mostoller schreibt über das Gallaratese-Projekt:
»Rossi erzielt seine Poesie der Form über den Begriff hinaus: eine Poesie, die nicht nur von Metapher und Analogie abgeleitet ist, sondern aus der Wiederholung. Die Kraft von Rossis exzentrischer, surrealer, persönlicher Architektur ist die endlose Wiederholung und Variation der Sache und ihres Wesens. Das Gallaratese-Projekt scheint schon immer dagewesen zu sein.«[31]
Das Werk Aldo Rossis wurde zunehmend komplizierter, zu sehen an der Wohnbebauung in der Rauchstraße in Berlin oder dem kürzlich fertiggestellten Bürogebäude in Turin. Die Projekte bleiben aber im

wesentlichen einfache Strukturen, die spezielle programmatische Anforderungen durch die Verwendung archetypischer Elemente lösen, »vertraute Gegenstände, deren Form und Lage bereits festgelegt ist, deren Bedeutung aber geändert werden kann, deren gemeinsame emotionale Anziehung zeitlose Bedeutung erkennen läßt.«[32]

Stabio (TI): Mario Bottas »Villa Rotonda« in ihrer Umgebung

Die zweite Generation und die Realität der Praxis

Tessin

Die Realität der architektonischen Praxis ist dergestalt, daß Entwürfe von hoher Qualität oft gar nicht gebaut und daß viel Zeit verstreicht, bevor Arbeiten realisiert werden. Das gilt ungeachtet der Örtlichkeiten. In der Schweiz jedoch erlebten Mario Botta und andere, daß ein Großteil ihrer Projekte verwirklicht wurde, was zu keinem geringen Teil an dem günstigen Wachstum innerhalb des Kantons liegt. Dieses bewirkte in erster Linie Aufträge für freistehende Einfamilienhäuser – daher auch die vorherrschend schweizerischen Beispiele für diesen Bautypus in dem Architekturführer. Im allgemeinen läßt das Werk der jüngeren Generation unterschiedliche Einstellungen zu den regionalen Traditionen erkennen, ähnlich der Auffassungsvielfalt der älteren Architekten.

Mario Botta hat seit der Veröffentlichung eines seiner frühesten Werke, dem Gemeindehaus in Genestrerio, viel Aufmerksamkeit auf sich gezogen. Dieses Projekt wurde 1961–63 gebaut, zu einer Zeit, als er noch Kunstgeschichte in Mailand studierte, bevor er zur Architekturschule in Venedig ging. Es ist bekannt, daß Botta Carlo Scarpa, Le Corbusier und Louis Kahn als seine bedeutendsten Einflußnehmer bezeichnet. Er studierte bei Scarpa in Venedig und arbeitete 1965 kurz mit Le Corbusier an dem Projekt für ein Krankenhaus und mit Louis Kahn 1969 an dem Entwurf für ein Kongreßzentrum, beides für Venedig. Die formativen Einflüsse aber stammen eindeutig aus dem Tessin, sowohl was den kulturellen Kontext als auch die direkten Erfahrungen Bottas angeht. Das wird an den abgebildeten Projekten deutlich. Botta arbeitete in Tita Carlonis Büro, bevor er seine Ausbildung begann; von Carloni erlernte er die Notwendigkeit zeitgenössischer Trends im Architekturentwurf als Ergebnis eines Verstehens der lokalen Bautraditionen, ohne diese Traditionen nachzuahmen.

Botta sagt:

»Ich glaube, daß gute Qualität nur durch eine dialektische Konfrontation erzielt werden kann; eine Art, die Umgebung zu respektieren, ob natürlich oder menschlich – das heißt, die vom Menschen veränderte – ist die, sie herauszufordern, eine dialektische Beziehung mit ihr herzustellen, so daß das, was alt ist, und das, was neu ist, als Gegensätze herausragen.«[33]

Mario Bottas Architektur zeichnet sich aus durch eine Klarheit der Form und Ausführung. Es gibt keine unklaren Bezüge. Die Konstruktion ist aus Mauerwerk oder Stein; typischerweise symmetrisch werden die Baukörper eingeschnitten, um das Innere zu zeigen, und ihre zentrale Achse wird durch ein Dachelement betont – ein gewölbtes oder pyramidenförmiges Oberlicht. Botta glaubt an den romanischen Begriff der Konstruktion (»ein wesentlicher, elementarer Stil, der

Balerna (TI): Gemeindefriedhof. Die Eingangsbauten und angefügten Kapellen mit wechselnden Streifen aus hellen und dunklen Steinen

Morbio Superiore (TI): Während der Renovierung dieses Hauses legte Ivano Gianola die farbigen Streifen, die die Fassade beleben, frei und restaurierte sie nach und nach

Räume mittels sehr weniger Materialien schaffen kann«[34]). Ein wichtiger Aspekt von Mario Bottas Tätigkeit ist seine Rolle als Mentor. So wie er in Carlonis Büro in die Lehre ging, taten das eine Reihe von Architekten der jüngeren Generation in Bottas eigenem Büro. Elio Ostinelli war in den frühen siebziger Jahren dort, ebenso wie Emilio Bernegger und Rudy Hunziker. In den späten Siebzigern war Remo Leuzinger zu der Gruppe seiner Mitarbeiter gestoßen. Jeder baute sein eigenes Büro auf, und ihr Werk spiegelt Bottas Einfluß wider.

Coldrerio (TI): Casa Tognano von Ivano Gianola

Die Entwicklung Ivano Gianolas als Architekt stellt einen Gegensatz zur Konvention dar. Als begabter Entwerfer verzichtete er auf die formale Architektenausbildung und machte statt dessen eine Lehre in einer Bauentwurfsfirma in Zürich, bevor er seine »autodidaktische« berufliche Aktivität begann, zu der bestimmte Arbeiten bei Snozzi, Botta und anderen gehörten. Wegen seines Interesses am Bauprozeß und an der Frage, wie man Konstruktionselemente detaillieren kann, erinnert Gianolas Arbeit manche Kritiker an das Vorkriegswerk des deutschen Architekten Heinrich Tessenow. Diese Fähigkeit, die Gianola demonstriert, selbst unbedeutendste Entwurfsprobleme mit einem Auge für konstruktive Neuerungen anzugehen, führte zu einer Vielfalt von Projekten, die nicht so leicht klassifiziert werden können. Sie reichen von sehr einfühlsamen kleineren Renovierungen bestehender Gebäude, bei denen das Augenmerk auf der Modernisierung und Standardisierung des Gebäudes liegt, bis zur Neuinterpretation spezieller Tendenzen in der modernen Architektur beim Entwurf neuer Konstruktionen. Ersteres wird durch die Renovierung

Gresso (TI): Ansicht des Dorfes. Im Vordergrund das Ferienhaus von Paolo und Franco Moro

seines eigenen Hauses in Morbio Superiore (1976) veranschaulicht, bei der der ursprüngliche Charakter erhalten blieb. Gianola ist der Verdienst zuzuschreiben, horizontale Streifen auf der Fassade wiederentdeckt zu haben, als er sein Haus in seinen ursprünglichen Zustand restaurierte. Die zweite Art der Annäherung wird an dem Haus in Cugnasco deutlich, das eine klare Anspielung auf Le Corbusiers Werk der fünfziger Jahre darstellt, wie etwa die Maisons Jaoul außerhalb von Paris. Ein früherer Entwurf Gianolas macht ähnliche Anspielungen. In der Vorschule in Balerna (1971–74) basieren Anordnung und Art der Unterteilungen auf einem Krankenhaus in Venedig von Le Corbusier (1965).
In der kürzlichen Restaurierung und Erweiterung eines Komplexes in Coldrerio kommen Gianolas gesamte Fähigkeiten als Entwerfer zusammen. Die Hauptteile der Casa Tognano wurden zu Gästezimmern, Versammlungsräumen und Entwurfsbüros umgewandelt. Zu den Neubauten gehört ein sehr originelles Schwimmbecken. Die Renovierung erforderte nicht nur die Unterbringung neuer Funktionen innerhalb des alten Gebäudes, sondern auch, eine Umgebung zu schaffen, die kreative Aktivitäten anregen soll. Gianolas Details sind vorzüglich – Verbindungen sind geschickt artikuliert, Holz wurde hell lasiert, so daß die eigene Farbe durchscheinen kann, Fenster werden von Gegengewichten offen gehalten – und die Tatsache, daß er für all seine Projekte dieselben Handwerker und Möbeltischler beschäftigt, ist von Vorteil für ihn. Die Ergebnisse lassen nicht so sehr eine formale Untersuchung erkennen, als vielmehr ein Begreifen des Bauhandwerks.
Paolo Moro begann seine architektonische Laufbahn als Lehrling in den Büros von Snozzi und Vacchini in den späten sechziger und frühen siebziger Jahren, nachdem er an der Staatlichen Technischen Hochschule (S. T. S.) in Lugano studiert hatte. Franco Moro studierte an der S. T. S. und an der Universität von Genf. Die Brüder eröffneten 1978 ihr Büro, obwohl ihre berufliche Tätigkeit bereits neun Jahre früher begonnen hatte. Von Anfang an brachten die Entwürfe der Gebrüder Moro eine Empfänglichkeit für die inhärenten Qualitäten der autochthonen Architektur im Tessin zum Ausdruck. Ihr allererster Entwurf, ein Ferienhaus in dem abgelegenen Dorf Gresso (1969), zeigt ein klares Verständnis für den Bezug zwischen Gebäude und Standort und für die traditionellen Formen. Die nachfolgend entworfenen Häuser illustrieren eine Umsetzung dieser Vorstellungen bis zu dem viel abstrakteren Gebäude in Porza mit seiner Fachwerksvorderfront entlang der Diagonale eines Würfels. Was gleichbleibt in diesen Entwürfen, ist das Streben nach Klarheit der Baumasse und ein Dialog zwischen innen und außen, der durch die Verwendung kontrastierender Materialien noch verstärkt wird.
Rudy Hunzikers freischaffende Tätigkeit begann 1979, dem Jahr, in dem er sein Haus und Büro in Tesserete fertigstellte. Er besuchte die S. T. S. in Lugano, und nach Beendigung seines Studiums 1972 begann er in Mario Bottas Büro, wo er am Entwurf zahlreicher Projekte beteiligt war, darunter die Höhere Schule in Morbio Inferiore und die Bibliothek des Kapuzinerklosters in Lugano. Hunzikers eigenes Werk läßt den Einfluß dieser frühen Jahre erkennen, noch deutlicher aber seine eigene Untersuchung des »Orts« in der Architektur: wie die Umgebung und

ihre Kultur auf Neukonstruktionen einwirken. Alberto Sartoris schreibt über Hunzikers Werk:
»Sein Werk ist eine Suche nach Vollständigkeit hinsichtlich der logischen Verwirklichung von Programmen, die zu ihrer eigenen Entfaltung führen. Die Architektur bietet sich selbst in der reinen Simplizität nichtfigürlicher Aspekte an, die nicht als System angenommen wurden.
Rudy Hunzikers Architektur zeigt aber auch effektiv, daß sie ein Vehikel des Wissens ist. Sie akzeptiert, entsprechend kritischen Modi, die Konfrontation mit den Neuerungen, die sie umgeben, bereichern und absorbieren. Hunzikers Werk ist auf einer Flugbahn angesiedelt, deren charakteristische Markierungen es ihm ermöglichen, zu den überzeugenden Vorstellungen heutiger Baukunst gezählt zu werden.«[35]
Zu Hunzikers Rolle als Architekt kommt noch die als Lehrer hinzu. Seit 1980 unterrichtet er zeitweilig in den USA.[36] Auf diese Art setzt er seine Untersuchungen fort, während er seine eigenen Perspektiven noch erweitert. Daraus resultierend zeigt sein Werk heute eine seit den frühen Arbeiten gereifte Umsetzung. Sein Entwurf für eine Wohnbebauung in Dänemark, sein erster Auftrag außerhalb der Schweiz, der in Kürze realisiert werden soll, wird als Barometer für dieses Wachstum dienen.

Lombardei

In Italien ist die Situation anders. Die Städte sind größer, und die Bevölkerungsdichte ist höher als in der Schweiz. Infolgedessen werden viel mehr Mehrfamilienhäuser als Einfamilienhäuser gebaut sowie ein weites Spektrum anderer Gebäudetypen, von kommunalen Einrichtungen bis zu Industriebauten. Aber die Bedingungen in Italien unterscheiden sich von dem, was nördlich der Grenze auf andere Art zu finden ist. Die Untersuchung einer Reihe von Projekten in der Lombardei ist der Schlüssel zum völligen Verständnis der Auswirkung und des Einflusses der autochthonen Architektur im Ticino-Becken, besonders seit zu den bedeutenden Architekten solche, die noch nie gebaut haben, hinzukommen. Vor allem Daniele Vitale, Giancarlo Motta und Antonia Pizzigoni gehören zu dieser Kategorie. Ihre Entwicklung ist eng mit den Lehren Aldo Rossis verknüpft. Ein weiteres Charakteristikum ist ihre enge Verbindung untereinander. Alle haben das Polytechnikum in Mailand besucht, lehren heute dort und gehören zum Rossi/Grassi-Kreis.
Daniele Vitale, in Muralto, Tessin, geboren, begann mit seiner Ausbildung und auch mit seiner Arbeit in Mailand; er studierte und arbeitete bei Rossi. In seiner beruflichen Laufbahn nimmt die Forschung einen großen Teil ein; dazu gehört die Analyse des Porta-Ticinese-Gebiets in Mailand von 1974–76, ein mit Massimo Fortis und Giancarlo Motta geleitetes Projekt, und eine Untersuchung des »architektonischen Entwurfs und sein Verhältnis zu Altertum und Tradition« mit Giorgio Grassi. Er gehört auch zu den einflußreicheren Autoren und Kritikern der aktuellen Szene. Die relevantesten von Vitales jüngeren Entwürfen sind der Wettbewerbsbeitrag von 1984 für den Park Porto Navile in Bologna und der von 1986 für die Neugestaltung des Gebiets um San Lorenzo in Mailand. Beide Entwürfe resultieren deutlich aus einer ähnlichen Reihe von Bemühungen um die Typologie der Strukturen und die Morphologie des städtischen Gebiets.
Massimo Fortis' Berufsleben teilt sich in Akademie und architektonische Praxis und ist gekennzeichnet durch kooperative Wechselwirkung. Er studierte am Polytechnikum in Mailand, arbeitete anschließend mit Aldo Rossi und Giorgio Grassi von 1970 bis 1972 zusammen und unterrichtet seit 1974 architektonischen Entwurf an seiner Alma mater. Fortis hat zahlreiche Wohnhäuser, Bildungs- und Erholungseinrichtungen entworfen. Sie alle sind Realisierungen seiner Entwurfsphilosophie:

»Ich glaube an die Architektur als eine objektive Kunst, in der individuelle Kenntnisse jene ästhetischen Konzepte ausarbeiten, die zum kollektiven Geschichts- und Stadtbewußtsein gehören.«[37]

Massimo Fortis' erstes Projekt war die Renovierung und Erweiterung des staatlichen Internats in Novara, ausgeführt in Zusammenarbeit mit seinem Vater, dem Ingenieur Federico Fortis. Mit diesem Eingriff bindet Fortis verstreut liegende Gebäudeteile durch Neubauten aneinander. Mag die Gesamtlösung auch unzusammenhängend erscheinen, so gibt es doch ein Gesamtkonzept:

»Meine Auffassung von Entwurf kann als leicht manieristische Form eines ›sanften Rationalismus‹ bezeichnet werden: ein rationales formales Rahmenwerk und eine interne Rationalität, die leicht unvorhergesehene und zufällige Elemente aufnehmen und konstruktive Assoziationen und linguistische Variationen absorbieren kann.«[38]

Beispiel für die kooperative Haltung, die Fortis an den Tag legt, ist sein Verhältnis zu einer Gruppe früherer Studenten. Seit 1979 teilt er sein Büro mit Adalberto Caccia, Paolo Colombo, Rita Mangone und Paolo Monti, und gelegentlich haben sie Projekte gemeinsam erarbeitet.

Die Ausbildung und berufliche Entwicklung von Giancarlo Motta und Antonia Pizzigoni waren eng mit den führenden Vertretern der *Tendenza* verknüpft. Sowohl Motta als auch Pizzigoni, 1970 am Polytechnikum in Mailand diplomiert, haben in irgendeiner Weise mit Aldo Rossi, Daniele Vitale und Massimo Fortis zusammengearbeitet (Pizzigoni arbeitete mit Rossi am Entwurf der Reihenhäuser in Mozzo, außerhalb Bergamo). In ihrer beruflichen Tätigkeit haben sich Motta-Pizzigoni bis heute in erster Linie auf akademische und theoretische Untersuchungen konzentriert. Als Anhänger Rossis haben sie die Morphologie urbaner Gebiete untersucht, besonders die unmittelbar an der Peripherie historischer Stadtzentren stattfindenden Entwicklungen:

»In der Studie über die heutige Stadt haben wir uns auf die Gebiete der ersten Ausdehnungen und auf die jüngsten Ausdehnungen Mailands konzentriert. Wir haben daher die Priorität geändert, die in städtischen Studien gewöhnlich auf die historischen Zentren gesetzt wird ...«[39]

Am Polytechnikum von Mailand leitet Motta mit Fortis und Vitale eine der Forschungsgruppen. Kern ihrer Untersuchung ist der städtische Block als primäres Ordnungselement in der Stadt. Bei ihren Untersuchungen des Garibaldi-Isola-Gebiets im südwestlichen Teil von Mailand sonderten sie eine begrenzte Zahl von Gebäudetypen aus, um sie dann zu abstrahieren und wieder in das Gebiet einzufügen. Ähnliche Ergebnisse wurden bei Untersuchungen anderer Mailänder Viertel wie etwa Porta Genova und Porta Ticinese erzielt. Neben ihrer Lehrtätigkeit arbeiteten Motta und Pizzigoni städtebauliche Wettbewerbe aus, von denen bis heute aber keiner realisiert wurde. Drei herausragende Projekte sind die Entwürfe für den Stadtpark von Porto Navile in Bologna von 1985, für den Gemeindeplatz in Nembri (BE), ebenfalls von 1985, und für einen neuen Platz und die Renovierung des Castello in Orzinuovi in der Provinz Brescia von 1986. Ihr Werk ist wohldurchdacht und gründet auf ganz speziellen Typologien. Die Piazza in Orzinuovi etwa basiert auf einem Tor, einem Turm und einer Loggia. Die Zusammenstellung dieser Elemente am Fuß des Schlosses dehnt die römische Achse vom Zentrum bis zu den östlichen Vorstädten aus.

Luca Scacchettis Werk zeigt eine intellektuelle und professionelle Hingabe an die formalen Qualitäten der autochthonen Architektur. Jünger als die anderen, war er in seiner Laufbahn bereits sehr aktiv, entwarf auf verschiedenen Gebieten, von Möbeln bis hin zu Fassaden städtischer Gebäude. Jeder Entwurf hat eine Geschichte oder basiert zumindest auf dem Verstehen dieser besonderen Typologie. Er studierte in Mailand, diplomierte 1975 mit einem Entwurf für eine Kollektivwohnbebauung im Garibaldi-Isola-

Linescio (TI): Der Eingang in ein altes rustico

Gebiet. Scacchetti lehrt heute am Polytechnikum und setzt die Art typologischer Untersuchungen fort, die er als Student begonnen hat. Von besonderer Bedeutung ist dabei seine Studie der Gebäudetypologien und städtischen Morphologien im Valsassina-Gebiet am Comer See. Diese eingehende Untersuchung katalogisierte viele Abarten einer großen Zahl von Typen, von kleinen Kapellen auf dem Land bis hin zu ländlichen Hausformen und Stadtstrukturen.

Insgesamt stellen die Architekten, deren Werk hier erwähnt ist, nur einen kleinen Teil der tatsächlich im Tessin, in Piemont und in der Lombardei Tätigen dar. Allein im Kanton Tessin gibt es zweihundert tätige Architekten, die Handvoll der hier genannten ist also eine Minderheit. Was erstaunt, ist die Qualität des Werks dieser wenigen. Sie repräsentieren die Besten einer Generation von Architekten, die nicht blind die Lehren der Moderne zurückweisen, ohne deren Wert oder Anwendbarkeit zu beachten. Das Werk dieser Architekten, angefangen von der Generation, die ihre beruflichen Aktivitäten in den fünfziger Jahren begann, bis zu den erst jetzt beginnenden, zeigt die Möglichkeit einer Architektur, die auf Tradition *und* Erneuerung basiert, die weder imitiert noch nachahmt. Es ist eine Architektur, die dem öffentlichen Bereich Ordnung und dem privaten Identität verleiht.

Anmerkungen

1. Die Bezeichnungen für die Kantone und Provinzen der Schweiz und Italiens lauten:
TI - Kanton Tessin, Schweiz
BE - Provinz Bergamo (Lombardei), Italien
BO - Provinz Bologna (Emilia-Romagna), Italien
BR - Provinz Brescia (Lombardei), Italien
CO - Provinz Como (Lombardei), Italien
CR - Provinz Cremona (Lombardei), Italien
MA - Provinz Mantua (Lombardei), Italien
MI - Provinz Mailand (Lombardei), Italien
MO - Provinz Modena (Emilia-Romagna), Italien
NO - Provinz Novara (Piemont), Italien
PA - Provinz Pavia (Lombardei), Italien
RE - Provinz Reggio Emilia (Emilia-Romagna), Italien
VA - Provinz Varese (Lombardei), Italien.
2. Kenneth Frampton, *Die Architektur der Moderne - Eine kritische Baugeschichte,* Stuttgart: Deutsche Verlags-Anstalt, 1983, S. 245f.
3. Emil Kaufmann, *Von Ledoux bis Le Corbusier. Ursprung und Entwicklung der Autonomen Architektur,* Stuttgart: Verlag Gerd Hatje, Reprint 1985, S. 46–47.
4. *The American Heritage Dictionary of the English Language,* Boston, Mass.: Houghton Mifflin Co., 1976, S. 1343. Der Name in Deutsch und Französisch ist Tessin.
5. Hier wird Bezug genommen auf die Architektur der zwanziger und dreißiger Jahre von Le Corbusier, Walter Gropius, Ludwig Mies van der Rohe, J.J.P. Oud und anderen. Eine nützliche Informationsquelle über diese Zeit ist Reyner Banham, *Theory and Design in the First Machine Age,* New York: Praeger Publishers, 1960; deutsche Ausgabe: *Die Revolution der Architektur. Theorie und Gestaltung im Ersten Maschinenzeitalter,* Reinbek: Rowohlt, 1964.
6. Kenneth Frampton, »Mario Botta and the School of the Ticino«, *Oppositions 14,* 1978, S. 2. Siehe auch seine Einführung »The Will to Build«, in *Mario Botta, Architecture and Projects in the '70,* Mailand: Electa Editrice, 1979, S. 7.
7. *Sopra Ceneri* bezieht sich auf das Gebiet nördlich des Monte Ceneri, das Gebirge, das die nördlichen Täler des Flusses Tessin und des Piano di Maggadino (Maggadino-Ebene) von dem Gebiet im Süden oder *sotto Ceneri* trennt. Italienische Geographen unterscheiden nur die alpinen und die voralpinen Regionen.
8. Interview mit Snozzi (15. Oktober 1986). Diese Wahrnehmung wurde auch von anderen Architekten, die befragt wurden, wiederholt.
9. Die Bibliographie enthält eine Reihe von Werken, die für die Vermittlung eines Gesamteindrucks der Merkmale dieser Bauten besonders hilfreich sind.
10. Werner Blaser, *Architecture 70/80 in Switzerland,* Basel/Boston/Stuttgart: Birkhäuser Verlag, 1981, S. 17.
11. *Rustici* sind ländliche Häuser, eigentlich Bauernhäuser. In der Schweiz schließt das alle ländliche, rustikale Bauten ein, die in kleinen Dörfern, Weilern und älteren Städten zu finden sind, wo sie auch als Lagerschuppen und ähnliches genutzt wurden. In Italien, und besonders im Zusammenhang mit Gebäuden in den lombardischen und piemontesischen Ebenen, wird der Begriff auf die Nebengebäude von Bauernhäusern angewandt, in denen die Landarbeiter wohnen und in denen auch Geräte gelagert werden (Giorgio Grassi, »›Rural‹ y ›urbano‹ en la arquitectura«, *La arquitectura como oficio y otros escritos*, Barcelona: Editorial Gustavo Gili, S.A., 1977, S. 157.
12. Im ersten Abschnitt seiner Einführung zu dem Katalog *Illuminismo e architettura del '700 veneto* sagt Aldo Rossi, daß der Zweck des Essays der ist, »ein Interesse an und eine Tendenz zur Vergangenheit und zur Gegenwart für eine Architektur der Vernunft zu wecken« (»La arquitectura de la razón como arquitectura de tendencia«, *Para una arquitectura de tendencia: escritos 1956–1972,* Barcelona: Editorial Gustavo Gili, 1977, S. 231). Das ist

nur eine der verschiedenen Schriften, in der die Annäherung an den Entwurf als »tendenziell« bezeichnet wird.
13. Aldo Rossi, *L'architettura della città,* Padua: Marsilio Editori, 1966. Übersetzt ins Spanische: *La arquitectura de la ciudad,* Barcelona: Editorial Gustavo Gili, 1971; Deutsche: *Die Architektur der Stadt, Skizze zu einer grundlegenden Theorie des Urbanen,* Düsseldorf: Verlagsgruppe Bertelsmann GmbH, 1973; Portugiesische: *A arquitectura da cidade,* Lissabon: Edições Cosmos, 1977; und Englische: *The Architecture of the City,* Cambridge, Mass.: The MIT Press, 1982. Andere Schriften Rossis enthalten eine Sammlung von Essays: *Scritti scelti sull'architettura e la città: 1956-1972,* Mailand: CLUP, 1975; eine spanische Übersetzung, *Para una arquitectura de tendencia,* Barcelona: 1977; und *A scientific Autobiography,* Cambridge, Mass.: The MIT Press, 1981.
Giorgio Grassi, *La costruzione logica dell'architettura,* Padua: 1967; spanische Ausgabe, *La construcción lógica de la arquitectura,* Barcelona: Colegio Oficial de Arquitectos de Cataluña y Baleares, 1973. Eine Sammlung von Essays wurde weiter oben erwähnt, in Spanisch veröffentlicht als *La arquitectura como oficio y otros escritos.*
Vittorio Gregotti, *Il territorio dell'architettura,* Mailand: 1966.
14. *La arquitectura como oficio,* S. 143-57. »The licence of obviousness«, *Lotus International,* Nr. 15, Juni 1977, S. 26-27. Spanische Übersetzung: »Nota sobre la arquitectura rural«, *La arquitectura como oficio,* S. 193-95.
15. Ursprünglich 1979 von der Fondazione Ticino Nostro in beschränkter Auflage publiziert und lange Zeit vergriffen, wurde diese Studie unlängst in gekürzter Form wieder aufgelegt unter *La costruzione del territorio: Uno studio sul Cantone Ticino,* Mailand: CLUP, 1985.
16. Luca Scacchetti, Brief vom 20. Februar 1987.
17. Giancarlo Motta und Antonia Pizzigoni, »La questión de la manzana en la construcción de la periferia de Milán«, *La manzana como idea de ciudad,* Barcelona: 2C Ediciones, S. 64-73, und *La casa e la città,* Mailand: CLUP, 1987.
18. Bonicalzis und Braghieris Projekt vom letzten Jahr drehte sich um Wohntypologie. Grassi, »Tipología residencial en Pavia«, in *La arquitectura como oficio,* S. 93-95.
19. Interview mit Luigi Snozzi in Locarno, 15. Oktober 1986.
20. Aurelio Galfetti, »Conservare = trasformare«, *Rivista Tecnica,* Nr. 12, Dezember 1986, S. 27.
21. Tita Carloni, zitiert nach Kenneth Frampton, *Die Architektur der Moderne,* a.a.O., S. 257.
22. Tita Carloni, »Architecture of the Wall and not of the Trilith: Building in Mario Botta«, *Lotus International,* Nr. 37, I, 1983, S. 35.
23. Interview mit Aurelio Galfetti in Bellinzona, 13. Oktober 1986.
24. »Notes of a Design Process«, in *Luigi Snozzi: Urban Renewal at Monte Carasso,* London: 9H Gallery, 1986, S. 5.
25. Werner Seligmann spricht das kurz an in seiner mit einem Portfolio der Arbeit veröffentlichten Kritik »The mountains and the machine«, *Progressive Architecture,* 63, Nr. 7, Juli 1982, S. 64-71.
26. Mario Campi, »The Commitment to Tradition«, *Mario Campi - Franco Pessina, Architects,* New York: Rizzoli International, 1987, S. 16.
27. Ebenda.
28. Manfredo Tafuri, »Adventures of the Object: The Architecture of Vittorio Gregotti«, in *Vittorio Gregotti, Buildings and Projects,* New York: Rizzoli International, 1982, S. 21.
29. *Vittorio Gregotti, Buildings and Projects,* a.a.O., S. 93-96.
30. Zitiert in Kenneth Frampton, *Die Architektur der Moderne,* a.a.O., S. 245.
31. »Canaletto and Aldo Rossi: The Relationship Between Painting and Architectural Creation«, *Modulus/The University of Virginia School of Architecture Review,* 1982, S. 83.
32. Aldo Rossi, »An Analogical Architecture«, *A+U* (Architecture and Urbanism), Nr. 65, Mai 1976, S. 74.

33. Interview in *L'Architettura,* 360, Bd. XXXI, Nr. 10, Oktober 1985, S. 748.
34. *L'Architettura,* 360.
35. »Rudy Hunziker, or Architecture as a Manifestation of Continuity« (Einführung zum Ausstellungskatalog), in *Rudy Hunziker,* Old Westbury, N. Y.: New York Institute of Technology, 1986, S. 11.
36. Hunziker ist außerordentlicher Professor für Architektur am Virginia Polytechnic Institute and State University in Blacksburg, Virginia.
37. Zitiert in »Rehabilitation of Boarding School, Novara, 1975«, *9H,* Nr. 5, 1983, S. 74.
38. Ebenda.
39. Giancarlo Motta und Antonia Pizzigoni, »La questión de la manzana en la construcción de la periferia de Milán«, a. a. O., S. 66.

Museo Civico. *Ansicht der Burg*

Wo das Tal des Ticino sich weitet und der Fluß in westlicher Richtung entlang dem Piano di Magadino weiterfließt, um den Lago Maggiore zu bilden, liegt Bellinzona. Die Stadt mit ihren drei Burgen und den sie verbindenden Festungsmauern kontrollierte den Zugang zu den drei Gebirgspässen Sankt Gotthard, San Bernardino und Lucomagno. Castelgrande, die älteste der drei Burgen, ist eine kleine Akropolis, 50 Meter über der Talsohle gelegen; seit dem späten 4. Jahrhundert ist sie eine Festung und wird zur Zeit renoviert. Castello di Montebello, 90 Meter oberhalb des Castelgrande gelegen, wurde im späten 13. Jahrhundert begonnen. Castello di Sasso Corbaro, 230 Meter über der Stadt, ist eine typische Sforza-Festung, 1479 von den Herzögen von Mailand erbaut. Es gibt noch zahlreiche Reste der Stadtbefestigung, vom Castello di Sasso Corbare bis zu den westlichen Hängen; die Gestalt der Stadt und ihrer Vororte wird von dieser Geschichte stark beeinflußt.
Die Burgen sind noch immer ein wichtiger Teil der Lebensstruktur der Stadt. 1974 wurden der Donjon und das Herrenhaus des Castello di Montebello in ein archäologisches Museum umgewandelt. In ihrem Plan fügten Mario Campi, Franco Pessina und Niki Piazzoli die neuen Elemente als Gegensätze zu der bestehenden Struktur ein. Der dadurch entstandene Dialog wird durchgängig deutlich zum Ausdruck gebracht: die alten Steinmauern sind dick, schwer und kaum durchbrochen; die Ergänzungen eine leichte Stahlkonstruktion; ihre Bodenplatten und gläsernen Ausstellungsvitrinen sind oben an den alten Mauern aufgehängt. Der Kontrast zwischen alt und neu wird noch durch das Abrücken der Einfügungen von den Burgmauern verstärkt.
Nach der Restaurierung durch Aurelio Galfetti wird das Castelgrande Festräume, ein Restaurant, Ausstellungs-

Bellinzona und Carasso

1.1 Museo Civico, Castello di Montebello 1974
Salita ai Castelli, 4, Bellinzona
Tel. (092) 25 13 42
Mario Campi, Franco Pessina und Niki Piazzoli
Geöffnet Dienstag bis Sonntag 10–12 und 14–17 Uhr; Eintrittsgebühr.

1.2 Castelgrande (Restaurierung seit 1984)
Piazza del Sole (Zugang per Aufzug), Bellinzona
Tel. (092) 25 42 96
Aurelio Galfetti
Die Burg wird momentan renoviert; per Aufzug erreicht man sie von der Piazza del Sole, zu Fuß vom historischen Zentrum aus über einen gut markierten Fußweg.

1.3 Bagno pubblico comunale 1967–70
Via Mirasole, Bellinzona
Tel. (092) 25 73 34
Aurelio Galfetti, Flora Ruchat und Ivo Trümpy
Das städtische Schwimmbad ist während der Sommermonate geöffnet; die Brücke ist ganzjährig zugänglich.

1.4 Centro tennistico comunale 1984–86
Via Brunari, Bellinzona
Tel. (092) 26 20 20
Aurelio Galfetti
Während der Saison täglich von 8–18 Uhr geöffnet.

1.5 Centro postale 1977–85
Viale Stazione, 15, Bellinzona
Tel. (092) 24 61 11
Aurelio Galfetti, Angelo Bianchi und Renato Molina
Die öffentlichen Bereiche sind von Montag bis Samstag während der Geschäftszeiten geöffnet.

1.6 Haus an der Via Mirasole 1985
Via Mirasole, 4, Bellinzona
Aurelio Galfetti
Privat; von der Straße aus sichtbar.

1.7 Casa Bianca/Casa Nera 1986–87
Via Vicenzo d'Alberti, Bellinzona
Aurelio Galfetti
Privat; von der Straße und den öffentlichen Bereichen rund um die beiden Häuser aus sichtbar.

1.8 Casa Minotti 1982–83
Vicolo Parè, Carasso
Ivano Gianola
Privat; Zugang vom Stadtzentrum aus; von der Straße, von der anderen Seite des Tals sowie vom Castello di Montebello aus sichtbar.

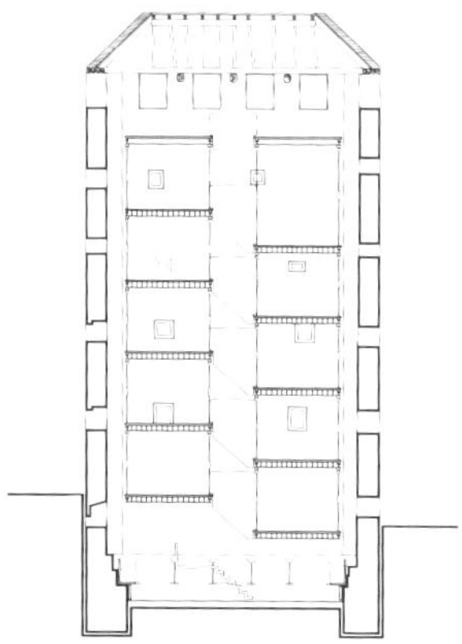

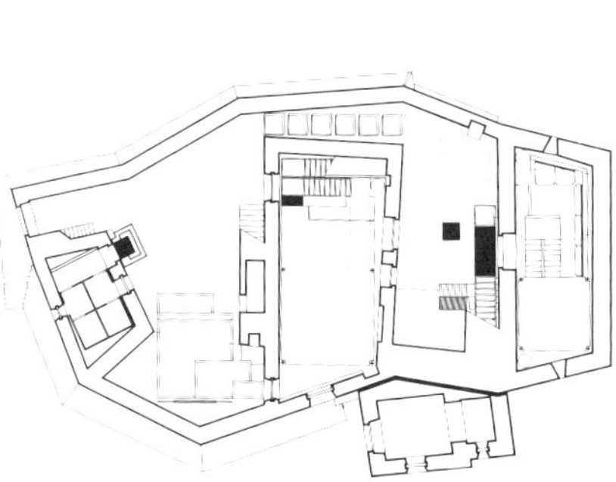

Museo Civico
Oben: Innenansicht
Links: Schnitt durch den Bergfried und Grundriß Eingangsebene
Rechts: Der Hof zwischen Donjon und Herrenhaus

sowie Versammlungsräume beherbergen, während auf dem offenen Gelände ein Stadtpark entsteht. 1984 begonnen, umfaßt die Renovierung neue Fluchttreppen und einen Aufzug von der Piazza del Sole zum Burghof. Der Erschließungsweg durch den massiven Granitfelsen ist die Ouvertüre des Dialogs zwischen alt und neu, zwischen Stadt und Festung, zwischen von Menschen gemachten Dingen und der Natur. Oben öffnen sich die beiden Aufzüge auf einen kleinen Platz des Zwingers. Der Entwurf ist »zunächst einmal die Suche nach einer neuen Bedeutung für die Festung in ihrem Verhältnis zur Stadt und zur Geschichte.«[1] Was Galfetti bewahrt, ist die Präsenz der Mauern und Türme in der Stadtsilhouette; die neuen Funktionen und Eingriffe sind somit eindeutig und machen keinen Versuch, Bestandteile nachzuahmen, die längst verschwunden sind.

1967–70 entwarf Galfetti in Zusammenarbeit mit Flora Ruchat und Ivo Trümpy eine städtische Freibadanlage. Diese ist nun Zentrum einer Freizeitanlage, zu dem auch Galfettis neuer Tennisclub (1984–86) sowie das bestehende Fußballstadion und eine Eislaufbahn gehören. Das zentrale Ordnungselement des Schwimmbadkomplexes ist eine Doppelmauer mit einem Steg oder Viadukt – eine Anspielung auf die Festungsmauern von Bellinzona - als Zugang von den Parkplätzen zu den verschiedenen Schwimmbecken. Diese Gliederung stellt auch Le Corbusiers Vorstellung von einer Trennung der Fußgänger und Fahrzeuge auf den Kopf: In diesem Fall bleiben die Fahrzeuge auf dem Boden, und die Brücke führt die Fußgänger von einem zum anderen Ort. Die Anordnung ermöglicht Zugang zu den drei unterschiedlichen Schwimmbereichen, einer zum erholsamen Schwimmen, einer mit flachem Becken für kleine Kinder und ein dritter mit getrenntem 10 Meter tiefen Taucherbecken und olympischem Becken für Wettkämpfe. Umkleideräume und andere Versorgungseinrichtungen sind unterhalb des Steges an die Mauern gebaut

Castelgrande (Restaurierung)
Die oberen Eingänge zu den Aufzügen
Ansicht vom Castello di Montebello aus

und über zwei als Kontrollen dienende Treppen erreichbar. Der Steg aus Stahlbeton liegt sechs Meter über der Wiese, und die Umkleideräume aus Stahl mit hölzerner Geschoßdecke und vorgefertigten Ausfachungstafeln bilden das Zwischenniveau zum Gelände. Das ermöglicht zwischen den einzelnen Bereichen Bewegungsfreiheit auf Geländeniveau.

Bagno pubblico comunale
Blick von der Wiese
Luftbild
Lageplan mit Tenniscenter, geplantem überdachten Schwimmbecken und geplanter Eislaufbahn

In Galfettis Tenniscenter wird auch die von Bellinzonas Morphologie abgeleitete Idee der parallelen Mauern genutzt, ähnlich dem Eingang in eine Stadt, wenn man vom Parkplatz auf die Tennisplätze zugeht. Die Außenwelt der Stadt ist von der inneren Freizeitwelt durch die doppelte Mauer getrennt, an die die diversen Versorgungseinrichtungen des Centers angeschlossen sind. Die Mauerkrone der parallelen Wände entspricht dem Gang des Wachtpostens entlang den Festungsmauern: hier führt dieser Gang zu den Umkleideräumen. Gebaut ist das Center aus Sichtbeton.
Die Oberflächenstruktur und Dekoration der Wände ergibt sich aus den Abmessungen der beim Gießen verwendeten Schalung sowie aus dem Austreten des Betons durch die Fugen der Schalung, bevor er erhärtet. Galfetti nutzt diese Eigenschaft, um auf der Wandfläche erhabene Horizontalen zu schaffen, die wechselnde Licht- und Schattenmuster bilden.
Das neue Postamt, in dem regionales Verteilungszentrum und Büros untergebracht sind, wurde bewußt zurückhaltend, als typisches Baulückenprojekt geplant. Die Fassade ist anonym, ein Element, das nur die bestehende Häuserreihe fortsetzen soll. Im Schnitt ist es ein typisches gegen die Bergwand gestelltes Gebäude. Dort, wo Platz zwischen Gebäude und Berg

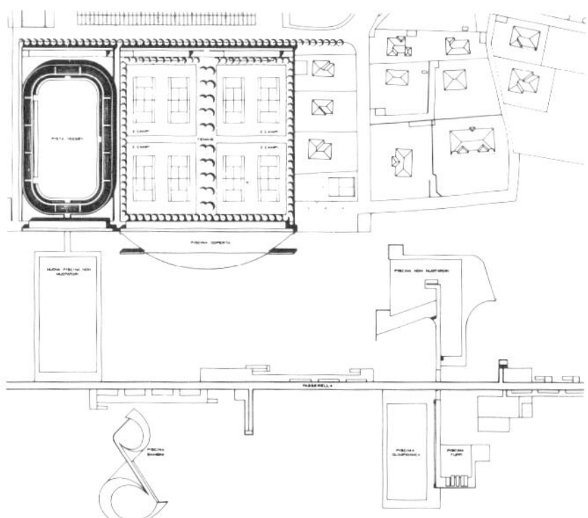

Centro tennistico comunale
Der Eingang vom Parkplatz aus
Die Bauten von den Tennisplätzen aus

gewonnen wird, werden halbprivate Höfe geschaffen; in anderen Fällen ist der Bau nur wenige Zentimeter vom Felsen entfernt. Sein Grundriß bildet ein H. Zwei Höfe an jedem Ende haben entsprechende Funktionen: der Hof im Norden, über die diagonale Via Daro erreichbar, liegt einem öffentlichen Parkplatz gegenüber und bildet den Vorplatz zu einer Snackbar. Den offenen Bereich im Süden erreicht man von der Viale Stazione durch eine private Zufahrt. Die Fassade entlang der Viale Stazione ist subtil durch kleinste Vorsprünge auf der Wandfläche sowie durch Farbstreifen gegliedert und wird durch ein tiefes Gesims betont. Vom Castello di Montebello aus betrachtet, stellt das Postamt etwas ganz anderes dar. Zum ersten erkennt man das Gebäude als ein ausgehöhltes Viereck mit durchgehendem Giebeldach, das ausgeschnitten wurde, um die Höfe an beiden Enden freizulegen. Zum zweiten ist da ein Giebelbau in der Mitte des Vierecks, der durch zwei Lufträume von der Umfassung getrennt ist; diese werden durch drei lotrechte Giebel aufgegliedert. Dann zeigt sich der Komplex als eine unbestimmbare Straßenfassade und als eingeschnittener Festkörper, der seine Bestandteile entblößt. Ein zentraler Eingang von der Viale Stazione aus führt entlang der Umfassung, in der die sekundären öffentlichen Funktionen wie Telegraphenamt und Briefkästen untergebracht sind, und weiter in die hohe Schalterhalle.
Drei neuere Mehrfamilienhäuser von Aurelio Galfetti lassen eine Abkehrung von den typischen, anonymen Wohn-

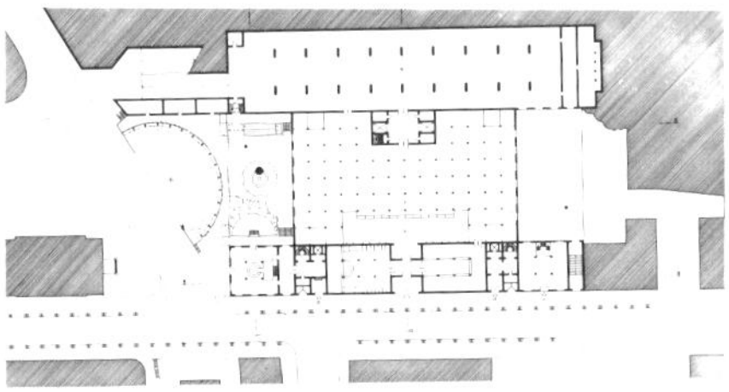

Centro postale
Oben links: Die Nordseite
Mitte links: Grundriß Erdgeschoß
Oben rechts: Die Schalterhalle

Haus an der Via Mirasole
Ansicht von der Via Mirasole aus

blöcken der sechziger und siebziger Jahre erkennen. Die drei Häuser liegen an Wohnstraßen südlich des historischen Zentrums und sind eine thematische Untersuchung Galfettis, die sich mit der Umwandlung von freistehenden, symmetrischen Kuben befaßt. Ihnen eigen ist eine Architektur in Schichten, bei der die Außenhaut abgezogen und ausgehöhlt ist, um unterschiedliche Wandoberflächen erkennen zu lassen. Alle drei bestehen aus Stahlbeton, und Granit gliedert die äußere Schicht.

Das erste Haus liegt an der Via Mirasole. Nachdem die Schalung von den dunklen Außenwänden entfernt war, wurden Granitstreifen aufgelegt, um die Konstruktionsfugen zu verdecken. Diese bestimmen den Maßstab der Fassade und verstärken den Gegensatz zu den sichtbaren inneren Ebenen, die in Weiß ausgeführt sind. Das Haus ist ein zweiachsiger symmetrischer Kubus, erschlossen auf der Achse von der Via Mirasole aus. Die vertikale Erschließung liegt in der Mitte. Jede der Hauptfassaden, zur Via Mirasole oder zum Garten hin, hat einen Säulenrest in der Mitte, eingerahmt von den beiden massiven Endtürmen, während der Rest des Baukörpers ausgeschnitten wurde. Die seitlichen Fassaden sind fast geschlossen, mit paarweise angeordneten schmalen Fenstern entlang der Mittelachse auf Höhe der unteren drei Geschosse und an den Ecken im oberen Geschoß. Der Baukörper beherbergt acht fast identische Zweigeschoßwohnungen.

Casa Bianca

Casa Nera

Die unteren vier haben Terrassen auf Geländeniveau und Gärten, die oberen vier Dachterrassen. Das Ganze setzt sich aus einem L-förmigen Grundriß zusammen, wobei die Versorgungsräume im mittleren Bereich liegen.
Die beiden jüngsten Häuser Galfettis an der Via Vicenzo d'Alberti setzten die thematischen und technischen Untersuchungen des Projekts in der Via Mirasole fort. In ihrer Bauweise ähneln das Haus Bianca und das Haus Nera dem ersten, obwohl Galfetti in diesem Fall die Schalungsfugen so handhabt, daß er die Granitstreifen vor dem Einschütten des Betons einstellt, so daß sie als Bänder zwischen den Schalungsabschnitten wirken und Bestandteil der Wand werden. Das eine Haus hat hellere Beimischungen als das andere, so daß das eine wie ein schwarzer Kubus mit hellgrauen Streifen, das andere wie ein hellgrauer mit schwarzen Streifen aussieht.
Die zwei Gebäude stellen eine Verfeinerung des Hauses an der Via Mirasole dar, und zwar durch die Art, wie der Baukörper ausgeschnitten ist, und durch die Anordnung und den Typ der Wohnungen.
Eine Restaurierung in Carasso von Ivano Gianola zeigt, wie man einen unbedeutenden Bau in ein spannungsreiches Gelände einfügt. Die Lage dieses kleinen Hauses an den westlichen Hängen von Bellinzona, jenseits des Ticino, ist sehr günstig. Das ursprüngliche Haus hat doppelte Raumtiefe und ist zweigeschossig mit zentraler Halle und Treppe; Gianola bewahrt diesen Grundriß bei seiner Renovierung, obwohl er einen einstigen Dachboden zu der doppelgeschossigen zentralen Halle hinzufügt. Die äußeren Veränderungen machen dieses Haus bemerkenswert. Gianola verdeutlicht das archetypische Verhältnis von Basis, Körper und Dach, indem er die untere Front des Hauses mit horizontalen abwechselnden Farbstreifen umfaßt, das Dach durch ein Walmdach vereinfacht und Fenster genau unterhalb des Dachüberstandes einfügt.
Der Bellinzona zugewandten Fassade gibt er dann noch Gestalt durch den Anbau einer Doppeltreppe, die zur zentralen Tür führt.

Casa Minotti
Vorderansicht

Valle Leventina

2.1 Raststätte San Gottardo-Sud 1985–87
Autobahn N2, nordwärts, außerhalb von Airolo
Tita Carloni mit Aurelio Galfetti und anderen
Öffentlich; durchgehend geöffnet.

2.2 Einfamilienhaus 1984–85
Zentrum von Ambri, direkt hinter der Gemeindekirche
Pietro Boschetti
Privat.

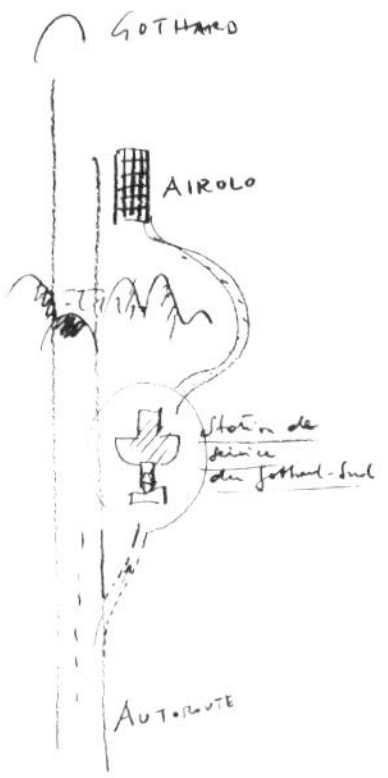

Raststätte San Gottardo-Sud
Außenansicht mit Blick nach Norden
Lageplanskizze von Tita Carloni

Die Autobahn N2, die den Kanton Tessin durchschneidet, verbindet den Rest der Schweiz mit Norditalien. Dort, wo die nach Norden führende Hälfte der Straße bei Airolo in den langen Sankt-Gotthard-Tunnel führt, wurde 1987 eine neue Raststätte fertiggestellt.
Diese zurückhaltende Anlage spiegelt das Bemühen der Tessiner Architekten um Klarheit von Struktur, Form und Funktion wider. Die axialsymmetrische Anordnung plaziert die Zapfsäulen unter ein großes Dach vor dem T-förmigen Gebäude. Der Haupteingang ist ein vorspringendes zentrales Element, das in den Einkaufsbereich und ins Restaurant führt. Typisch für das Werk der Architekten sind die makellosen Details für die Konstruktion dieser Service-Station.
Im Zentrum der Ortschaft Ambri, hoch oben im Leventina-Tal nördlich von Bellinzona gelegen, transformiert ein kleines von Pietro Boschetti entworfenes und 1984 gebautes Einfamilienhaus die traditionelle dörfliche Bauform, während es deren Dimensionen in für die *rustici* typischen Grundmerkmalen bewahrt. Es ist ein würfelförmiger Giebelbau, wobei die Giebelenden zu den Straßen hin liegen. Der Plan des Hauses ist einfach: Eingang und Versorgungsräume - Werkstatt, Waschküche, Lager und Speisekammer - sind im unteren Geschoß untergebracht, die Schlafzimmer im mittleren und die Gruppenräume - Wohn-, Eßraum und Küche - im oberen Geschoß, das sich in den sonst als Dachboden genutzten Raum ausweitet.

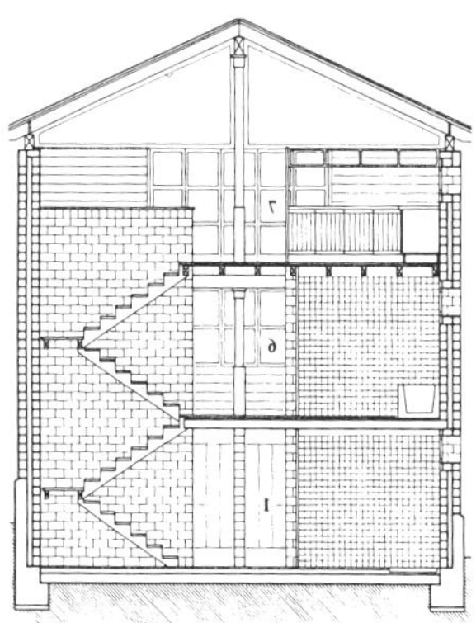

Einfamilienhaus in Ambri
Schnitt

Monte Carasso

3.1 Palestra 1981–84
Nördlich des Stadtplatzes, Monte Carasso
Tel. (092) 25 37 84
Luigi Snozzi
Im Rathaus anfragen, wann eine Besichtigung der Turnhalle möglich ist.

3.2 Cassa Raiffeisen 1980–84
Stadtplatz, Monte Carasso
Tel. (092) 26 33 23
Luigi Snozzi
Die Bankhalle kann während der Bürostunden besichtigt werden; an der Tür des oberhalb liegenden Hauses hängt folgendes Schild: »Non si ricevono turisti d'architettura« – Architekturtouristen sind nicht willkommen!

3.3 Casa Guidotti 1983–84
Östlich des Stadtplatzes, Monte Carasso
Luigi Snozzi
Privat; das Haus ist aber freistehend und von öffentlichen Bereichen aus sichtbar.

Die Katasterkarte von Monte Carasso zeigt ein Dorf, das sich aus sehr unregelmäßigen Parzellen zusammensetzt. Das Element, das dem Ort überhaupt eine städtische Ordnung gibt, ist die alte Kirche mit Kloster; der Friedhof liegt daneben. Monte Carasso ist typisch für Orte in der Nähe von größeren Städten, die sich phantasielos ausbreiten und damit zu Schlafgemeinden werden. Luigi Snozzi ist seit 1977 mit dem Generalplan für das Dorf beschäftigt. Snozzis ernsthaftes Engagement in Monte Carasso begann mit dem Wettbewerbsentwurf für eine Schule, die nach einem Bebauungsplan von 1965 am Ortsrand angesiedelt werden sollte. Snozzi schlug statt dessen vor, die neue Schule innerhalb des Orts als Teil des mittelalterlichen Klosters zu bauen. Ein Referendum verwarf den offiziellen Bebauungsplan und wählte Snozzi, um einen Generalplan zu entwickeln. Der neue Plan für eine mittelalterliche Stadt ist eindeutig nicht-historisierend. Das bringt die Einfügung besonderer Strukturen mit sich, die mit Kirche, Kloster und Schule eine neue Ordnung bilden und die Vorstellung von einem architektonischen Zentrum zusammen mit einem durch öffentliche Funktionen festgelegten Bereich betont.

Monte Carasso
Das Ortszentrum vom Friedhof aus
Generalplan von Luigi Snozzi mit seinen Projekten

Snozzi ergänzt die Klosteranlage mit einem neuen Flügel, der Teil der Schule ist. Darüber hinaus schlägt er eine Neuparzellierung vor, da bestehende Gebäude frei und neue nördlich der Kirche gebaut werden; so wird der Ortskern durch die Einfassung des Kirchenbereiches mit einem offenen Grünbereich klar definiert. Mit der Sporthalle (1981–84) beginnt diese Neuverteilung: Weitere Bauten im Generalplan sind das neue Bankgebäude (1980–84), das Haus Guidotti (1983–84), die Urnenhalle des Friedhofs (1983), die neuen Tribünen und Umkleideräume für den Fußballplatz am nördlichen Ortsrand (1983–86), der geplante Kindergarten, der die östliche Begrenzung des zentralen Platzes darstellen wird, und Erweiterungen des Friedhofs zur Anpassung seiner Geometrie mit dem neuen orthogonalen Raster des Ortszentrums. Snozzi hat auch das bestehende Rathaus im Westen des Ortszentrums renoviert. Er sagt, »das Ziel des Plans ist die stufenweise umfassende Wiederbelebung des Herzens der Stadt als öffentlicher Platz par excellence.«[2] Als erstes aus Snozzis Generalplan wurde die neue Turnhalle gebaut. Die erforderlichen Bereiche wurden in zwei Baukörper unterteilt, und Snozzi nutzt den Geländesprung, um das Erdgeschoß unter Geländeniveau zu setzen. Vom Ortszentrum tritt die Turnhalle mit einer außenliegenden Terrasse (ein Basketballfeld) in Erscheinung; im Eingangsbereich sind

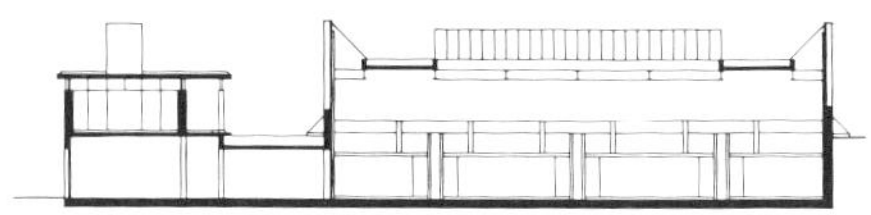

Palestra
Der Turnhallenkomplex von Süden
Innenansicht der Turnhalle
Schnitt durch Eingangsgebäude und Turnhalle

Cassa Raiffeisen. *Vorderseite*

Casa Guidotti. *Ansicht vom Friedhof aus*

Umkleideräume sowie ein Schutzraum und andere Gemeinschaftseinrichtungen untergebracht; darüber hinaus dient er als Portikus. Wegen seines vorbildlichen Entwurfs und der hervorragenden Ausführung erhielt dieser Bau 1985 einen Preis für das Bauen mit Beton.[3]
Im Gebäude der Raiffeisenbank befindet sich über der Sparkasse auch eine Wohnung. Die Unterteilung der drei Gebäudeebenen läßt ein »split-level«-Haus entstehen, das einer Corbusier-Unité im Schnitt ähnelt, sowie eine Bankebene mit einer großräumigen öffentlichen Halle. Im Keller sind der Konferenzraum der Bank und die geforderten Schutzräume untergebracht. Aus der rechtwinkeligen Hauptfassade wurde ein Quadrat ausgeschnitten. Glas umschließt einen quadratischen Einsatz mit auskragender gebogener Traufe; in der Mitte ist der Eingang der Bank mit einer tresorähnlichen Tür. Im Generalplan ist das Bankgebäude Teil einer durchgängigen Häuserreihe, die die Südseite des zentralen Platzes definiert.
Das Haus für den Bürgermeister von Monte Carasso, Flavio Guidotti, ist ein Turmbau an der östlichen Grenze des Ortszentrums. Seine Gartenmauer wird den Rand einer geplanten neuen Ringstraße bilden. Snozzi spielt mit diesem Entwurf auf den Domino-Rahmen von Le Corbusiers Einfamilienhaus in der Stuttgarter Weissenhofsiedlung an, obwohl er dieses Meisterwerk eindeutig nicht kopiert. In seiner Ausrichtung entspricht das rechtwinkelige Haus Guidotti der Hauptachse des Grundstücks: Die Hauptfassade öffnet sich in nordöstlicher Richtung zum Garten hin. Im Grundriß sind die Aufenthaltsbereiche auf dieser Seite des Hauses untergebracht; die andere Fassade zur öffentlichen Seite hin bleibt eher geschlossen, und hier liegen auch die Versorgungsräume. Der Eingang und eine Kombination aus Wohn-, Eß- und Kochbereich liegen im Erdgeschoß, im ersten Obergeschoß Elternschlafzimmer und ein Büro, von dem aus man die darunterliegenden Räume überblickt; drei weitere Schlafzimmer liegen im zweiten Obergeschoß, und ganz oben gibt es eine Dachterrasse.
Luigi Snozzis Bauten in Monte Carasso setzen deutlich die Sprache der Moderne fort. In Snozzis Architektur ist die Klarheit des Granits der traditionellen Bauten auf Stahlbetonbauten übertragen; hier erkennt man die Reflexion über die in Monte Carasso und andernorts bereits existierenden Traditionen. Zudem ist die Idee der Typologie grundlegend für Snozzi, wenn er sich mit öffentlichen Räumen und Gebäuden für das tägliche Leben beschäftigt, da ihre Nutzungsvielfalt sich nicht verändert. Die Definition des Ortszentrums ist daher ein Versuch, dem ursprünglichen Raum Klarheit zu verschaffen, einen öffentlichen Platz zu schaffen, der umgeben ist von öffentlichen Gebäuden.

Camorino

4.1 Casa Del Curto 1984–85
Aria, Zona Maglio, Camorino
Antonio Bassi, Giovanni Gherra
und Dario Galimberti
Privat; von der Straße aus sichtbar.

4.2 Scuola elementare comunale 1977–78
Via Riasc, 5, Guasti, Camorino
Tel. (091) 68 85 18
Fonso und Pietro Boschetti und
Fosco Moretti
Während des Schuljahrs geöffnet; Besucher sollten im Schulsekretariat um die Erlaubnis bitten, die Gebäude zu besichtigen. Das Grundstück ist ganzjährig zugänglich.

4.3 Casa Lüönd 1979
Ai Guasti, Camorino
Ivo Trümpy
Privat; von der Landstraße zwischen Bellinzona und Cugnasco und von deren öffentlichen Seitenstraßen aus sichtbar.

Casa Del Curto
Ansicht vom Garten aus

Camorino ist ein typisches Beispiel für die Entwicklung der in der Nähe der Hauptstraßen liegenden Dörfer und Städte. Wegen seiner günstigen Nähe zur Autobahn wuchs das Städtchen mit der Bevölkerung, die aus Bellinzona hierher zog. Das Haus Del Curto von Antonio Bassi, Giovanni Gherra und Dario Galimberti (1984–85) gehört zu den jüngst in den Neubauvierteln entstandenen Häusern. Wie für ihre letzten Arbeiten typisch, basiert das Haus eher auf abstrakten historischen Anspielungen - sie beziehen sich auf den französischen Rationalismus des 18. Jahrhunderts - als auf die Tessiner *rustici*. In diesem Haus wird auf Ledoux' Projekt einer Villa für einen Händler aus Besançon Bezug genommen. Die Lösung ist eine gelassene Antwort auf die Frage, wie man ein Haus mit einem Ausdruck von Identität und stiller Präsenz inmitten eines vorstädtischen, ungeordneten Komplexes ansiedeln kann. Es gleicht im Grundriß einer palladianischen Villa mit einer sehr traditionellen Raumverteilung: Eingang im Erdgeschoß, vertikale Erschließung und zentrale Halle in doppelter Raumhöhe mit Küche, Arbeits-, Eß- und Wohnzimmer auf beiden Seiten. Im oberen Geschoß flankieren Schlaf- und Badezimmer den zentralen Baukörper mit einer U-förmigen Halle, die den Balkon zum Garten hin überbrückt. Diese Hauptfassade ist nach Süden ausgerichtet, und ihr Mittelteil ist durch eine Serliana oberhalb eines rechteckigen Rücksprungs und unterhalb eines zentralen Rundfensters betont. Dieses formale Motiv wird durch das Farbschema der Fassade noch unterstrichen. Der direkt über der Serliana liegende Teil der Wand ist hellgelb gestrichen. Das kontrastiert mit den überwiegend in Hellblau gehaltenen Außenwänden. Eine subtile Gliederung der Fassadenoberfläche schafft eine abstrahierte monumentale Ordnung durch Eckpfeiler, die weiß gestrichen sind. Alle Metallteile - Fensterrahmen, Geländer und Fallrohre -

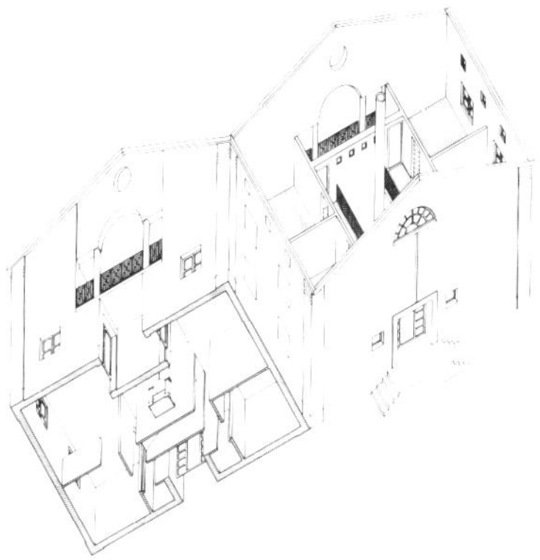

sind rot gestrichen. Im übrigen ist das Haus, einschließlich der Innenräume, sehr spartanisch gehalten.
Es gibt zwei weitere erwähnenswerte Projekte, beide westlich des Ortszentrums: eine Grundschule von Fonso und Pietro Boschetti und Fosco Moretti (1977–78) und ein Einfamilienhaus von Ivo Trümpy (1979). Die Grundschule ist mit ihrem zentralen Raum und den Fluren so angeordnet, daß ihr Grundriß ein H ergibt. Klassenzimmer und andere Räume liegen außerhalb und zwischen den Schenkeln, während die Mensa in der Mitte von einem pyramidenförmigen Oberlicht überdacht ist. Im Gegensatz zu der Schule und dem Haus von Bassi-Gherra-Galimberti beschreibt man das Haus Lüönd von Ivo Trümpy am besten als Versuch, in einem lokalen Stil zu entwerfen, dabei aber die Dachanordnung umzukehren, so daß es eher wie ein umgewandeltes ferraresisches Landhaus aussieht. Das Haus wurde als energiesparender Bau entworfen, mit den Versorgungsräumen auf der Nord- und den Aufenthaltsräumen auf der Südseite. Erbaut wurde es aus Modulbetonsteinen mit Holzstützen für Balkon und Dachkonstruktion.

Casa Del Curto
Kombinierte axonometrische Ansicht
Die zentrale Halle

Scuola elementare comunale
Ansicht von Westen
Der zentrale Raum

Nördlich des Flusses Ticino: Cugnasco und Gerra-Piano

5.1 Casa Calzascia 1982–83
Via Sciarana, Cugnasco
Franco und Paolo Moro
Privat; von der Straße aus sichtbar.

5.2 Casa Viggiano 1970–72
Via Sciarana, Cugnasco
Ivano Gianola
Privat; die Südseite ist von der Straße unterhalb aus sichtbar.

5.3 Casa Heschl 1983–84
Agarone, oberhalb von Gerra-Piano
Luigi Snozzi
Privat; sichtbar von unterhalb und von öffentlichen Pfaden aus, da der Zugang zum Haus über einen öffentlichen Weg führt.

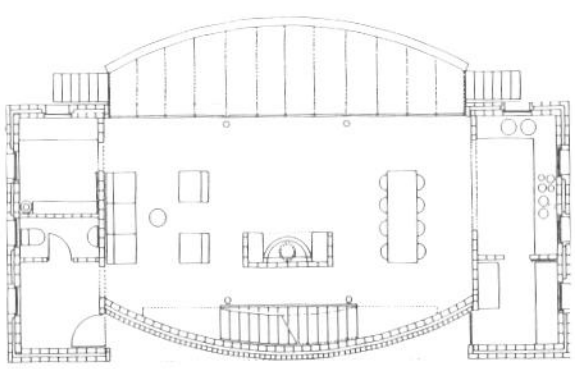

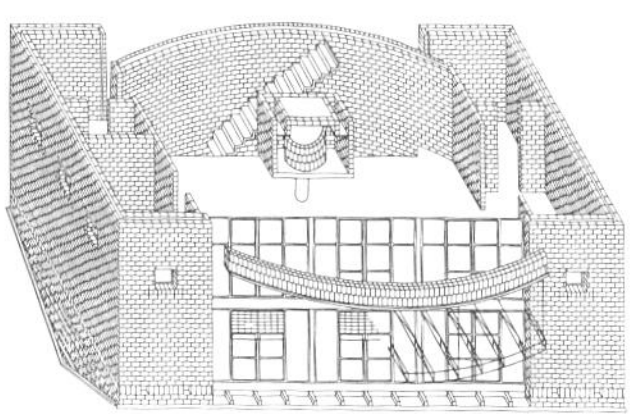

Casa Calzascia
Blick in Richtung Piano di Magadino
Grundriß Hauptgeschoß
Umgekehrte Axonometrie

Die Städtchen Cugnasco und Gerra-Piano liegen am nördlichen Rand des Piano di Magadino entlang der Landstraße zwischen Monte Carasso und Locarno, voneinander durch den Bach getrennt, der das Valle di Cugnasco hinabfließt. Das Haus Calzascia in Cugnasco von Franco und Paolo Moro (1982–83) liegt an einer der hügelaufwärts führenden Straßen. Es ist parallel zum Hang gebaut, wobei alle wesentlichen Räume nach Süden gerichtet sind. Das Haus hat zwei geschlossene Enden, in denen Küche, Bäder und Lagerräume untergebracht sind. Vom Baukörper her gesehen ist es ein traditionelles Haus; im Grundriß ist die Nordwand des Hauptkörpers ein tangential zum Gesamtrechteck verlaufender Kreisbogen, der auf der gegenüberliegenden Seite durch die Veranda reflektiert wird. Gebaut wurde das Haus aus Betonsteinen, hölzernen Unterzügen und Blechdach. Die Südfassade besteht zwischen den massiven Endpunkten fast ganz aus Glas, während der Rest des Hauses weitgehend geschlossen und nur leicht durchbrochen ist. Durch seine Detaillierung und Materialwahl entstand hier ein makelloser und klarer Bau. Das Haus Viggiano von Ivano Gianola (1970–71) liegt etwas oberhalb an derselben Straße. Es besteht aus Stahlbeton mit schweren, mittlerweile rebenbewachsenen Auskragungen, deutlich von Le Corbusiers brutalistischer Architektur beeinflußt. Der Grundriß ist rechteckig, wobei die Räume über vier Geschosse verteilt sind. Die mittleren zwei Ebenen des Hauses enthalten die Gemeinschaftsbereiche und öffnen sich durch die doppelte Höhe des Wohnraums entlang der Sonnenblende zum Ausblick hin. Elternschlafzimmer und Atelier liegen ebenso wie der Hauseingang oberhalb.

Das Haus Heschl von Luigi Snozzi (1983–84) liegt im Agarone-Gebiet, von Gerra-Piano aus bergauf, auf einem an den Bach grenzenden Grundstück mit Blick auf den Piano di Magadino. Man erreicht es über einen öffentlichen Pfad, der an der fünften Serpentine der Straße beginnt. Man betritt das Haus durch ein Portal und über eine Brückenstruktur, die einen 45-Grad-Winkel zum Baukörper bildet. Der Bau aus Sichtbeton wirkt wie ein eingegrabener Würfel, der einen kleinen archetypischen Turm umschließt. Der Hauptraum erstreckt sich bis in das pyramidenförmige Dach, und die untergeordneten Räume liegen um diesen herum.

Casa Heschl
Ansicht vom Zugang aus
Die Rückseite des Hauses zum Piano di Magadino hin

Cadenazzo, San Antonino und San Nazzaro

6.1 Casa Caccia 1970–71
Östlich des städtischen Parkplatzes, Cadenazzo
Mario Botta
Privat; von der Straße aus sichtbar.

6.2 Einfamilienhaus 1980
Östlich des städtischen Parkplatzes, Cadenazzo
Antonio Bassi, Giovanni Gherra und Dario Galimberti
Privat; von der Straße aus sichtbar.

6.3 Einfamilienhaus 1984–85
Gegenüber dem Bahnhof, San Antonino
Franco und Paolo Moro
Privat; von der Straße aus sichtbar.

6.4 Scuola elementare e municipio 1973–78
Ortszentrum, San Nazzaro
Tel. (093) 63 14 08
Luigi Snozzi
Die Büros der Stadtverwaltung sind Montag bis Freitag von 9–11 und Dienstag nachmittags von 14–18 Uhr geöffnet; Besucher sollten im Schulsekretariat um die Erlaubnis für eine Besichtigung der Klassenzimmer bitten. Das Grundstück ist ganzjährig zugänglich. Das Gebäude ist von öffentlichen Grundstücken umgeben.

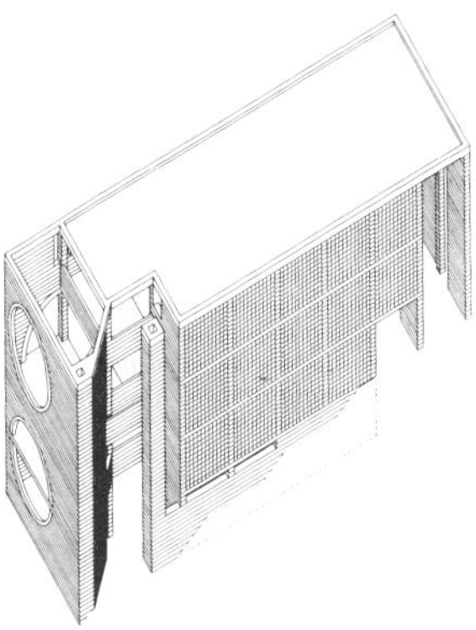

Casa Caccia
Blick von oben in Richtung Piano di Magadino
Axonometrie

Das Wachsen von Cadenazzo und San Antonino geschah wie bei anderen Dörfern entlang größeren Landstraßen meist in Form von langweiligen Parzellierungen ehemals landwirtschaftlich genutzter Gebiete. Beide Städtchen sind als Wohnorte äußerst begehrt, liegen sie doch an der Bundesstraße zwischen Bellinzona und Lugano sowie an der Straße, die zu den Orten am südöstlichen Ufer des Luganer Sees führt. San Antonino liegt zudem nahe der Auffahrt zur Autobahn nach Lugano. San Nazzaro, westlich davon, ist ein Dorf am südöstlichen Ufer des Sees, und von hier aus erreicht man relativ leicht Locarno und Lugano. Im Norden ist es den Hangsiedlungen jenseits des Sees zugewandt.
Innerhalb einer neuen Parzellierung nördlich des Dorfzentrums von Cadenazzo gibt es zwei Häuser, das Haus Caccia von Mario Botta (1970–71) und das Einfamilienhaus von Antonio Bassi, Giovanni Gherra und Dario Galimberti (1980). Das Haus Caccia liegt quer zum Grundstück. Auf zwei Ebenen liegen die Wohnräume; in den oberen Geschossen sind die Räume durch einen zu dem darunterliegenden Raum hin offenen Luftraum voneinander getrennt. Alle Versorgungsräume einschließlich Treppen und Bädern liegen an der Westfassade aus Glasbausteinen. Das Haus von Bassi-Gherra-Galimberti ist mit seiner Hauptfassade um einen Ziergiebel herum symmetrisch angeordnet, eine für die Architekten typische Lösung. Die Anordnung der Räume ist eher traditionell, obwohl es auch hier optische Verbindungen zwischen den beiden Ebenen des Hauses gibt. Während Bottas Entwurf deutlich versucht, den Blick zum Nachbargebäude zu unterbinden - eine Camera obscura, die nur auf die dahinter gelegenen Berge ausgerichtet ist -, entspricht das Gebäude von Bassi et. al. in sehr traditioneller und ikonographischer Weise den Erfordernissen.

Casa Caccia
Oben: Ansicht von unten

Einfamilienhaus in Cadenazzo
Links oben: Ansicht vom Garten aus
Links Mitte: Ansicht von der Straße aus
Unten: Axonometrie

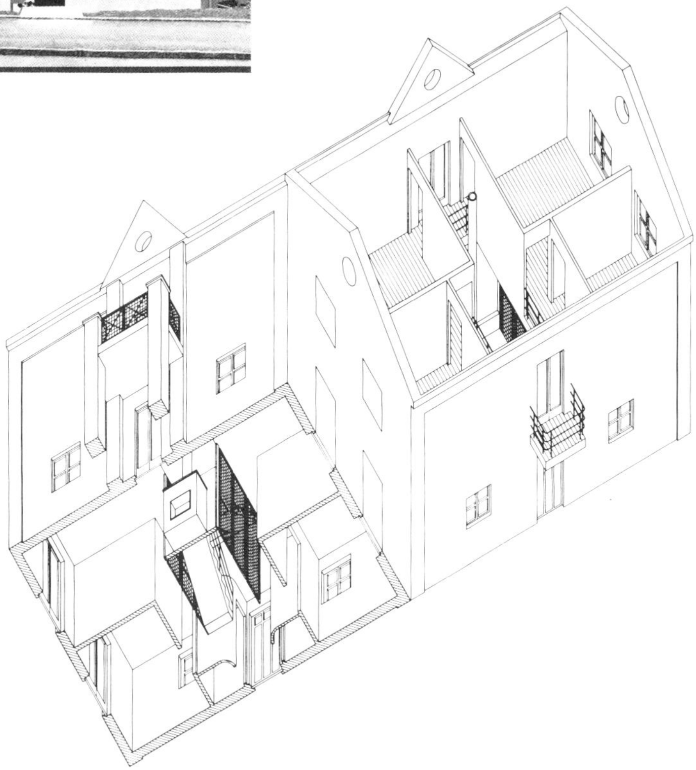

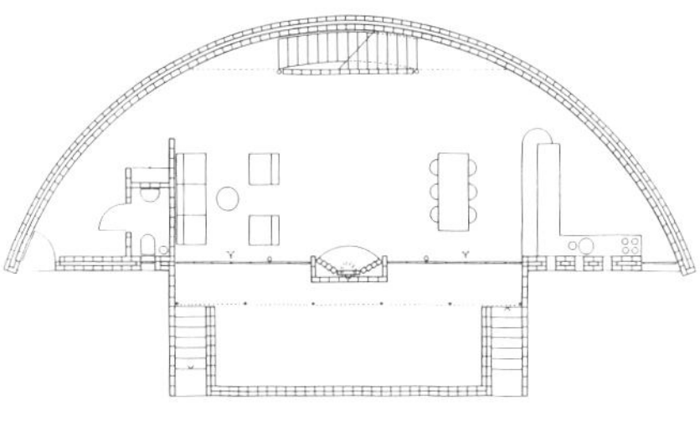

Einfamilienhaus in San Antonino
Ansicht der Westfassade
Innenraum
Grundriß Hauptgeschoß

Auf dem Piano selbst liegt ein von den Gebrüdern Moro entworfenes Einfamilienhaus (1984–85) in einem kürzlich parzellierten Gebiet von San Antonino. Der Bahnhof liegt auf der anderen Seite der nach Norden führenden Straße, und bis vor kurzem gab es westlich davon noch eine Industrieanlage. Da die benachbarten Häuser die Aussicht auf die im Norden und Süden liegenden Berge verstellen, wurde das Haus so angeordnet, daß der Ausblick begrenzt und die Hauptausrichtung nach Westen liegt. Im Grundriß ist das Haus ein Kreissegment mit einem an der Geraden angefügten Rechteck. Die gebogene Rückwand ist eine geschlossene Fläche, an der Treppen und allgemeine Erschließungswege angeordnet sind. Die verschiedenen Hausfunktionen sind auf traditionelle Weise verteilt, wobei die Familienräume auf der unteren und die Einzelräume auf der oberen Ebene liegen. Im Keller sind Technikraum und Lagerflächen untergebracht. Der rechteckige Teil bildet eine Loggia und Terrasse vor den Schlaf- und Wohnräumen: er wirkt durch seine Größe widersprüchlich. Am bemerkenswertesten ist der fast geschlossene Blocksteinbogen, der in jeder zehnten Reihe und in der Länge nach jeweils fünf Steinen von einem quadratischen Glasbaustein durchbrochen ist. Vom Westen aus gesehen bilden die Enden der gebogenen Wand massive Stützen, die einen vertikalen Glasstreifen einrahmen. Diese sind von der doppelquadratischen Loggia-Terrasse durch massive Wandscheiben getrennt.
Zu Luigi Snozzis städtebaulichen Projekten gehört auch ein neues Verwaltungszentrum für San Nazzaro, einem Städtchen am Südufer des Lago Maggiore. Die neue Schule und das Rathaus (1973–78) sind aus Stahlbeton. Der Komplex hat einen quadratischen Grundriß, gebildet aus dem gleichseitigen L des Gebäudes selbst, das den öffentlichen Platz festlegt. Der Platz bildet den Abschluß eines wichtigen Fußweges, der von der Gemeindekirche her kommt. Dieser Weg führt vorbei am Friedhof, an Privathäusern, die

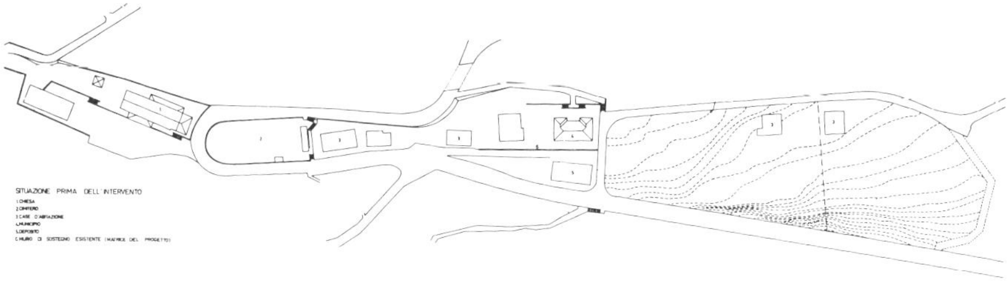

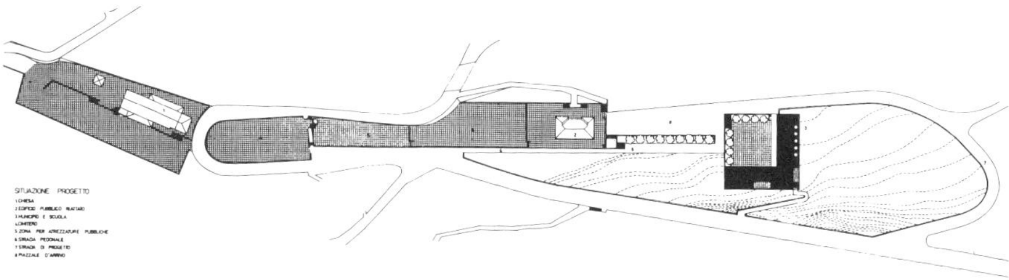

Scuola elementare e municipio, San Nazzaro
Lagepläne, vor der Planung (oben) und nach dem Plan Snozzis (darunter)
Der Flur der Stadtverwaltung
Die südöstliche Ecke

abgerissen werden sollen für einen Grünbereich, und an dem alten, neoklassizistischen Gebäude, das einst Büros der Stadtverwaltung und die Schule beherbergte. Bestimmt wurde diese Achse durch eine noch erhaltene Mauer, die man hinter dem alten Gebäude der Stadtverwaltung fand. Jede Seite des neuen Gebäudes dient einer anderen Funktion. Die Büros der Stadtverwaltung liegen in dem Flügel, der den Abschluß des Fußweges bildet; rechtwinklig dazu ist die neue Grundschule untergebracht. Der Flügel der Stadtverwaltung ist entlang eines einhüftigen Flurs doppelter Höhe angeordnet. Die Verwaltungsbüros liegen im Hauptgeschoß, der Gemeindeversammlungsraum liegt darüber, mit Blick auf den Flur. Auf der anderen Seite trennt der ›split-level‹-Grundriß der Schule die zentrale Eingangshalle von den Klassenräumen.

Locarno

7.1 Scuole e palestra comunali Saleggi 1971–74 (Schule), 1979 (Turnhalle)
Via Nessi und Via E. Pestalozzi, Locarno
Tel. (093) 31 65 82
Livio Vacchini
Während des Schuljahres geöffnet; Besucher sollten im Schulsekretariat um die Erlaubnis zur Besichtigung der Gebäude bitten. Grundstück ist ganzjährig zugänglich.

7.2 Atelier Vacchini 1985
Via Bramantino 33, Locarno
Tel. (092) 25 13 42
Livio Vacchini
Büro des Architekten.

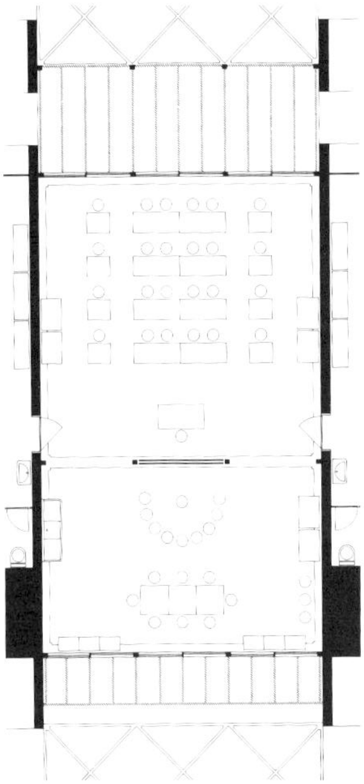

Scuole e palestra comunali Saleggi
Die Turnhalle
Grundriß einer typischen Klassenraumeinheit

Am nördlichen Ende des Lago Maggiore gelegen, hat dieser Ferienort seinen historischen Kern noch bewahrt. Die neueren Gebäude jedoch haben der Stadt keine klare und zusammenhängende Gestalt gegeben. Am Seeufer und um die Bahnhöfe herum sind Arkaden mit Touristenläden vollgestopft, während mittelmäßige Neubauten, deren einziger Zweck das Unterbringen von Geschäftsräumen ist, in das historische Gefüge Locarnos drängen. An den Hängen oberhalb der Stadt windet sich eine Masse von Appartement- und Einfamilienhäusern entlang enger Straßen, und alle wetteifern um die südliche Ausrichtung und den Seeblick.
Es gibt zwei bemerkenswerte Projekte innerhalb der Stadt, das eine ein Schulkomplex, das andere ein Architekturbüro, beide von Livio Vacchini. 1970 gewann Vacchini den Wettbewerb für eine neue Schule in einem aus den späten fünfziger Jahren stammenden und südlich des Stadtzentrums gelegenen Stadtteil. Gebaut wurde in zwei Abschnitten zwischen 1971 und 1974, und 1979 wurde dem Komplex eine Turnhalle hinzugefügt. Die Aufteilung erinnert, wenn sie auch nur eingeschossig ist, an Shadrach Woods' Plan für die Freie Universität Berlin. Der Grundriß ermöglicht allen Klassenräumen einen direkten Zugang nach draußen, wo es einen gemeinsamen Gartenbereich gibt. Sein Raster schafft eine Hierarchie von Erschließungswegen und Versorgungsräumen, die in der einen Richtung die Klassenräume und in der anderen Klassenräume, Erschließung und Garten abtrennt. Von der Rangordnung her bilden die überwölbten Wege und die Vegetation die Primärstrukturen, die die Klassenräume in den Hintergrund drängen. So wird vermieden, daß der Komplex monumental wirkt.
Die Turnhalle folgt einer ähnlichen formalen Ordnung, aber hier klammern die Erschließungswege die zentrale Turnhallenebene ein. Die Ausläufer dieser Wege enden in Treppen oder Toiletten, und die Bereiche dazwischen bilden Eingangsloggien im Norden und Süden, während im Osten und Westen die Büros der Verwaltung und

Spezialräume untergebracht sind. Da die Turnhallenebene unter Geländeniveau liegt, sind die Glaswände, denen man sich von den Loggien her nähert, in Wirklichkeit Obergadenfenster für den zentralen Baukörper. Zusätzliches Licht kommt durch Oberlichte, die ein im 45-Grad-Winkel zu den Gebäudeachsen stehendes Quadrat bilden. Die Konstruktion besteht aus Stahlbeton mit vorgefertigten Elementen. Die zwei Trakte von Schule und Turnhalle stehen verschoben zueinander, da beide der Geometrie ihrer unmittelbaren Umgebung direkt entsprechen. Gemeinsam schaffen diese drei zurückhaltenden Elemente eine Spannung, die an den Grundriß der Villa Adriana in Tivoli erinnert.
Beim Entwurf seines neuen Bürogebäudes, 1985 fertiggestellt und im Zentrum Locarnos gelegen, ergriff Livio Vacchini die Gelegenheit, das formale Verhältnis zwischen Funktionen und ihrem architektonischen Ausdruck in einem Gebäude zu untersuchen. Es besteht ein anthropomorphes Verhältnis zwischen den drei Ebenen des Gebäudes und der besonderen Funktion jeder einzelnen. Das Erdgeschoß verbindet das Gebäude mit der Stadt, während der Arbeitsplatz in der Mitte und die Archive oben liegen. Das Erdgeschoß ist offen gehalten bis auf zwei

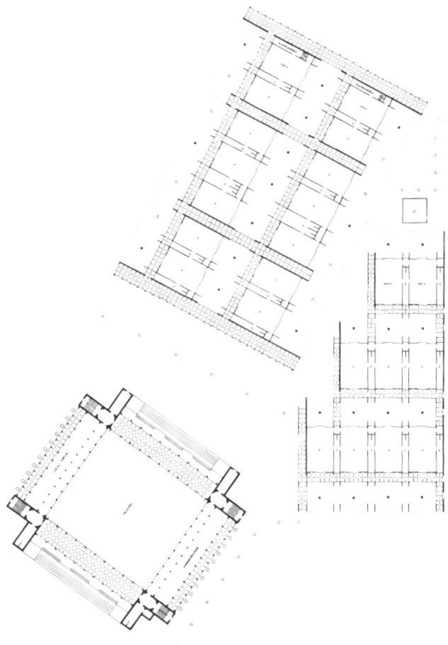

Scuole e palestra comunali Saleggi
Der Hofbereich der Grundschule
Grundriß Erdgeschoß

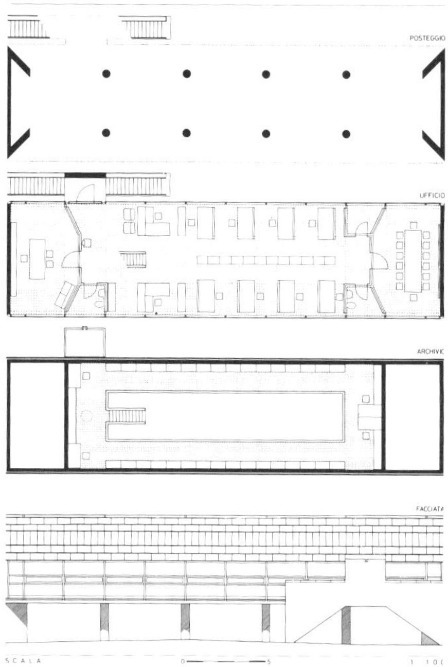

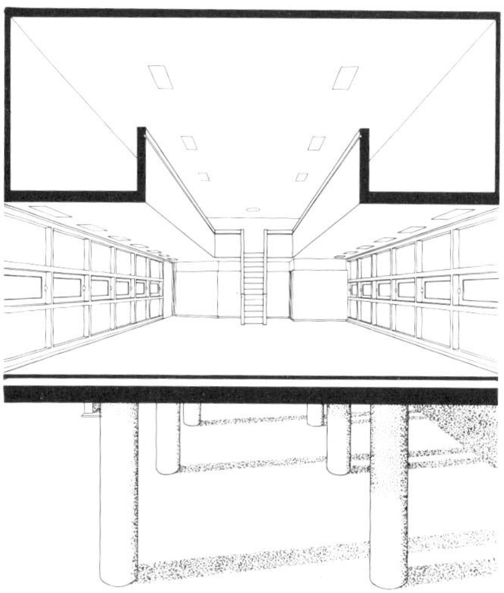

Abschlußwände, die Treppen, die zum Eingang führen, und vier Stützenpaare; es wird als Parkfläche genutzt. Die Hauptebene enthält einen großen zentralen Zeichenbereich mit einem abgetrennten Büro auf der einen und einem Konferenzraum auf der anderen Seite; beide haben doppelte Raumhöhe. Von den Archiven im oberen Geschoß überblickt man den zentralen Bereich. Die Konstruktion ist aus Stahlbeton. Die Stirnwände tragen das Dach und im oberen Geschoß zwei strukturelle Brücken, während die mittlere Ebene von den Stützenpaaren getragen wird. Dies ermöglicht einen durchgängigen Hauptarbeitsbereich, der von beiden Seiten mit natürlichem Licht durchflutet wird.

Atelier Vacchini
Oben links: Ansicht von der Via Bramantino aus
Mitte links: Innenansicht
Unten links: Schnittperspektive
Oben rechts: Grundrisse und Ansicht

Minusio, Brione s/Minusio, Orselina und Val Verzasca

8.1 Negozio Costantini 1977–79
Via Brione, Minusio
Tel. (093) 33 21 71
Luigi Snozzi
Dieser kleine Lebensmittelladen ist während der regulären Geschäftszeiten geöffnet.

8.2 Casa Kalmann 1974–76
Via Panorámica, 66, Brione s/Minusio
Luigi Snozzi
Privat; von der Straße aus sichtbar.

8.3 Casa Bianchetti 1975–77
Via Zoppi, 9, Locarno Monti (nahe Orselina)
Luigi Snozzi
Privat; von der Straße aus sichtbar.

8.4 Casa Rezzonico 1985
San Bartolomeo, Vogorno
Livio Vacchini
Privat; öffentliche Wege führen von der nächstgelegenen Straße zu dem Haus.

Negozio Costantini
Die östliche Ecke mit der Vorderfront rechts

Auf den Hängen oberhalb Locarnos sind es drei Projekte von Luigi Snozzi, die Aufmerksamkeit verdienen. Das erste ist das Geschäftshaus Costantini von 1977–79, in Wirklichkeit die Erweiterung eines älteren traditionellen Gebäudes. Es steht auf einem dreieckigen Grundstück an der Hauptstraße, die von Minusio zu den Hängen oberhalb Locarnos führt. Wie die meisten Bauten Snozzis, ist auch dieser aus Stahlbeton und von ausgesprochen geometrischer Form. Infolge des parallel zur Straße verlaufenden Hangs betritt man das Hauptgeschoß mit den Einkaufsflächen von dem einen Ende aus; darunter sind Park- und Lagerflächen. Ihr Zugang liegt an der entgegengesetzten Seite. Die reine Form dieses Keils bildet einen Kontrast zu den eher fragmentierten Formen der angrenzenden älteren Gebäude. Weiter oberhalb mit Blick auf den Lago Maggiore untersuchen zwei Häuser Snozzis Thematik der »Wege und Grenzen«.[4] Das Haus Kalmann in Brione s/Minusio ist das erste seiner Einfamilienhäuser, die die Bedeutung des Weges vom Tor zum Haus untersuchen. Es ist auch der erste seiner Bauten, der quer zum Hang steht, um eine Aussicht darüber hinaus und gleichzeitig eine Aussicht von der Rückseite zu ermöglichen. Seine Ortbetonkonstruktion erinnert sehr an Le Corbusier;

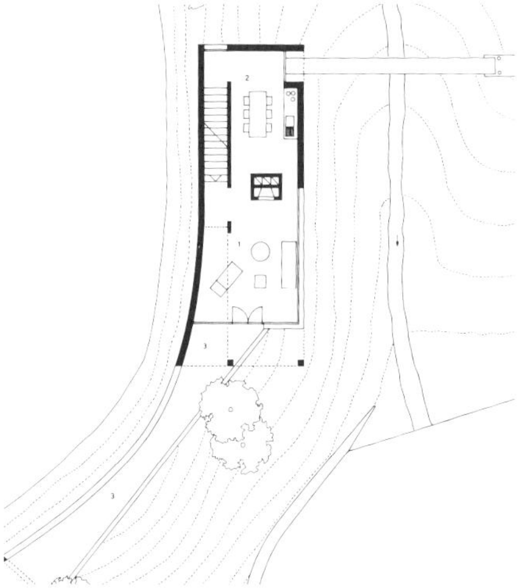

Casa Kalmann
Grundriß Hauptgeschoß
Innenansicht von der Treppe aus
Ansicht von der Straße aus

eine klare Lösung, die den Gegebenheiten des Grundstücks entspricht: Der Wohnbereich auf der mittleren Ebene bietet aufgrund der gekrümmten Stützwand auf ihrer Westseite eine großzügige Aussicht. Der fast offene Grundriß der Wohnebene macht einer regelmäßigen und deutlich unterteilten Anordnung der darüberliegenden Ebene Platz, obwohl es über einen Balkon eine Verbindung zwischen Wohnbereich und Elternschlafzimmer oberhalb gibt. Snozzis zweites Haus am Hang ist das Haus Bianchetti von 1975–77, bei Orselina gelegen. Man erreicht es durch ein Tor, das den Parkplatz abgrenzt, über eine Brücke hinweg und hinein in den mehrgeschossigen Grundbaukörper innerhalb des Hauses. Ähnlich wie beim Haus Kalmann ordnet Snozzi die Räume gegen die Stützwand im Westen an. Hier erfolgt die vertikale Erschließung. Die Glasfassaden im Süden und Osten ermöglichen den Blick auf Locarno und den Lago Maggiore.
Auf der Straße, die nach Norden zum Val Verzasca führt, weg vom Lago Maggiore und entlang dem Ostufer des Lago di Vogorno, gelangt man zu den sehr gut erhaltenen Bergdörfern Corippo, Lavertezzo und Brione/Verzasca. Die kastanienbewachsenen Hänge sind heute Grundstücke für Ferienhäuser mit Blick

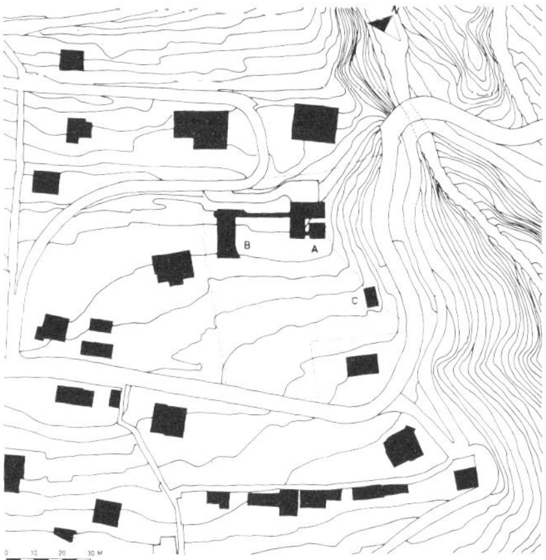

Casa Bianchetti
Lageplan
Innenansicht

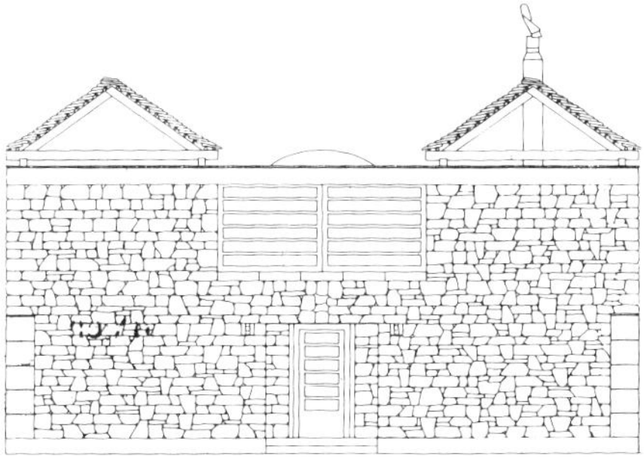

Casa Rezzonico
Blick von oben
Südseite

auf diesen künstlichen See. Wegen der restriktiven Vorschriften für Neubauten in Gebieten mit historischem Charakter war Livio Vacchini gezwungen, sich in seinem Entwurf für das Haus Rezzonico in Vogorno (1985) auf ein *rustico* zu beziehen, das einst auf dem Grundstück gestanden hatte. Das Ferienhaus liegt inmitten von traditionellen Bauten im Ortsgebiet von San Bartolomeo, aber selbst von weitem erkennt man, daß hier eine Umwandlung der traditionellen Hausformen stattgefunden hat. Obwohl das Giebeldach denen der umgebenden Häuser gleicht, ist es klar, daß dies ein Haus mit Flachdach ist, auf dem zwei Giebeldächer aus Granitplatten ruhen. Vacchini entsprach den Bauvorschriften, indem er das Betonhaus mit einheimischem Stein verkleidete. Seine Proportionen, Ausrichtung und Erscheinung sind gleichgestimmt mit und sogar respektvoll gegenüber der Umgebung. Dennoch bringt Vacchini sein Mißfallen an der Restriktivität deutlich zum Ausdruck: das Haus ist ein Atriumhaus, ein städtischer Bautypus, der sich gezwungenermaßen als ländlicher verkleiden muß. Er schreibt: »Wenn die Vorschriften mir die Verwendung von Baumaterialien auferlegen, die technisch unzulänglich sind ... verwende ich sie nur als einen unerläßlichen Teil meiner architektonischen Komposition ... [wie etwa] zwei Steindächer, die den Regen nicht abhalten ... Wenn die Vorschriften mir einen Stil auferlegen, tue ich das mit großem Vergnügen als eine Parodie ...«[5]

Losone und Ascona

9.1 Scuola media cantonale 1973–75
Via Saleggi, Ascona
Tel. (093) 35 75 51
Livio Vacchini und Aurelio Galfetti
Während des Schuljahres geöffnet; Besucher sollten im Sekretariat um die Besuchserlaubnis bitten. Das Grundstück ist ganzjährig zugänglich.

9.2 Casa Perucchi 1985–86
Via Reslina, Losone
Franco und Paolo Moro
Privat; von der Straße aus sichtbar.

9.3 Casa Fumagalli 1985
Via delle Quercie, Ascona
Livio Vacchini
Privat.

Scuola media cantonale
Gesamtansicht und Lageplan

Losone ist eine der beiden Nachbargemeinden Locarnos, auf der anderen Seite des Flusses Maggia. Die andere ist Ascona, in dem flachen Gebiet gelegen, das aus den Ablagerungen des Flusses gebildet wurde. Losone befindet sich im Norden und stromaufwärts im Vorgebirge. Die kantonale Höhere Schule in Losone von Livio Vacchini und Aurelio Galfetti (1973–75) besteht aus zwei Teilen: der eine beherbergt die Unterrichtsräume, der andere eine Turnhalle. Ersterer ist ein axial halbiertes Quadrat, so daß vier L-förmige, dreigeschossige Baukörper ein Atrium bilden. Diese funktionieren unabhängig voneinander; jeder birgt spezielle Unterrichtsräume im Erdgeschoß, alle Klassenräume und Sprachlabors darüber und die großen Vorlesungsräume und spezielle Räume ganz oben. Geplant war auch ein Speisesaal in Form eines zweigeteilten Quadrats, der aber nicht gebaut wurde. Sein Entwurf wäre die Umkehrung der Geometrie des Klassenraumkomplexes gewesen: der Speisesaal wäre in das zentrale Quadrat gestellt worden. Die gebauten Abschnitte bestehen aus Stahl mit ausfachenden Paneelen und Glasbausteinwänden. Die Stützen und Träger in den Klassenraumflügeln sind rot, die in der Turnhalle violett und gelb angestrichen.
Ein Einfamilienhaus der Gebrüder Moro liegt in den nördlichen Randgebieten einer neuen Parzellierung in Losone. Das Haus Perucchi (1985–86) ist ein reiner rechteckiger Baukörper aus Ziegeln mit vorspringender Loggia/Säulenhalle im Süden und gewölbtem Dach aus himmelblau gestrichenem Metall. Die Komposition besteht aus einem größeren geschlossenen Baukörper, der von einem kleineren und offeneren durchdrungen wird. Der Grundriß folgt der von diesem Ineinandergreifen hergestellten formalen Geometrie. Man betritt das Haus mittig durch den Versorgungstrakt an der schmalen Ostseite, wo auch die Treppe und eine Toilette untergebracht sind; der das Gleichgewicht herstellende Raum im Westen beherbergt den Küchenbereich, der durch eine Theke vom Wohn-/Eßbereich getrennt

ist. Ein Kamin liegt an der Nordwand, in der Symmetrieachse. Im Obergeschoß liegen drei zur Loggia offene Räume, die Treppe und Bäder bilden den Abschluß des Versorgungs- und Erschließungskerns. Wie bei anderen Häusern der Gebrüder Moro wird ein Dialog zwischen Elementen hergestellt, die auf einer sehr konsequenten und klaren Materialwahl basieren: Betonsteine für die tragenden Wände und Holzrahmen für die Öffnungen. Fenster und Türen sind immer an der inneren Seite des Baukörpers angeordnet, so daß er als eine Grundform verstanden werden kann, die ausgeschnitten wird, um einen anderen Baukörper aus einem anderen Material hervortreten zu lassen.
In einem neuen Viertel von Ascona hat Vacchini ein hervorragendes Haus gebaut, eine klassische Villa, die gleichzeitig völlig modern ist. Der rechtwinkelige und äußerst symmetrische Grundriß des Hauses Fumagalli ordnet die diversen Primärfunktionen innerhalb eines Quadrats auf zwei Ebenen an, wobei Balkone das Haus von drei Seiten umfassen. Auf der vierten Seite liegen die Versorgungsräume - Eingang, Bäder, Waschküche, Vorratsraum und Treppe. Im Erdgeschoß befinden sich die Wohnräume, durch Schiebewände

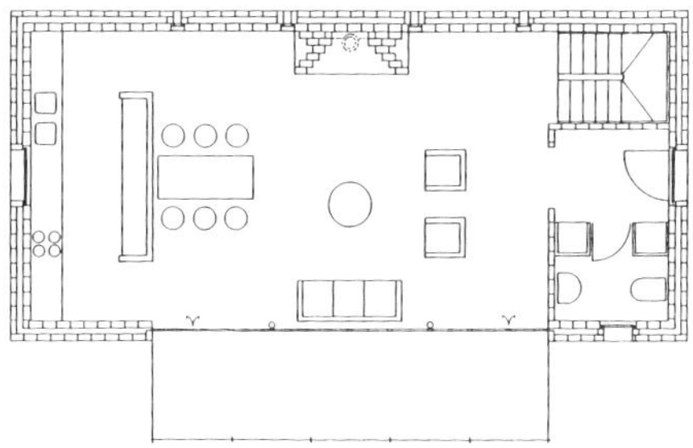

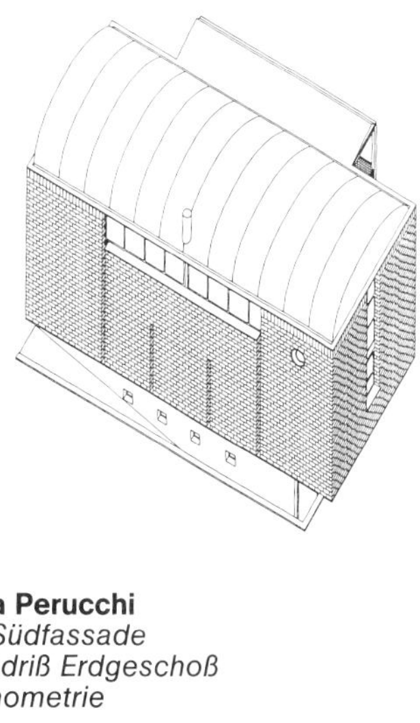

Casa Perucchi
Die Südfassade
Grundriß Erdgeschoß
Axonometrie

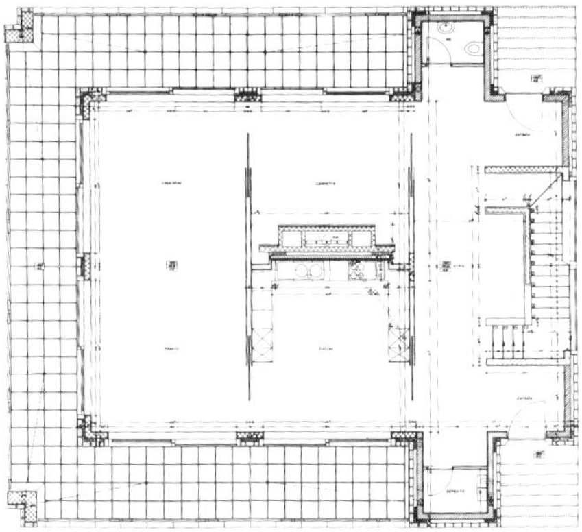

Casa Fumagalli
Außenansicht; links die Hauptfassade
Grundriß Hauptgeschoß

voneinander zu trennen. Die eine Hälfte des Quadrats ist Wohn-/Eßbereich, die andere ist nochmals zweigeteilt, wobei die Küche durch einen Kamin von einem Sitzbereich getrennt wird. Oben führt ein zentraler Flur von der Halle zum Balkon, mit Elternschlafzimmer, Arbeitsraum und Hauptbad auf der einen und vier Schlafzimmern auf der anderen Seite. Der Betonrahmen des Wohnhauses ist mit weißen Betonsteinen in zwei Größen verkleidet. Der untere Teil des Gebäudes wirkt wie ein ausgeschnittener Festkörper, wobei nur die Ecken übrig blieben und die Ebene des *piano nobile* durch ein breites Granitband angezeigt wird. Das Obergeschoß ragt darüber hinaus und liegt zurückgesetzt auf den Umfassungswänden des unteren. Materialien im Inneren sind Sichtbeton und Holz, abgesehen von den großen Granitplatten für die Wand des Kamins.

Verscio, Cavigliano und das Valle Maggia

10.1 Casa Snider 1965–66
Nördlich der Straße nach Cavigliano, gleich hinter dem Ortszentrum, Verscio
Luigi Snozzi und Livio Vacchini
Privat; eine Pergola führt von der Straße zum Haus.

10.2 Casa Cavalli 1976–78
Nördlich des Hauses Snider, westlich eines kleinen Platzes, Verscio
Luigi Snozzi
Privat.

10.3 Zweifamilienhaus 1981–82
Auf der Südseite der Straße, die von Osten in den Ort führt, Verscio
Franco und Paolo Moro
Privat; ein öffentlicher Weg führt an der Ostseite des Gebäudes vorbei zum Bahnhof.

10.4 Einfamilienhaus 1981–82
Nördlich des Ortszentrums, Cavigliano
Franco und Paolo Moro
Privat; von öffentlichen Wegen aus sichtbar.

10.5 Casa Sartori 1976
Via Cantonale, Riveo
Bruno Reichlin und Fabio Reinhart
Privat; von der Straße aus sichtbar.

In einem der westlich und nördlich Locarnos gelegenen Täler liegen die Dörfer Verscio und Cavigliano, oberhalb der Ebene des Flusses Melezza und jenseits den Centovalli. In beiden Dörfern sind zahlreiche traditionelle Gebäude bis heute erhalten - obgleich viele davon nicht mehr für ihre ursprünglichen Zwecke genutzt werden und heute Zweithäuser sind -, und es gibt auch einige erwähnenswerte zeitgenössische Einfügungen.
Das Haus Snider in Verscio von 1966 ist das Ergebnis einer Zusammenarbeit zwischen Luigi Snozzi und Livio Vacchini. Das neue Gebäude vervollständigt einen Komplex mit zwei älteren Gebäuden, um eine Hofanlage mit dem *rustico* und zwei Häusern (alt und neu) zu bilden und so eine *casa a ringhiera*[6] herzustellen, einen in dieser Gegend zu findenden Gebäudetypus. Der Neubau liegt auf einer Nord-Süd-Achse. Das neue Haus paßt sich den alten Gebäuden an, und zwar durch seine glatt verputzten Mauern, die den schlichten Charakter der traditionellen Strukturen widerspiegeln.

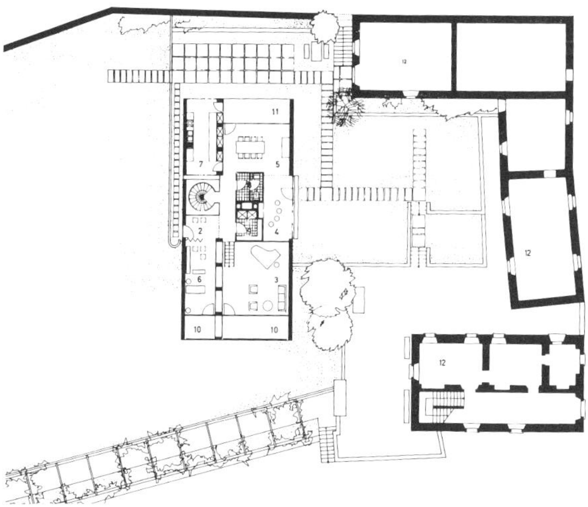

Casa Snider
Ansicht von oberhalb des Hofes
Grundriß Erdgeschoß

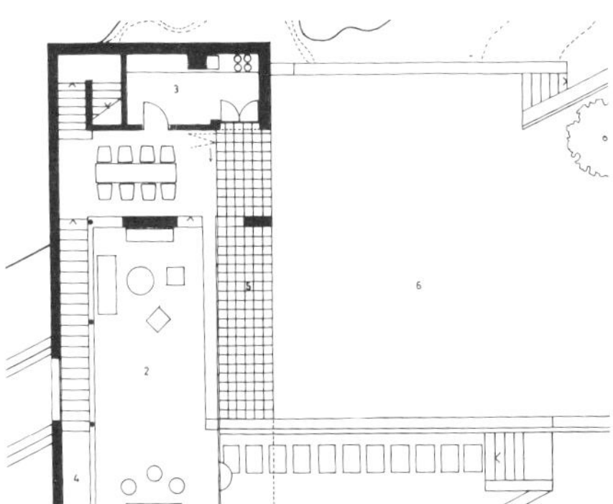

Casa Cavalli
Innenansicht entlang der Treppe
Grundriß Hauptebene

Sein Grundriß ist in zwei parallele Bereiche gegliedert, getrennt durch eine Stützenreihe mit quer dazu verlaufender Dreiteilung. Die schmälere westliche Hälfte enthält Eingang, Küche, zwei der Schlafbereiche und den zentralen Abschnitt mit Treppe und anderen Versorgungseinrichtungen. Im Erdgeschoß sind alle Gemeinschaftsräume, im Obergeschoß alle Einzelräume untergebracht. Im Keller liegen die Technikräume.
Das Haus Cavalli, ebenfalls von Snozzi, liegt direkt nordwestlich des Hauses Snider. Seine Typologie ist ähnlich, obwohl seine Beziehung zum Grundstück durch dessen Neigung nach Norden und die Anordnung entlang eines Pfades, der von einem der kleinen Plätze des Ortes westwärts führt, definiert wird. Im Haus Cavalli wurde zum ersten Mal Snozzis Vorstellung der »Wege und Grenzen«[7] untersucht. Der Haupteingang bildet eine Linie mit dem Pfad und wird durch die überstehenden Baumassen der oberen Stockwerke stark betont. Im Erdgeschoß liegen die Technikräume. Die zu den Hauptebenen führenden Treppen liegen direkt an der Westseite des Hauses und

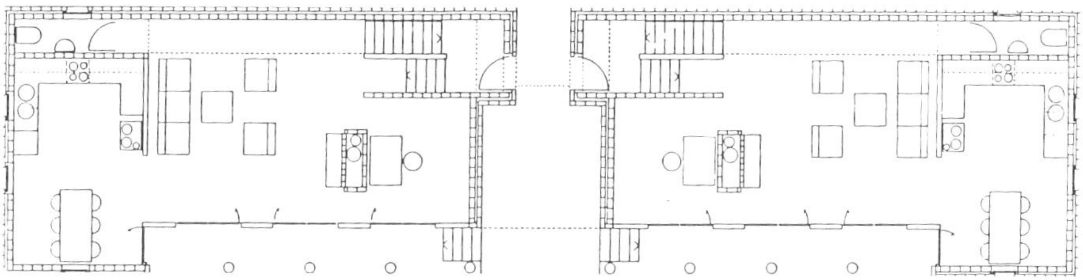

Zweifamilienhaus in Verscio
Die Südfassade
Grundriß

Einfamilienhaus in Cavigliano
Die Südfassade

alle Nebenräume an der Nordwand. Das Hauptgeschoß des Hauses birgt die Familienbereiche und öffnet sich zum Garten in Richtung Ortschaft. Darüber liegen die Schlafbereiche und ein Arbeitsbereich. Diese gehen ebenfalls nach Osten.
Ein 1981–82 gebautes Zweifamilienhaus von Franco und Paolo Moro steht am östlichen Rand Verscios, auf einem parallel zur Straße verlaufenden Grundstück. Das Gebäude hat eine Südausrichtung, und seine zwei Einheiten sind symmetrisch zur Mittelachse angeordnet. Eingang, Treppe, Küche und Bäder liegen an der Nordwand, so daß jeder Wohn- und Schlafbereich einen Blick zum Tal hat. Von der Typologie her ist es die Abwandlung eines Doppelhaustyps. Die wichtigsten Bereiche sind nach Süden zum Garten hin ausgerichtet. Einen technologischen Aspekt bildet die Gruppe von Sonnenkollektoren auf dem Dach.
In der benachbarten Ortschaft Cavigliano gibt es ein weiteres Einfamilienhaus von den Gebrüdern Moro. Dieses kleine Haus steht auf einer der neuen Parzellen nördlich und bergauf vom Ort aus gesehen.

Wie bei anderen Moro-Entwürfen resultiert die Klarheit des Konzepts aus den sparsam verwendeten Materialien: der äußere Baukörper ist aus Betonsteinen, während alles, was innen liegt und durch die Durchbrüche hindurch sichtbar ist, aus Holz ist; das Krüppelwalmdach ist mit Tonziegeln bedeckt. Vom Süden aus

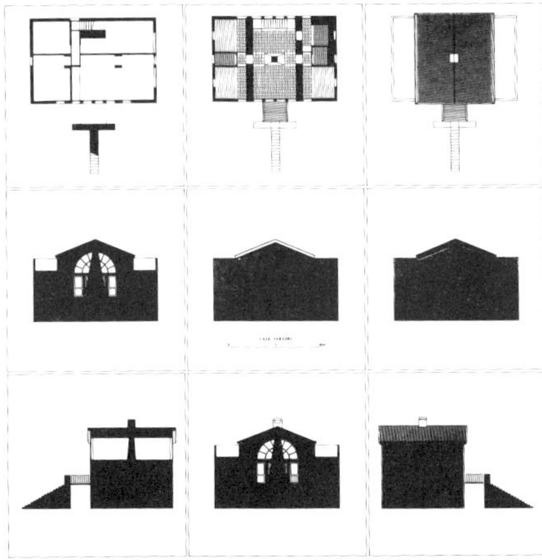

Casa Sartori
Ansicht von der Straße aus
Grundrisse, Ansichten und Schnitte

betrachtet wirkt das Haus wie ein Granitblock, in dessen Mitte ein riesiger Portikus eingeschnitten ist, der Terrasse und Balkon enthält. Der Grundriß ist entsprechend, da alle Räume auf den zwei Hauptebenen C-förmig mit Ausrichtung auf diese nach Süden gehende Öffnung angeordnet sind. Im mittleren Abschnitt des Baukörpers liegen alle Versorgungseinrichtungen an der Nordwand. Auf der einen Seite befinden sich Küche und Eßbereich unten, zwei Kinderzimmer oben und auf der anderen Wohnbereich unten, Elternschlafzimmer oben. Der Dachraum hat fünf über dem Portikus angeordnete Oberlichte und ist als Arbeitszimmer ausgebaut. Im Keller des Hauses sind Technik- und Lagerräume sowie ein Schutzraum untergebracht.
Direkt östlich davon steht das Haus Flütsch (1981–82) von Rody Roduner, ein kleines Gebäude oberhalb der Straße. Sein Grundriß in Form eines Atriumhauses ist entlang der Diagonale halbiert, um den Raum zu öffnen. In Roduners Entwurf ist das Ergebnis ein verkürzter dreieckiger Grundriß, der der Stadt zwei beinah leere Wände zeigt, jede mit einem einwärts zum Pergolabalkon geneigten halben Satteldach.
In Riveo, von Locarno aus nordwestlich dem Valle Maggia entlang, bildet das Haus Sartori von 1979 von Bruno Reichlin und Fabio Reinhart einen starken Kontrast zu den Entwürfen der Gebrüder Moro oder denen Snozzis. Das Haus Sartori steht in der Tradition Palladios, basiert auf einem neun Quadrate großen Grundriß mit giebelförmigem Mittelteil. Zur Straße und zum Garten hin gibt die abstrahierte und abgewandelte Tempelfront – mit ihrem halbrunden Obergadenfenster über vier hochformatigen Öffnungen – Aufschluß in Bezug auf den Innenraum. Der *piano nobile*, in gewisser Weise mit seinem klassischen Prototyp übereinstimmend, erhebt sich über Geländeniveau und wird axial von der Gartenseite her betreten. Die Straßenfassade dagegen ist andersartig, um der Lage des Hauses nahe der Grenzlinie zu entsprechen. Innen ist der zentrale Bereich des eingeschossigen Hauses ein hoher Raum. Die untergeordneten Räume sind beidseitig unter einem niedrigen Dach verteilt. In der Mitte des Hauses steht ein Kamin. Die Architektur des Hauses Sartori spiegelt Reichlins und Reinharts Suche nach Lösungen wider, die auf unterschiedlicheren kulturellen Wurzeln basieren als die von den autochthonen ländlichen Strukturen angebotenen. Diese Suche resultiert in Bauten, die eher mit der traditionellen urbanen Architektur der Region in Einklang gebracht werden, bei der gestrichene Putzfassaden üblich sind, sowie mit dem eher universellen Modell der Villa.

Mezzovico und Torricella

11.1 Casa Spinedi 1982–83
Nördlich des Ortszentrums, Mezzovico
Franco und Paolo Moro
Privat; von angrenzenden Straßen aus sichtbar.

11.2 Casa Hohl-Gabutti und Casa Pasquini 1983–84 und 1984–86
Nördlich des Ortszentrums, Mezzovico
Remo Leuzinger
Privat; die beiden Häuser liegen im selben Gebiet wie das Haus Spinedi.

11.3 Casa Tonini 1972–74
Südlich des Ortszentrums, Torricella
Bruno Reichlin und Fabio Reinhart
Privat.

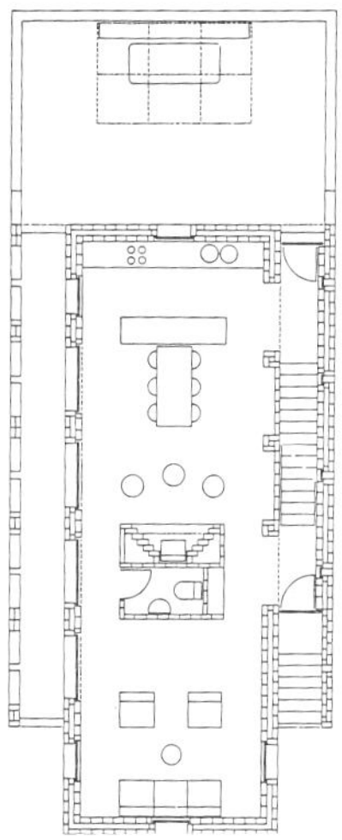

Casa Spinedi
Ansicht des Portikus
Grundriß Hauptgeschoß

Genau wie andere Ansiedlungen an den größeren Straßen, die die Städte des Kantons Tessin miteinander verbinden, sind Mezzovico, der Nachbarort von Vira, und das nahe Torricella im Süden Schlafgemeinden mit einer Reihe von interessanten Einfamilienhäusern geworden. Vor allem in Mezzovico bieten Häuser der Gebrüder Moro, von Remo Leuzinger und anderen die Gelegenheit, aktuelle Entwürfe zu vergleichen und zu beurteilen. Diese Gebäude finden sich in den neu erschlossenen Gebieten zwischen den beiden Ortschaften.
Das Haus Spinedi von Franco und Paolo Moro (1982–83) steht quer zum Gefälle des Grundstücks, was den Primärbereichen eine Ausrichtung nach Süden ermöglicht; Eingang und Erschließungswege liegen entlang der Nordwand. Der Grundriß ist ein einfaches Rechteck: ein Keller, der Technik- und Vorratsräume sowie den geforderten Schutzraum birgt, und eine Hauptebene, in der Küche und Eßbereich durch ein freistehendes Element, das Kamin und ein Bad umfaßt, vom Wohnbereich getrennt sind. Vom Konzept her ist das Gebäude ein Giebelhaus, das von einem breiteren Baukörper umfaßt wird - ein zweigeschossiger Balkon im Süden und Treppe sowie Eingang im Norden. Das Balkonelement ist ein sechssäuliger Portikus, über den man die Terrasse auf Geländeniveau erreicht. Während diese anliegenden Baukörper auf beiden Seiten des Hauses nicht gestrichen wurden, ist der Kern blaßblau gestrichen. Ein Trapezblechdach bedeckt das Gebäude.
Zwei Häuser von Leuzinger liegen in der Nähe des Hauses Spinedi. Beide haben eine traditionelle Innenraumaufteilung. Die Häuser Hohl-Gabutti (1983-84) und Pasquini (1984-86) bilden einen interessanten Kontrast zu dem der Gebrüder Moro. Leuzingers Entwürfe spiegeln seine Lehrzeit bei Botta wider. Das Haus Hohl-Gabutti ist ein geradliniger, zweiteilig definierter Bau-

körper, wobei die Teile durch die Verwendung von zwei verschiedenfarbigen Modulbetonsteinen festgelegt werden. Der monochrome Hauptbaukörper enthält die Aufenthaltsbereiche des Hauses und ist aus roten Betonsteinen. Der graue und rote Versorgungsteil mit seiner vertikalen Verkleidung birgt den Eingang und die Treppen. Der symmetrischen Gliederung der Hauptfassade wird mit dem vorspringenden Portikus aus Stahlbeton eine noch ausgeprägtere Form gegeben. An den beiden Enden werden die Teile der Gesamtstruktur sichtbar. Das Zweifamilienhaus Pasquini basiert dagegen auf einem neun Quadrate großen Grundriß, der auf drei Seiten fast ganz geschlossen und zum Süden hin geöffnet ist. Diese Fassade ist eine dreifeldrige Sonnenschutzloggia, die die Lage der beiden Einheiten links und rechts einer Betonschotte anzeigt. Wie

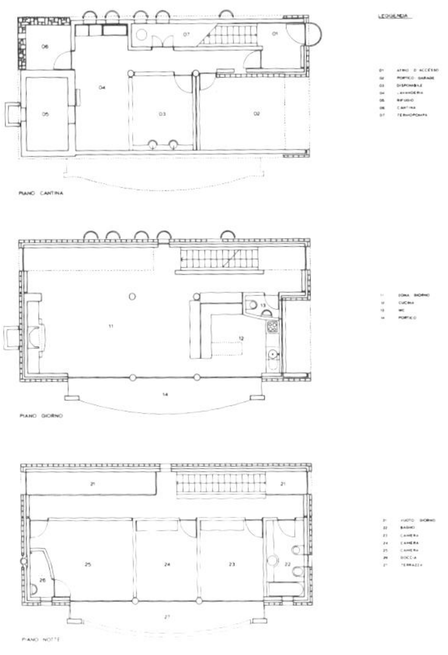

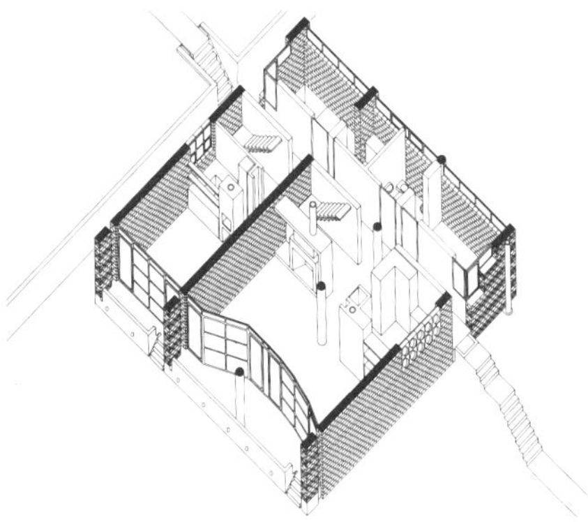

Casa Hohl-Gabutti
Ansicht von Süden
Grundrisse

Casa Pasquini
Rechts: Axonometrie
Das Haus von Südosten her gesehen

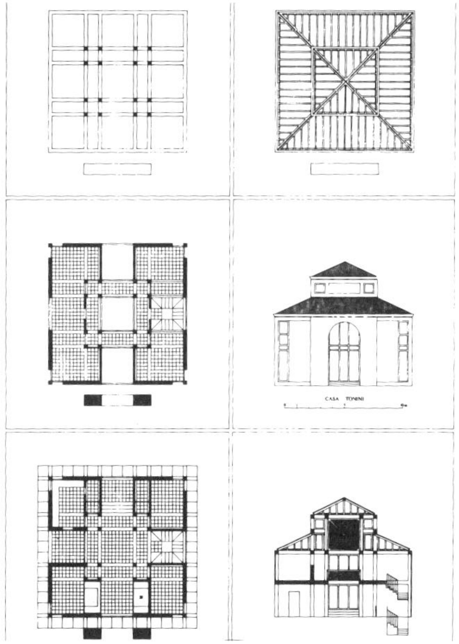

Casa Tonini
Die Eingangsfassade
Grundrisse und Ansichten

das Haus Hohl ist das Zweifamilienhaus aus Betonsteinen gebaut; die zweifarbigen Bänder betonen die Loggia.
Ebenfalls nicht weit entfernt stehen zwei Wohnhäuser von Gianfranco Richina und Roberto Sedili sowie die Schule von Pietro Boschetti und Franco R. Boretti. Die beiden Häuser von Richina-Sedili sind Neubauten. Das Haus Gabutti, an die beiden Häuser von Leuzinger angrenzend, und das Haus Zocchi südlich davon zeigen eine Entwurfsauffassung, die auf der Verwendung von ebenen und chromatischen Elementen zur Gliederung von Oberflächen basiert. Die Schule wurde 1973 auf verschiedenen Ebenen, entsprechend des Gefälles des Grundstücks, fertiggestellt. Der Grundriß ist entlang einer Achse angeordnet, mit Klassenräumen in den beiden oberen Geschossen, Eingang, Büros und Gemeinschaftsräumen in der Mitte und Turnhalle darunter.
Das Haus Tonini in Torricella hat seit seiner ersten Publikation eine verdiente Berühmtheit erlangt. Seine deutlich palladianische Planung ist eher Aldo Rossis analogen Entwurfsprinzipien verwandt als den regionalen Bautypen; die Art jedoch, wie es mit der Landschaft verbunden ist und die Wahl der Materialien lassen es eindeutig als einheimisch erkennen. Reichlin und Reinhart haben den Grundriß um einen zentralen Raum herum angelegt, der in dieser schlichten Interpretation den zentralen Hof einer Neun-Quadrate-Komposition darstellt. Eingang, Erschließung und Sekundärbereiche liegen axial zu dem hohen zentralen Raum – dessen Eßtischgarnitur von Josef Hoffmann ist das Kernstück des Hauses –, während die anderen Haupträume an den Ecken liegen. Eine traditionelle Raumaufteilung ordnet die Wohnräume im Erdgeschoß an, die privaten darüber mit Blick auf den zentralen Bereich. Die verschiedenen Konstruktionselemente sind deutlich erkennbar. Die Konstruktion ist aus Stahlbeton mit Holztrennwänden im Innern, Fensterrahmen und Geländer sind aus Metall.
Im alten Ortszentrum von Torricella findet man auch eine schlichte Renovierung eines bestehenden *rustico* von Gianfranco Richina und Roberto Sedili. Die Architekten fügen dem Haus Brughelli im Obergeschoß einen neuen Eingang und einen Versorgungstrakt hinzu und verlegen die Hauptfassade nach Osten.

Origlio

12.1 Casa Polloni 1980–81
Zona Lago, Origlio
Mario Campi, Franco Pessina und Niki Piazzoli
Privat.

12.2 Casa Togni 1979–81
Carnago, Origlio
Emilio Bernegger, Bruno Keller und Edy Quaglia
Privat.

12.3 Casa Delorenzi 1982
Carnago, Origlio
Mario Botta
Privat.

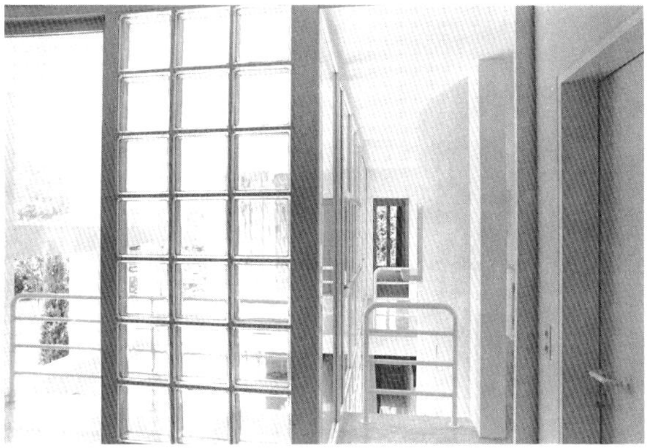

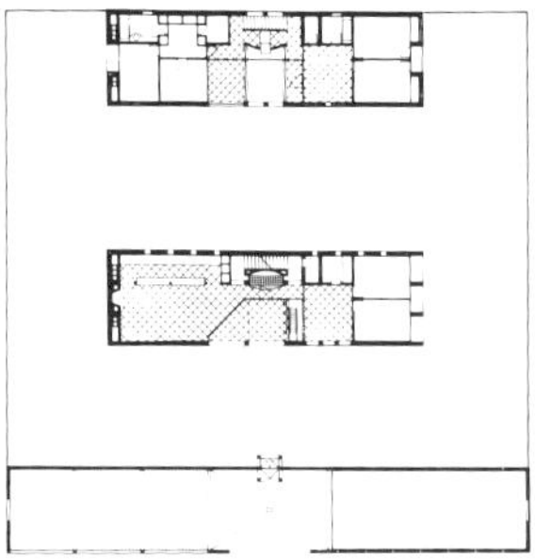

Casa Polloni
Die Hauptfassade
Innenansicht
Grundrisse

Origlio hat eine interessante Mischung aus Wohnprojekten innerhalb eines leicht mondänen Vororts angezogen. Das Haus Polloni (1980–81) von Mario Campi, Franco Pessina und Niki Piazzoli steht in einem neuen, an den Ufern eines Sees gelegenen, Erschließungsgebiet südlich des eigentlichen Orts. Das Land ist gleichmäßig zwischen parallel verlaufenden Zufahrtsstraßen aufgeteilt. Das Haus benutzt diese Perspektive, hebt sich aber von den Nachbargebäuden ab, indem es einen anderen Archetypus neu interpretiert. Campi-Pessina-Piazzoli verwandeln hier das Hof- oder Atriumhaus, indem sie das Verhältnis zwischen Fest- und Luftkörper umkehren: Es ist der »Festkörper« des Gartens, der den »Luftkörper« des Hauses festlegt. Der Entwurf basiert auch auf zwei parallelen Baukörpern, zum einen das Eingangstor, zum andern das Haus selbst, beide in ihrer Komposition streng formal. Das Haus beginnt als eine augenscheinlich symmetrische Untersuchung, die dann zu räumlich symmetrischen Kompositionen übergeht. Der symmetrische Eingangspavillon liegt in einer Linie mit dem Mittelpfosten einer Komposition aus vier quadratischen Öffnungen an der Vorderfassade des Hauses,

das heißt drei großen und der vierten, die in vier kleine Quadrate unterteilt ist. Die Eingangsachse liegt jedoch zentrumsverschoben zur wirklichen Symmetrieachse der Fassade, die durch die Mittelstütze des unterteilten Quadrats angezeigt wird. Die Verschiebung im Grundriß wird durch die diagonale Glaswand im Wohnraum erzeugt. Die zentralen Öffnungen in der Fassade werden rechts ergänzt von drei vertikalen Öffnungen mit einem Kreis oberhalb, der mit dem Schnittpunkt der vier kleinen Quadrate korrespondiert. Das Innere des Hauses ist um den zentralen Eingangsbereich herum organisiert, ein Raum doppelter Höhe, der sich von außen bis ins Innere des Hauses erstreckt. Die Treppe zum Obergeschoß bildet den Abschluß der Symmetrieachse. Das Haus besteht aus Stahlbeton und verputztem Mauerwerk; Fenster und Türen haben Metallrahmen, die Böden im Innern sind aus poliertem Marmor.

An einem Hang im Ortsteil Carnago von Origlio liegt das Haus Togni von Emilio Bernegger, Bruno Keller und Edy Quaglia (1979–81), ein rechteckiger gemauerter Baukörper mit zwei Ebenen im Innern, wobei die Wohnräume über den Schlafräumen liegen, was einen Talblick von den Haupträumen des Hauses aus ermöglicht. In der unteren Ebene verbindet ein Flur den Eingang und ein Arbeitszimmer doppelter Höhe mit der nach oben führenden Treppe. Vom oberen Geschoß aus schaut man auf Flur und Arbeitszimmer, wobei Wohn- und Eßbereiche mit der Küche ineinandergehen. Die Konstruktion besteht typischerweise aus Betonsteinen, durchlöchert von kleinen quadratischen Fenstern im Schlaf- und Badbereich und einem Fensterband, das sich zur Fensterwand des Arbeitszimmers ausweitet. Der obere Rand der Mauern wird durch eine Reihe von vertikal gemauerten

Casa Togni
Die Südfassade
Innenansicht

Casa Delorenzi
Die Südfassade
Axonometrien

Steinen in wechselnder Färbung betont. Ein zweites Haus von Bernegger-Keller-Quaglia, ebenfalls 1981 fertiggestellt, steht an anderer Stelle in Origlio. Es besteht aus zwei gleichseitigen Schenkeln eines L-förmigen Grundrisses und einer diagonal verlaufenden Außentreppe an der äußeren Ecke des Gebäudes, gegenüber einem Parkplatz unterhalb des Hauses. Das Haus Delorenzi (1981) von Mario Botta, ebenfalls im Ortsteil Carnago von Origlio gelegen, gehört zu einer thematischen Untersuchung des Architekten von in neun Quadrate gegliederten Grundrissen. Die volumetrische Interpretation resultiert hier in einer Baumasse, die durch zwei übergroße Zylinder und eine Scheibe vom umgebenden Terrain abgehoben wird. In den runden Elementen befinden sich im Erdgeschoß die Versorgungseinrichtungen und zwei vom Wohnraum aus verschobene Nischen. Die Zylinder werden im Obergeschoß zu würfelförmigen Schlafnischen, während das nördliche Drittel des Gesamtvolumens Eingang, Treppe, Küche und Bäder enthält. Die Reinheit der Form und die eindeutig moderne Architektur sind offensichtlich, aber ebenso der analogische Zusammenhang mit dem traditionellen *rustico*, wie etwa das auf einem angrenzenden Grundstück stehende. Die von Botta zu erwartenden Gestaltungselemente - die Verwendung von grauen Modulbetonsteinen, schlitz- oder spaltförmige Fenster, die sich an ihrem Fußpunkt zu quadratischen Öffnungen ausweiten, und ein Ziergiebel, der in ein bogenförmiges Oberlicht umgewandelt wird - sind in diesem Projekt allesamt vorhanden.

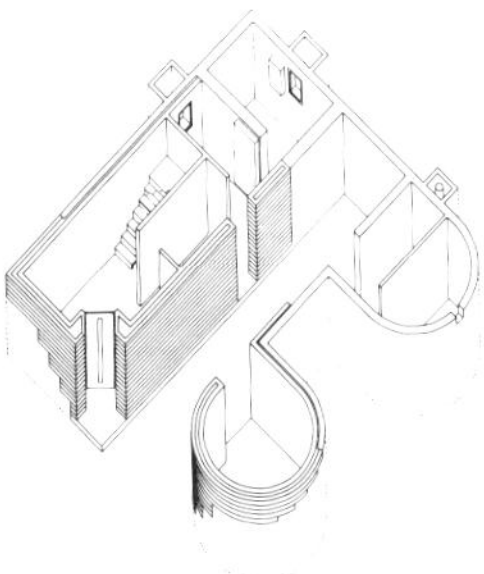

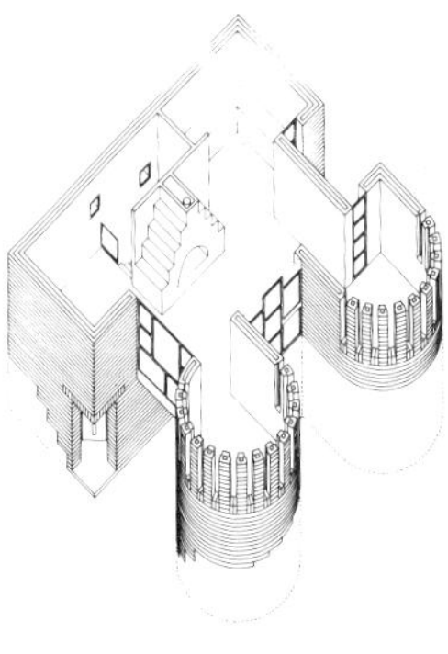

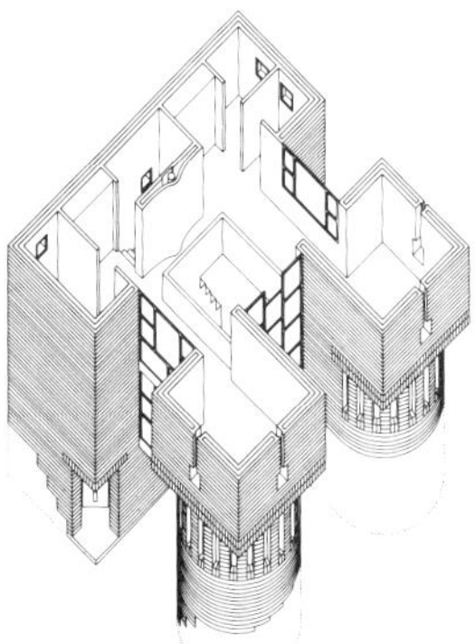

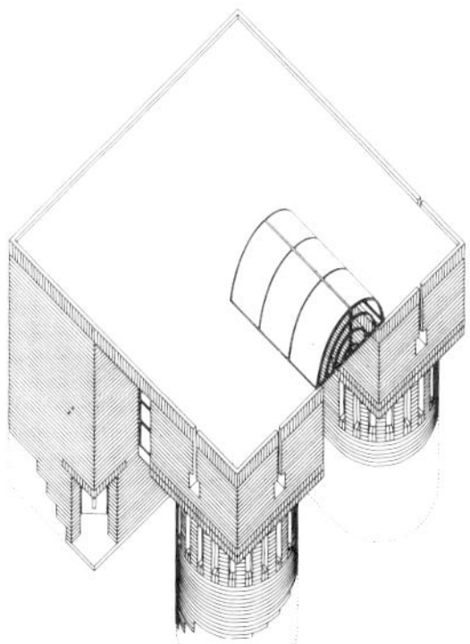

Tesserete, Bigorio, Cagiallo und Vaglio

13.1 Casa riposo anziani 1976–78
Ai Molino, Tesserete
Tel. (091) 91 27 77
Luca Bellinelli
Die Eingangshalle ist während der üblichen Zeiten geöffnet.

13.2 Casa Hunziker 1979–80
Via Gola di Lago, Tesserete
Rudy Hunziker
Privat; von der Straße aus sichtbar.

13.3 Zweifamilien-Solarhaus
Unterhalb des Ortszentrums, Bigorio
Martin Wagner
Privat; von unterhalb und vom Zufahrtsweg aus zu sehen.

13.4 Casa Clementi 1980–81
Almatro, Cagiallo
Remo Leuzinger
Privat; von der öffentlichen Straße aus sichtbar.

13.5 Casa Sedili/Bernasconi 1985
Ortszentrum, Cagiallo
Gianfranco Richina und Roberto Sedili
Privat; von der öffentlichen Straße aus sichtbar.

13.6 Casa Horat 1980–81
Vaglio
Rudy Hunziker
Privat.

Casa riposo anziani
Ansicht vom Garten aus

Die Städtchen Tesserete, Bigorio, Cagiallo und Vaglio liegen im mittleren Tal nördlich von Lugano. Ihre Nähe zur Stadt macht sie zu begehrten Wohnorten: Besonders Bigorio bietet gute Ausblicke auf Tal und Stadt.
Das Seniorenwohnheim von Luca Bellinelli (1976–78) ist einer von zwei Bauten dieses Architekten in Tesserete. Der andere ist der Schulkomplex von 1979–84 am Nordrand des Ortszentrums. Beide sind aus Stahlbeton und von klarer Geometrie. Das Wohnheim besteht aus einem viergeschossigen Riegel am Ende einer kleinen Sackgasse. Es steht auf *pilotis*, wodurch Loggien an den beiden Längsseiten entstehen. Die verglaste an der Nordwand bildet den Eingang zu dem Gebäude und den Zugang zu den Gemeinschaftseinrichtungen im Erdgeschoß; über einen dreieckigen Treppenhaus- und Aufzugsturm gelangt man in die oberen Geschosse. Die andere, offen gelassene Loggia bildet einen überdachten Wandelgang entlang der nach Süden gehenden Gartenseite des Gebäudes. Die Einzelappartements mit Betreuung liegen in den Obergeschossen immer zwischen Schotten und sind auch nach Süden ausgerichtet.
Der Schulkomplex von Tesserete besteht aus zwei geradlinigen Gebäudeteilen, die in ihrem Grundriß ein L bilden. Der längere Schenkel ist aus fünf sich wiederholenden Modulen zusammengesetzt, in denen die verschiedenen Klassenräume untergebracht sind. Der kürzere Schenkel enthält die Versammlungsräume.

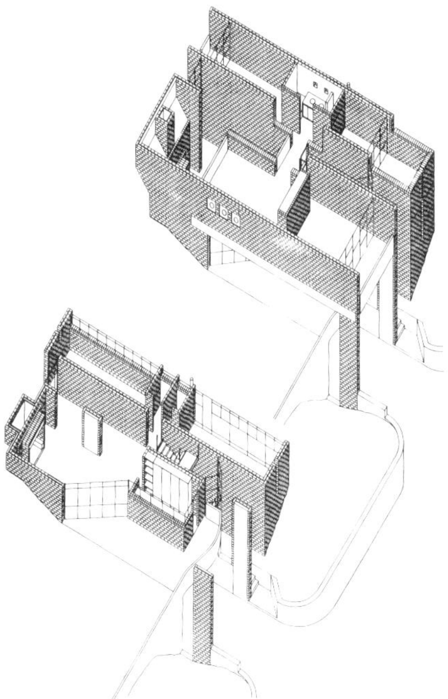

Casa Hunziker
Ansicht von oben in östlicher Richtung
Innenansicht der Wohnbereiche
Axonometrie

An der nordwärts aus Tesserete führenden Straße, gleich hinter dem Ortsrand, hat Rudy Hunziker sein eigenes Haus und Büro gebaut. Aus den Jahren 1979–80 stammend, markiert das Gebäude den Beginn seiner beruflichen Laufbahn. Das Haus steht auf einem lotrecht zur Straße liegenden Hanggrundstück und wird aus zwei gemauerten Baukörpern gebildet, die durch das Glashaus mit Treppe und Flur verbunden werden. Der Bauteil im Norden enthält Bäder, Arbeitsraum und Gästezimmer, der im Süden Wohn- und Schlafbereiche. Die untere Ebene des Südteils ist durch eine diagonale Glaswand unterteilt, die eine außenliegende überdachte Terrasse, dem Wohnbereich vorgelagert, bildet. Ein doppelthoher Raum verbindet den Bereich am Kamin mit dem obenliegenden Sitzbereich. Die Baumaterialien, Betonsteine und Ortbeton, sind sichtbar gelassen und kontrastieren mit den gestrichenen Metallrahmen von Fenster und Türen. Hunziker hat auch zwei viergeschossige Appartementhäuser (1981–82) hinter dem ehemaligen Bahnhof von Tesserete entworfen. Von Martin Wagner stammt ein Zweifamilienhaus an einem Hang unterhalb des Zentrums von Bigorio, über dem Städtchen Sala Capriasca. Das 1978–79 entstandene Gebäude kombiniert direkte Sonnenausnutzung und aktive Solarelemente zur Wasser- und Lufterwärmung des Hauses. Die beiden Einheiten werden von oben betreten, von beiden Seiten eines Flurs aus, der sich darunter zu einem Gewächshaus ausweitet. Ein zentraler Kern läuft über die Länge des Gebäudes und endet an den Treppen; die Sonnenkollektoren und Lagertanks befinden sich auf dem Dach. Die Baumasse zum Hang hin, nördlich der Kernzone, enthält Bäder und andere Versorgungseinrichtungen. Die Hauptträume der Wohneinheiten gehen nach Süden. Der Ent-

wurf ist so angelegt, daß das Gebäude angeblich nach Westen hin entlang dem Hügel verlängert werden könnte. Man behauptet, daß die Kosten für die alternativen Energiesysteme ein Fünftel der konventionellen Ölheizung betragen.[8]
Das Haus Clementi im Ortsteil Almatro von Cagiallo wurde 1980–81 erbaut. Von Remo Leuzinger entworfen, umfaßt das Gebäude zwei Wohneinheiten mit sich durchdringenden Elementen, eine parallel zur Straße, die andere etwas unterhalb der ersten und hangabwärts. Leuzinger nutzt den Niveauunterschied, um einen privaten Außenbereich hinter dem Haus und unterhalb davon zu schaffen. Innen erstreckt sich die größere Wohnung über beide Flügel des oberen Geschosses, wobei die Schlafräume in dem parallel zur Straße liegenden Flügel und die Wohnräume in dem dazu senkrecht stehenden untergebracht sind. Darunter liegen eine kleine Wohnung mit zwei Schlafräumen und in dem anderen Flügel ein Mehrzweckbereich für die große Wohnung.
Das Gebäude besteht aus Stahlbeton und Modulsteinen in Verbindung mit verputzten Innenmauern.
Gianfranco Richina und Roberto Sedili entwarfen 1985 das im Zentrum von Cagiallo gelegene Haus Sedili/Bernasconi. Das symmetrische Zweifamilienhaus verfolgt eine andere Ästhetik, eine, die mit der Tradition der gestrichenen Fassaden

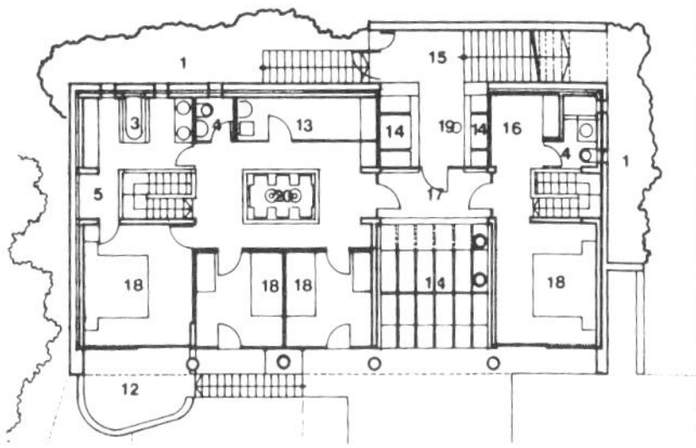

Zweifamilien-Solarhaus in Bigorio
Südseite
Detail des Wintergartens
Grundriß Obergeschoß

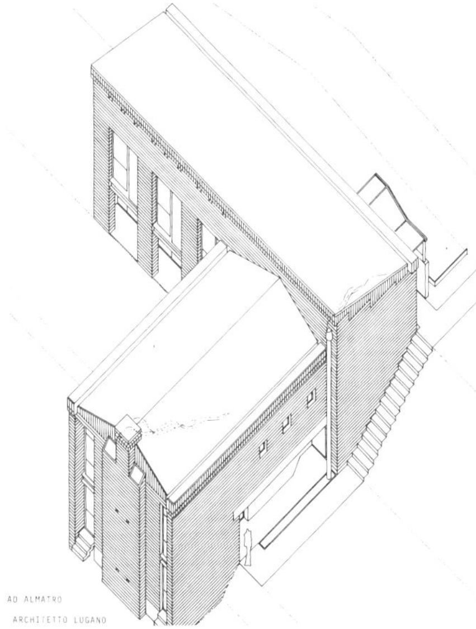

Casa Clementi
Außenansicht
Axonometrie
Der Wohnbereich

Casa Sedili/Bernasconi
Ansicht von der Straße aus
Ansicht des Kamins

verknüpft ist. Ein einziger Eingang mit abstraktem Ziergiebel verleiht dem Haus den Charakter eines großen Einfamilienhauses. Von der Gartenseite aus sind die beiden Einheiten erkennbar. Wegen des von der Straße an der Vorderseite aus abfallenden Geländes ordneten Richina und Sedili die Schlafbereiche jeder Einheit ein halbes Geschoß oberhalb und die Wohnbereiche ein halbes Geschoß unterhalb des Eingangs an, so daß diese sich zur Terrasse hin öffnen. Der zentrale Bereich der Einheiten umfaßt Küche, Eingangshallen und Bäder. Die meisten Haupträume liegen auf beiden Ebenen zum Süden hin.
Das Haus Horat von Rudy Hunziker, nördlich des Ortszentrums von Vaglio gelegen, entstand 1980–81. Ursprünglich am Stadtrand, ist es heute umgeben von Neubauten, zu denen auch ein Forschungszentrum gehört. Der Standort des Gebäudes entspricht dem Grundstück, sowohl hinsichtlich seiner Lage als auch seiner Ausrichtung, so daß die wesentlichen Ansichten und die Fenster nach Westen, Süden und Osten gehen und die Nordfassade völlig geschlossen ist. In seinem Grundriß ähnelt das Haus einem T mit einer Ausbuchtung. Diese Ausstülpung macht es möglich, daß der Wohnbereich im Erdgeschoß aus dem Baukörper herausragt und so unterhalb desselben eine überdachte Terrasse entstand. Im ersten Obergeschoß öffnen sich die Schlafräume zur Terrasse, die durch die Ausbuchtung geschaffen wird. Vom oberen Flur überblickt man den doppelthohen Abschnitt des Wohnraums gegenüber dem Kamin. Das Gebäude besteht aus Stahlbeton und Modulbausteinen. Die Fassade wird durch die Verwendung von zwei verschiedenfarbigen Bausteinen gegliedert; diese heben den monolithischen Hauptbaukörper des Hauses von der gestreiften Ausbuchtung ab.

Casa Horat
Axonometrie
Das Haus von Südosten

Sonvico und Cadro

14.1 Museo della Città (dell'torchio di Sonvico) 1979–83
Ortszentrum, Sonvico
Tel. (092) 251342
Antonio Bassi, Giovanni Gherra und Dario Galimberti
Das Museum ist geöffnet. Besucher müssen in der Post den Schlüssel abholen.

14.2 Casa Malfanti 1981
Östlich des Friedhofs, unterhalb von Sonvico
Antonio Bassi, Giovanni Gherra und Dario Galimberti
Privat.

14.3 Reihenhäuser 1982–86
Auf der anderen Seite des Friedhofs, Cadro
Rudy Hunziker
Privat; die Häuser liegen direkt nördlich des Friedhofs.

14.4 Casa Piffaretti 1983–85
Westlich des Städtchens, Cadro
Remo Leuzinger
Privat.

14.5 Casa/Studio Paltrinieri 1986
Via Belvedere di Cossio, Cadro
Tel. (091) 914335
Sergio Grignoli und Attilio Panzeri
Während der üblichen Geschäftszeiten geöffnet.

Museo della Città
Der Preßraum
Axonometrie des Innenraums

Das allererste Werk der Partner Antonio Bassi, Giovanni Gherra und Dario Galimberti, ein kleines Betriebsgebäude, steht auf dem Hof eines Hauses gleich außerhalb von Sonvico. Passend dazu findet man auch hier zwei weitere Projekte. Das erste ist die Renovierung und Umnutzung einer alten Ölmühle, in der Walnußöl produziert wurde, in ein Stadtmuseum, in dem die alte Presse erhalten wurde. Die Renovierung wurde 1979 begonnen und 1983 vollendet. Neben der Restaurierung der Bausubstanz schufen die Architekten einen ovalen Eingangsbereich, in dem Ausstellungsstücke gezeigt werden können, und einen Balkon im Hauptraum, in dem die Presse steht. Die Presse selbst ist beeindruckend, eine riesige Schraubenpresse, die als piemontesischer *torchio* bekannt ist. Der Hauptstamm, der das gleichmäßige Gewicht für den Preßmechanismus liefert, ist aus Kastanienholz, datiert von 1582, mißt

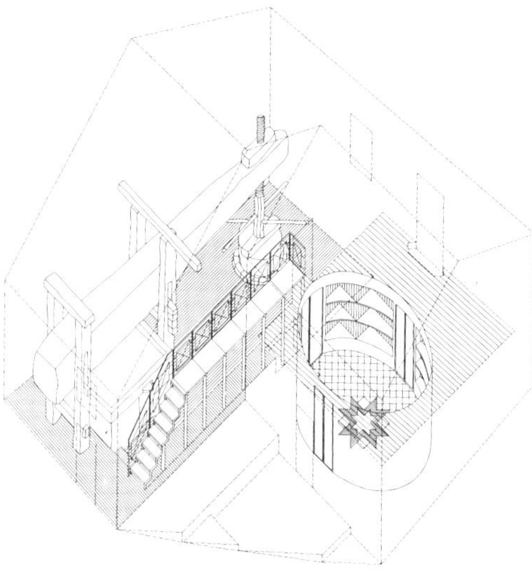

10 Meter in der Länge und wiegt etwa 5000 Kilogramm.
Das andere Gebäude von Bassi-Gherra-Galimberti ist das Zweifamilienhaus für die Gebrüder Malfanti von 1981. Es steht auf einem flach geneigten Hügelgrundstück unterhalb des Ortskerns, die Hauptaussicht ist hügelabwärts und nach Süden gerichtet. Der Aufbau des Hauses ist symmetrisch, wobei man beide Einheiten durch einen zentralen Portikus an der Straßenseite betritt. Auf dieser Seite liegen im Erdgeschoß Eingänge, Küchen, Toiletten und Treppen. Oben gehen die beiden kleineren Schlafräume nach Norden, während das Elternschlafzimmer in beiden Einheiten eine Ecke des Hauses einnimmt. Der doppelthohe Wohnraum schafft eine Verbindung mit der oberen Halle, die auf den Balkon führt. Wie bei ihren anderen Wohnhäusern ist die Definition der Außenfassade durch subtile Wechsel in der Ebene, die die Eckpfeiler durch kleinste Veränderungen in der Oberfläche und durch die Verwendung von Farbwechseln betonen, für Bassi-Gherra-Galimberti von großer Bedeutung. Der Entwurf basiert darüber hinaus eher auf neoklassizistischen Vorstellungen, denn auf autochthonen Vorgängern der unmittelbaren Umgebung.
Dagegen demonstrieren eine Reihe von Gebäuden in Cadro die gegensätzliche Auffassung von Rudy Hunziker, Remo Leuzinger und den Partnern Sergio Grignoli und Attilio Panzeri. Ihre Architektur untersucht abstraktere Auffassungen von Form. Während Bassi et al. eindeutig Häuser entwerfen, die auf archetypischen Formen basieren, wandeln die Projekte in Cadro die strukturellen Eigenschaften der traditionellen, ländlichen Bauten im Tessin analog dazu um.
Das erste Projekt, ein von Hunziker 1982–86 entworfener Komplex von sieben Reihenhäusern, liegt am südwestlichen Rand von Cadro und auf der anderen Seite des Dorffriedhofs. Jede Einheit hat einen Vorgarten mit Parkplatz und einen Hof nach Westen. Die Erschließungswege dieser identischen Wohnungen liegen jeweils an

Casa Malfanti
Ansicht vom Garten aus
Ostfassade

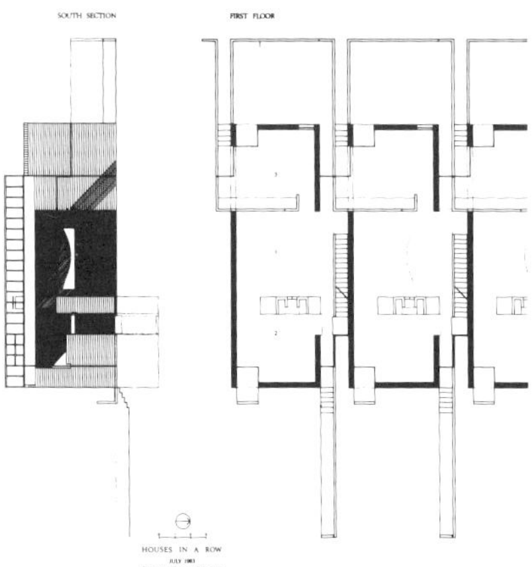

Reihenhäuser in Cadro
Die Eingangsseite
Perspektivische Darstellung des zentralen Erschließungsweges
Schnitt mit Blick nach Süden und Grundriß Erdgeschoß

der Nordseite. Dieser Weg wird durch ein durchgehendes Oberlicht betont. Innen findet sich eine typische Raumanordnung mit Wohnraum, Eßzimmer und Küche unten und zwei Schlafzimmern und einem Bad oben. Es gibt jedoch eine räumliche Verbindung zwischen unten und oben, und zwar durch einen Ausschnitt, der sich von dem geraden Treppenlauf absetzt. Gebaut wurde aus Stahlbeton und Betonsteinen.
Westlich hiervon, auf der anderen Seite der kantonalen Landstraße und in der Nähe der Grundschule von Cadro, steht das Zweifamilienhaus Piffaretti von Remo Leuzinger. 1983–85 gebaut, ist das Haus im Grunde ein massiver Betonwürfel, der entlang der Diagonale aufgeschnitten wurde, um eine vereinfachte Loggia aus Stahlbeton herzustellen und eine Glaswand zu errichten, die einen Ausblick nach Süden und Westen ermöglicht. Wie bei seinen anderen Bauten verwendet Leuzinger Betonsteine und Sichtbetonrahmen für die Mauern, während die Fenstersprossen und andere Rahmen aus schwarz gestrichenem Metall sind.
Ebenfalls in der Nähe, im Ortsteil Cossio von Cadro, steht die Kombination aus

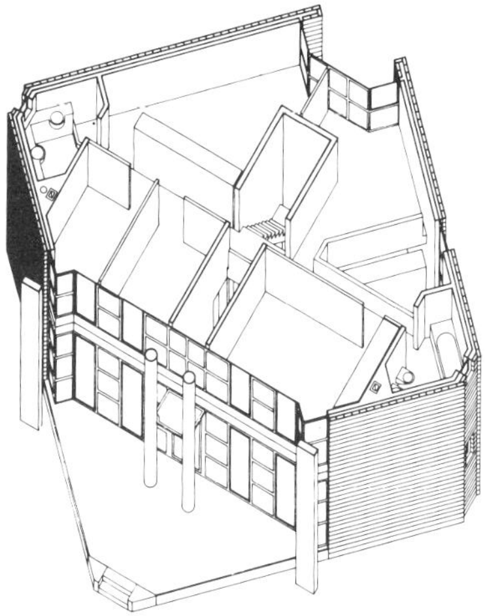

Casa Piffaretti
Die Südseite
Axonometrie

Casa/Studio Paltrinieri
Ansichten vom Garten und von der Straße aus

Wohnhaus und Fotostudio Paltrinieri. Dieses Projekt von Grignoli und Panzeri aus dem Jahr 1986 bildet einen starken Kontrast zu den adretten und banalen Bauten der Umgebung. Grignoli-Panzeris Entwurf ist ein streng kubischer Bau aus Modulbausteinen, bei denen sich drei Reihen grauer und eine Reihe rosafarbener Steine abwechseln, mit einer frei gestalteten Ausbuchtung auf dem oberen Geschoß für die Versorgungseinrichtungen (Treppen und Bad). Ansonsten ist das Gebäude im Grunde symmetrisch entlang der kurzen Achse. Im unteren Geschoß ist das Fotostudio untergebracht, mit Ausrichtung zur kantonalen Straße. Das obere Geschoß beherbergt das Wohnhaus selbst; es ist von der zur Straße parallellaufenden Sackgasse aus zugänglich.

Lamone, Manno, Vezia und Arosio

15.1 Laboratorium 1986
Via Cantonale, Ortarieta, Lamone
Pietro Boschetti
Während der üblichen Geschäftszeiten geöffnet; im Büro erfragen.

15.2 Schulungszentrum der Geberit S. A. 1982–84
Via Cantonale, Manno
Tel. (091) 59 37 12
Claudio Pellegrini
Während der Geschäftszeiten geöffnet: Montag bis Freitag 9–12 und 14–18 Uhr.

15.3 Studio Hunziker 1983
Via San Gottardo, 9, Vezia
Tel. (091) 56 63 22
Rudy Hunziker
Büro des Architekten.

15.4 Einfamilienhaus 1969
Arosio di sotto
Tita Carloni
Privat.

15.5 Casa Maggi 1980–81
Arosio di sopra
Mario Campi, Franco Pessina und Niki Piazzoli
Privat.

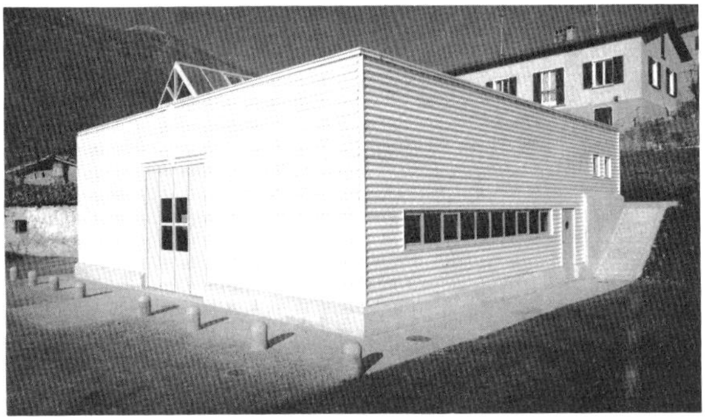

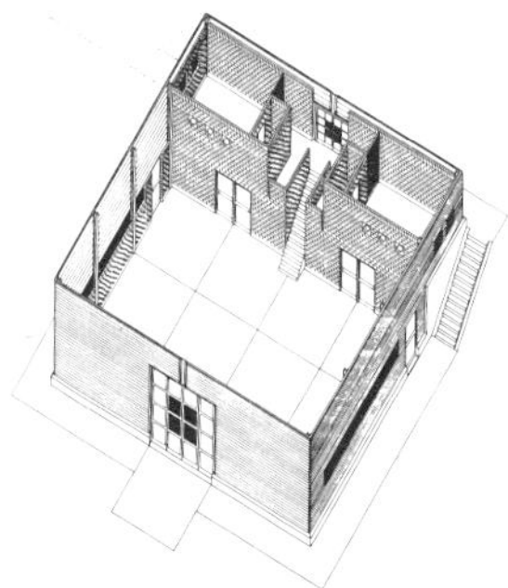

Laboratorium
Ansicht von der Autobahn aus
Axonometrie

In den Außengebieten nördlich von Lugano, entlang der Autobahn Bellinzona-Chiasso, gibt es eine Reihe von neuen Industrie- und Geschäftsgebäuden. Drei davon sind besonders interessant, zwei basieren auf Grundrissen, die aus neun Quadraten gebildet sind, das dritte ist eine Variation dieses Themas. Das erste ist ein kleines Industriegebäude von Pietro Boschetti im Süden von Lamone an der Autobahn. Der quadratische Grundriß besteht aus sechzehn Rastereinheiten mit den Gesamtvolumenproportionen von 1:3:3. Ein Oberlicht verläuft auf der Längsachse des Gebäudes, versorgt Eingangs- und Arbeitsbereich mit natürlichem Licht und dient als verbindendes Element zwischen den beiden Haupttüren. Eingang, Büros, Lager, Versorgungseinrichtungen für die Belegschaft und Technikraum nehmen auf zwei Ebenen das nördliche Viertel des Gebäudes ein, der Rest beherbergt den eigentlichen Arbeitsbereich. Vom Konzept her ist es ein Gebäude aus Stein in einem Gebäude aus Metall. Der Bau ist hellgelb, die zwei quadratischen Eingangstüren, die Fensterrahmen und das Oberlicht sind hellrot gestrichen.
Das zweite ist das neue Schulungszentrum der Geberit S. A. von Claudio Pellegrini. 1982–84 erbaut und an der Via Cantonale in Manno gelegen, hat die Kombination Büro- und Unterrichtsgebäude einen auf neun Quadraten basierenden Grundriß. Es ist ein zweigeschossiger Baukörper, der um einen zentralen, überdachten Raum herum angeordnet ist; dieser enthält ein vertikales »Turmelement«, das die verschiedenen Produkte der Firma - für Installations- und Sanitärbedarf - als ihr *impluvium* aufnimmt. Der axiale Eingang führt zu dem Atrium, von wo aus man die vier Unterrichtsbereiche erreicht. Im Obergeschoß liegen die Büros um einen zentralen Balkon herum angeordnet. Das Gebäude ist aus Ortbeton mit Betonsteinausfachungen.
Schließlich hat Rudy Hunziker noch ein Geschäftshaus gebaut, in dem sein Büro und zwei weitere Firmen untergebracht sind. An der Hauptstraße von Vezia, der

Via San Gottardo gelegen, ist es ein freistehendes Gebäude mit einer dreiteiligen Fassade, die als Tor dient. Die Fassade ist eine Variation von Bottas Haus Pfäffli in Viganello. Das Eingangsportal aus Stahlbeton wird von den mit wechselnden Steinreihen kaschierten Baukörpern umfaßt. Darüber ersetzt ein dreiteiliges Raumtragwerk einen Ziergiebel. Die Büros liegen zu beiden Seiten des Eingangsportikus.

Zwei kontrastierende Gebäude finden sich in Arosio, das eine ein Projekt, das die Haltung der sechziger Jahre widerspiegelt, bei der der Entwurf auf einer regionalen Interpretation der Präriestil-Architektur von Frank Lloyd Wright basierte, das andere ein Projekt aus den achtziger Jahren, das die Eigenschaften der traditionellen Architektur der Region respektiert, ohne deren Elemente nachzuahmen. Das Einfamilienhaus von 1969 von Carloni ist im wahren Sinne ein Präriestil-Haus. Östlich und unterhalb des Ortszentrums gelegen, ist es eine sich an die Erde drükkende Steinmasse, die von einem schwebenden, tiefgezogenen Walmdach gekrönt ist. Im Grundriß enthält der von der Straße aus sichtbare Teil Erschließungs- und Versorgungsbereiche; die Wohnräume liegen in dem unteren Geschoß,

Schulungszentrum der Geberit S. A.
Hauptfassade

Studio Hunziker
Ansicht von der Via San Gottardo aus

Einfamilienhaus in Arosio
Das Haus von Westen

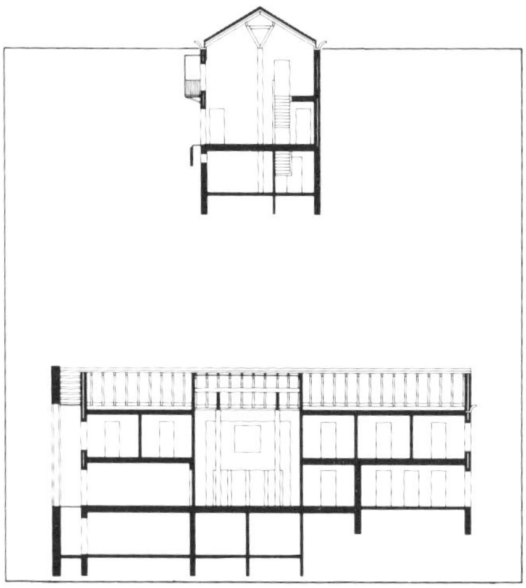

die Schlafräume darüber. Alle Räume öffnen sich zu der Aussicht nach Süden. Der Dachüberstand spendet Schatten und überdeckt die Terrasse vor den Schlafräumen. Einen Gegensatz hierzu bildet das Haus Maggi von Campi, Pessina und Piazzoli von 1980–81. Es liegt im oberen Teil von Arosio auf einem Grundstück, von dem aus man den Ortskern im Süden überschaut. Es ist ein traditionelles, zweigeschossiges Giebelhaus mit einem Garten im Westen. Die Gemeinschaftsräume liegen auf der unteren Ebene, die Schlafräume darüber, wobei der doppelthohe zentrale Wohnbereich verbindendes Element ist. Von unten betrachtet verschmilzt das Haus mit den benachbarten; hinter der zum Ortszentrum hin gerichteten Tempelfassade *in antis* verbirgt sich die wahre Natur des Hauses hinter einer Stein- und Betonscheibe. Der Körper des Hauses ist von der vorgestellten Front losgelöst, nur durch die Dachüberstände und das Terrassengeschoß verbunden. Ein übergroßes Gesims betont das Zusammentreffen von Dach und Hauskorpus, der ansonsten ganz schlicht ist. Einzig der Metallbalkon und die Pergola an der Westfassade ragen aus der reinen Form heraus.

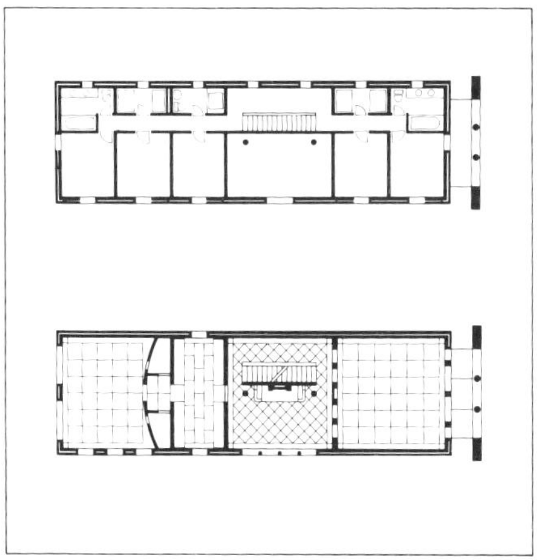

Casa Maggi
Die »Tempelfront« vom Ortszentrum aus
Die Eingangsseite
Schnitte und Grundrisse

Zu den Projekten nördlich von Lugano gehören auch die Bauten der Partner Sergio Grignoli und Attilio Panzeri. Ihr Werk ist gekennzeichnet durch die Verwendung platonischer Baukörper, die verändert und neu kombiniert werden, wobei stets die Konstruktionsmaterialien statt irgendwelcher dekorativer Elemente an den Fassaden verwendet werden. Das erste Projekt ist der Tennisclub Cureglia, nördlich des Ortszentrums gelegen. Das Clubhaus ist ein kleines, langgestrecktes Gebäude, das die aus fünf Tennisplätzen gebildete Achse abschließt. Das 1981-85 erbaute Haus beherbergt Umkleideräume zu beiden Seiten eines kleinen Cafés. Es ist aus Modulbetonsteinen mit abwechselnd grauen und rosa Reihen gebaut. Ein fünffeldriger Portikus aus Metall stellt die Überdachung der Terrasse her, die an der Südseite zu den Spielfeldern hin liegt.
Die anderen Gebäude von Grignoli-Panzeri in Cureglia sind zwei Einfamilienhäuser, das Haus Tamborini (1979-81) und das Haus Poma-Taddei (1980-82) sowie eine Gruppe von Reihenhäusern (1979-82). Sie demonstrieren die gegensätzliche Methodologie inner-

Cureglia

16.1 Tennisclub Cureglia 1981–85
Ortszentrum, Cureglia
Tel. (091) 56 58 33
Sergio Grignoli und Attilio Panzeri
Während der Saison geöffnet.

16.2 Casa Poma-Taddei 1980–82
Südlich des Ortszentrums, Cureglia
Sergio Grignoli und Attilio Panzeri
Privat; von der öffentlichen Straße aus sichtbar.

16.3 Casa Tamborini 1979–81
Cureglia
Sergio Grignoli und Attilio Panzeri
Privat; von der öffentlichen Straße aus sichtbar.

16.4 Reihenhäuser 1979–82
Cureglia
Sergio Grignoli und Attilio Panzeri
Privat.

16.5 Casa/Studio Realini 1980–82
Südlich des Ortszentrums, Cureglia
Rudy Hunziker
Privat; von der öffentlichen Straße aus sichtbar.

Tennisclub Cureglia
Ansicht von den Tennisplätzen aus
Der Hauptraum

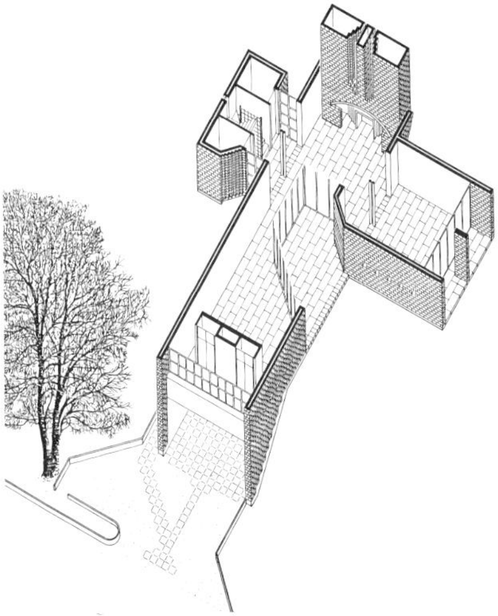

halb der von diesen Partnern verfolgten Auffassung. Während der Entwurf des Hauses Tamborini auf der reduktiven Transformation eines Würfels beruht, bildet das Haus Poma zwei lineare, ineinandergreifende Formen. Der Baukörper des Hauses Tamborini wurde ausgehöhlt, um an einer Ecke eine Terrasse freizulegen, und eingeschnitten, um eine diagonale Treppe an der gegenüberliegenden Seite herzustellen, und nur eine Scheibe, die den Balkon des Elternschlafzimmers abstützt, ragt über die Umfassungslinie hinaus. Beim Haus Poma trennen zwei Baukörper spezielle Funktionen des Hauses in zwei Flügel, wobei die Hauptwohnräume am Kreuzungspunkt liegen. Die Reihenhäuser entsprechen dem Erfordernis nach aneinandergebundener Verdichtung innerhalb des bestehenden Dorfes, bewahren aber gleichzeitig die Qualitäten eines Einfamilienhauses. So versieht die von Grignoli-Panzeri vorgesehene Lösung jede Einheit mit drei Außenfassaden, und indem sie die Baukörper entlang einer Diagonale versetzt, kann jede Wohneinheit einen klar erkennbaren Vordereingang haben. Die Versorgungseinrichtungen und Treppen liegen an den Brandwänden.

Casa Poma-Taddei
Links: Axonometrie
Oben: Außenansicht

Casa Tamborini
Mitte: Außenansicht von Süden
Unten: Detailansicht der Terrasse

Das zur gleichen Zeit gebaute Haus und Studio Realini, direkt nördlich des Hauses Poma-Taddei, ist vom Konzept her komplexer. Entworfen von Rudy Hunziker, folgt dieses Projekt einer ähnlichen Auffassung wie die vorher besprochenen. Hunzikers Entwurf ist aber eher eine Erforschung architektonischer Elemente, als eine Umwandlung platonischer Baukörper. Das Haus kann als die Kombination aus einer dicken Wand und einem Baukörper gesehen werden, die durch ein Glasdach verbunden sind. Der »dicke Wand«-Teil des Gebäudes ist linear in seiner Anordnung, beginnend mit der Garage und daran anschließendem Arbeitszimmer - genauer gesagt, einer Arztpraxis - und anderen Funktionen, die den Haupträumen des Familienlebens untergeordnet sind. Der andere Abschnitt beherbergt Wohnraum, Eßraum, Bibliothek und Fernsehzimmer unten und Elternschlafgemach oben. Auf der anderen Seite der gläsernen Spalte, als Teil des Wandelements, liegen die Kinderschlafzimmer und das Bad. Die Seitenfassade des Hauses Poma-Taddei erinnert an Details von Louis Kahns Ahmedabad-Entwurf, vor allem mit der Abstützung des flachen Ziegelbogens durch einen Betonsturz. Beim Haus Poma ist das Ergebnis eine eher anthropomorphische, axialsymmetrische Fassade.

Reihenhäuser in Cureglia
Ansicht der Hauptfassaden

Casa/Studio Realini
Ansicht von der Straße aus
Axonometrie

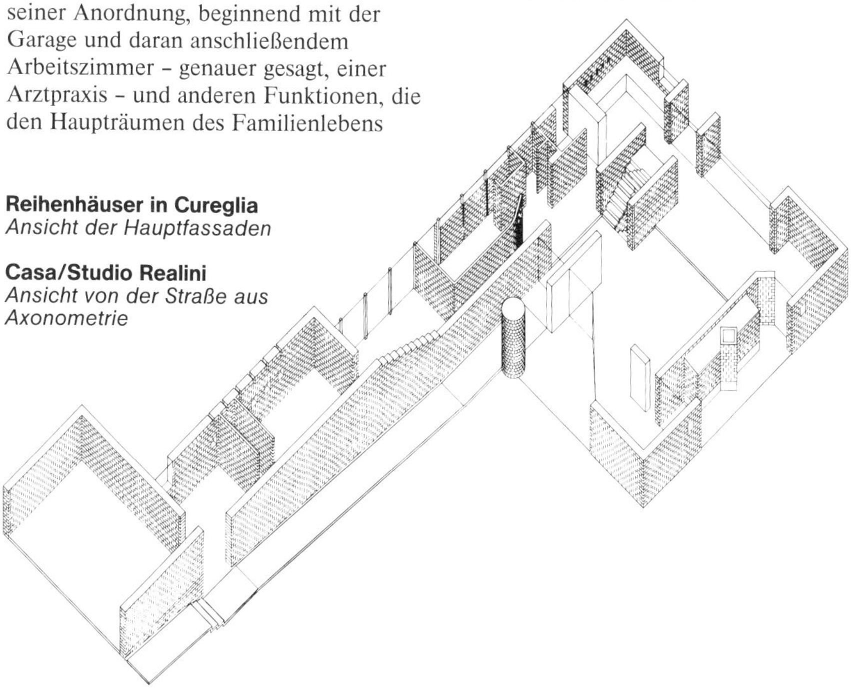

Lugano

17.1 Centro Macconi, S. A. 1974–77
Via Pretorio, 13
Tel. (091) 23 94 44
Livio Vacchini und Alberto Tibiletti
Während der üblichen Geschäftszeiten geöffnet.

17.2 Commercio Ransila I, S. A. 1981–85
Via Pretorio, 9/Corso Pestalozzi, Lugano
Mario Botta
Während der üblichen Geschäftszeiten geöffnet.

17.3 Banca del Gottardo a Lugano 1982–87
Viale Stefano Franscini, Lugano
Mario Botta
Öffentliche Bereiche während der Geschäftszeiten zugänglich.

17.4 Bibliothek des Convento dei Cappuccini 1976–83
Salita dei Fratti, 4/Via San Gottardo, Lugano
Tel. (091) 23 91 88
Mario Botta
Geöffnet: Mittwoch bis Freitag 14–17 und Samstag 9–12 Uhr, im August wegen Ferien geschlossen.

17.5 Casa Felder 1978–80
Via Antonio Riva, 9, Lugano
Mario Campi, Franco Pessina und Niki Piazzoli
Privat.

Commercio Ransila
Eckansicht mit der Seite zur Via Pretorio rechts

Die größte und wohl bedeutendste Stadt im Kanton, Lugano, hat sich stets eines großen Wohlstands erfreut. Die Stadt mit einer Bevölkerungszahl von etwa 30.000 liegt innerhalb eines Großstadtgebiets mit etwa 70.000 Einwohnern. Am Nordufer des gleichnamigen Sees gelegen, ist die Stadt Handels- und Bankenzentrum wie auch Ferienort, und insofern unterscheidet sie sich von den anderen wichtigen Städten des Kantons, Locarno und Bellinzona. Ihre relativ geringe Höhenlage (weniger als 300 Meter ü. d. M.) bedeutet, daß sich in unmittelbarer Nähe der Hochalpen ein mediterranes Klima und eine subtropische Vegetation findet. Während das historische Zentrum der Stadt in einem ebenen Gebiet am Rande des Sees liegt, sorgen die dramatischen Ausblicke von den angrenzenden Hügeln und Bergen für ihre allgemeine Beliebtheit.
Da der breit fundierte Wohlstand und das Wachstum Luganos vom Übereifer touristenorientierten Geschäftsgeistes meist unberührt blieben, gehören zu den neuen Geschäfts-, Bildungs-, Kultur- und Wohngebäuden in der Stadt und in den Ortschaften der Umgebung einige der bedeutenderen Projekte, die in den letzten 15 oder 20 Jahren in der Schweiz gebaut wurden.
An der Via Pretorio nahe dem Stadtzentrum stehen zwei benachbarte Geschäftshäuser, das Centro Macconi von Livio Vacchini und Alberto Tibiletti von 1974–77 und Mario Bottas neueres Commercio Ransila I

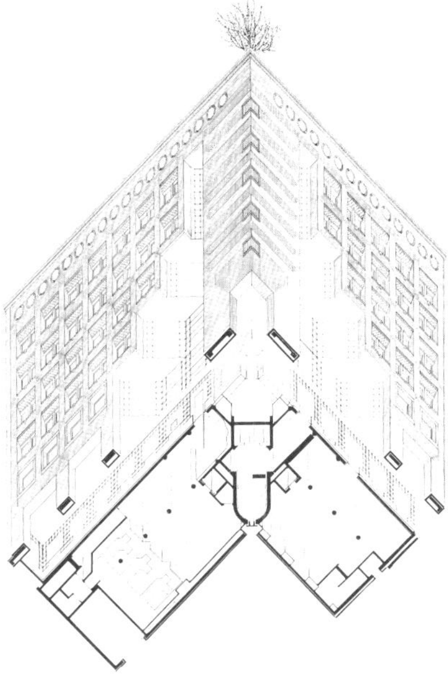

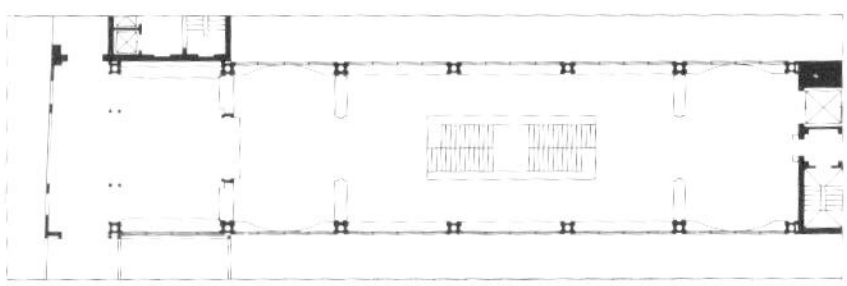

Commercio Ransila
Axonometrie

Centro Macconi
Außenansicht
Grundriß Erdgeschoß

(1981–85). Während diese in vielerlei Hinsicht eher nüchterne Untersuchungen darstellen, sind sie trotzdem ausgezeichnete Lösungen des Problems, in einem dicht besiedelten Gebiet zu bauen, wo kommerzielle Notwendigkeiten eine besonders effiziente Nutzung diktieren.
Vacchini und Tibilettis Gebäude für das Kaufhaus Macconi hat eine schmale Straßenfront, aber die Längsfassaden gehen auf zwei Höfe. Die Stahlstruktur ist vorbildlich detailliert. Die Vorderfront des siebenstöckigen Gebäudes aus Stahl, Marmor und Glas wird von zwei Pfeilern an den Ecken bestimmt, die aus parallel verlaufenden Breitflanschstahlprofilen bestehen. Die Unterteilung der Front wird alle zwei Stockwerke durch Querriegelleibungen betont, wobei die zweigeschossige Basis und die eingeschossige Attikaleibung noch durch quadratische Medaillons am Schnittpunkt von Riegel und Stütze angezeigt sind. Das Gebäude setzt die Arkade entlang der Straße fort, während die oberen Geschosse zwischen Basis und Attika auf beiden Seiten massiv ausgefacht sind.
Das Bürohaus Ransila I von Mario Botta liegt an der Ecke Via Pretorio/Corso Pestalozzi. Der Bau zeigt zwei spiegelbildliche Fassaden, die an der Ecke zusammenlaufen. Das Gebäude erscheint als ein massiver, aber an der Ecke sich aushöhlender Ziegelbaukörper, von dem nur ein massiver Pfeiler übrigbleibt, um das obere Geschoß und einen einzelnen, die Ecke betonenden Baum auf dem Dach zu tragen. Im Inneren wird eine Stahl- und Glaskonstruktion erkennbar, die das eigentliche Kaufhaus beherbergt. Der

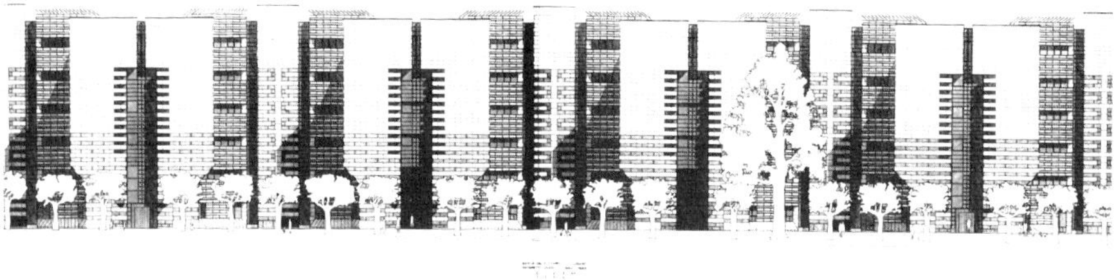

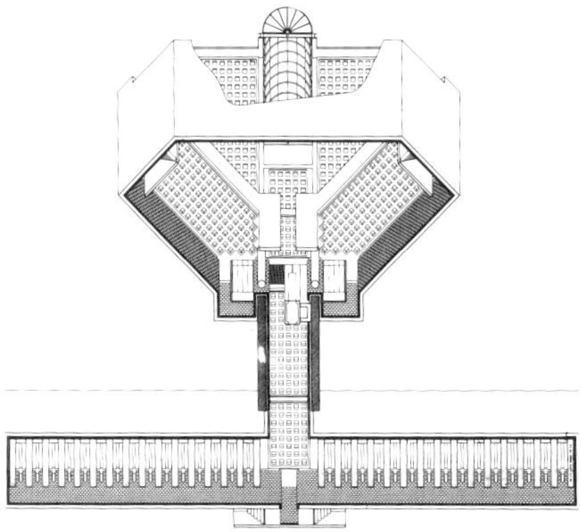

Banca del Gottardo a Lugano

Bibliothek des Convento dei Cappuccini
Innenansicht: Leseraum
Axonometrie

Grundriß ist L-förmig und schließt einen Betriebshof ein. Die Konstruktion besteht aus Stahlbeton mit Ziegelausfachungen, die die in der lombardischen Romaniktradition stehenden Fassaden kennzeichnet. Eine zweite Phase, Ransila II, wird zur Zeit für das Grundstück westlich des bestehenden Gebäudes geplant.
Botta baute auch das große Verwaltungszentrum der Banca del Gottardo in Lugano an der Viale Stefano Franscini, gegenüber der Villa Saroli (1982–87). Das Projekt besteht aus vier beinahe identischen Segmenten, die durch ein auf der Rückseite fortlaufendes Element miteinander verbunden sind. Die vier Körper reichen bis an den Rand des Grundstücks und vermitteln eher den Eindruck von vier einzelstehenden Bauten statt des typischen Aussehens städtischer Gebäude, die eine fortlaufende Häuserfront bilden. Da die Banca del Gottardo auf das Villa-Saroli-Museum inmitten des Parks gerichtet ist, entschied Botta sich für diese Lösung. Die vier Elemente des sechsgeschossigen Baus sind jedoch ziemlich massive Türme; nur die Mittelteile sind ausgeschnitten, um überhaupt Öffnungen zu schaffen; die Fassaden sind aus Blocksteinen. Innen sind die diversen Bankabteilungen entlang der vier Elemente verteilt und durch vertikale Erschließungen voneinander getrennt. In einem Diagramm könnte der Grundriß endlos durch abwechselnde Kerne und Baukörper fortgesetzt werden. Im Erdgeschoß sind die vier aber nicht gleich; jeder der dreieckigen Grundrißbereiche hat eine spezielle Funktion. Die Obergeschosse sind typische Büroetagen und ermöglichen vom Entwurf her Variationen in der Anordnung.

Bottas erstes Projekt in Lugano war jedoch die Bibliothek des Kapuzinerklosters in der Salita dei Fratti, nahe dem Bahnhof. 1976–83 entworfen und gebaut, fügte der Entwurf ein modernes Gebäude in einen Komplex aus dem 17. Jahrhundert ein. Botta entschied sich dafür, den Neubau unterhalb des Klostervorhofs anzusiedeln. Einzig ein Oberlicht ragt an der Seite zur Kirche über Bodenniveau hinaus. Hangabwärts und zum Ortszentrum hin gewandt, bildet das Gebäude eine niedere Stützmauer gegenüber einem kleinen Weinberg. Einlaß erfolgt durch das Untergeschoß eines bestehenden Gebäudes. Im Grundriß besteht die Bibliothek aus zwei Baukörpern, der eine eine verkürzte Trapezform, die den zwei Geschosse hohen Lesebereich mit dem Oberlicht darüber einschließt, der andere ein gerader eingeschossiger geschlossener Magazinbereich mit einem Dach, das als Eingangsterrasse zur Bibliothek dient. Das Haus Felder von Mario Campi, Franco Pessina und Niki Piazzoli von 1978–80 überschaut vom höchsten Punkt eines Hügels den See und das Stadtzentrum. Die Lösung für diese »reine, platonische, wundervoll proportionierte Villa«[9] ist ein Atriumhaus, das an den neben dem Neubau stehenden Palazzo Riva erinnert. Der Riva-Palast ist ein verkürztes Hofhaus, genauer als C-Grundriß zu bezeichnen. Im Haus Felder legen die

Casa Felder
Die Eingangshalle
Außenansicht von Norden
Das Atrium

zwei Schenkel des verlängerten C (jetzt ein U) das Grundrißquadrat fest, das durch eine Wandscheibe vervollständigt wird. Die Campi-Pessina-Piazzoli-Lösung folgt dem archetypischen Atriumhaus: Durch eine abgewandelte Loggia setzten sie innen den Schwerpunkt auf das eingeschlossene Atrium oder den Hof. Der Wohnbereich und die Küche liegen neben dem Autoabstellplatz und einem kleinen Schlafzimmer mit Bad im unteren Geschoß. Darüber liegt das Elternschlafgemach auf der einen, die drei Kinderschlafzimmer auf der anderen Seite des Hofes. Der Verbindungsbereich überschaut das zweigeschossige Volumen der Halle mit abwärtsführender Treppe und schafft einen Sitzbereich. Der Hof wurde gepflastert, um das Quadrat zu betonen; der fehlende Flügel wurde durch das Anpflanzen von Bäumen ersetzt und stellt so einen Dialog zwischen dem Garten und dem Atrium her.

Massagno und Porza

18.1 Casa Boni 1980–82
Via al Roccolo, Zona Tre Pini, Massagno
Mario Campi, Franco Pessina und Niki Piazzoli
Privat.

18.2 Casa Robbiani 1979–81
Via al Roccolo, Zone Tre Pini, Massagno
Mario Botta
Privat; das Schild an der Zufahrt warnt vor unbefugtem Betreten.

18.3 Reihenhäuser 1985–86
Via Lepori/Via San Gottardo, Massagno
Mario Campi und Franco Pessina
Privathäuser; drei Seiten der Gebäude liegen an öffentlichen Straßen.

18.4 Einfamilienhaus 1986
Porza
Franco und Paolo Moro
Privat.

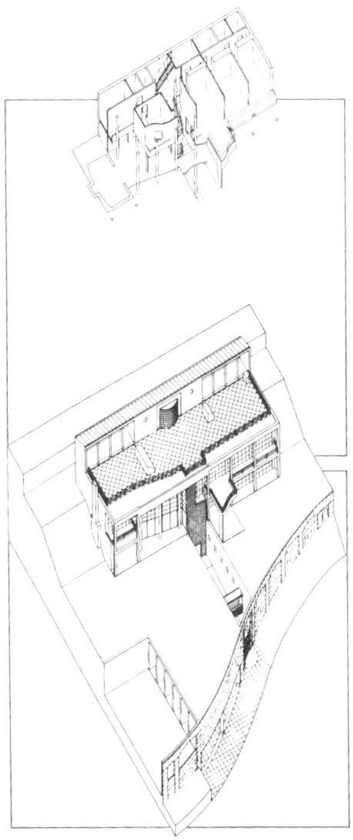

Casa Boni
Ansicht von der Straße aus
Axonometrie

Massagno und Porza sind wohlhabende Vororte an den Hängen direkt nördlich von Lugano, mit Blick auf die Stadt und den See. Aus den zahlreichen teueren, aber nicht bemerkenswerten Einfamilienhäusern ragen drei sowie ein Mehrfamilienhaus heraus, die Beachtung verdienen. Ein Wohnkomplex am Rand von Massagno befriedigt zugleich die Bedürfnisse des individuellen Wohnens mit einer Lösung, die städtebaulichen Belangen entspricht.
Im Ortsteil Tre Pini von Massagno stehen zwei Einfamilienhäuser von Mario Campi, Franco Pessina, Niki Piazzoli und von Mario Botta. Über das Haus Boni von Campi-Pessina-Piazzoli sagt Werner Seligmann, daß es »als Kommentar ... zu einem archäologischen, höhlenähnlichen Gebäude und einem modernen Raum aus Rahmen, Ebenen und Volumen verstanden werden kann.«[10] Das Haus ist über Lugano hinweg dem See zugewandt sowie den Hängen des Monte Brè und der Vorstadt Viganello. Auf einem steilen Grundstück gelegen, besteht das Gebäude aus einer Reihe von terrassierten Elementen, wobei das Haupthaus ein dreigeschossiges Scheibenhaus ist, das durch einen Spalt in der untersten Terrasse betreten wird. Innerhalb dieser Podiumsterrasse liegen auch Garage, Geräteschuppen, Gästezimmer, Hausmeisterwohnung und Lagerräume. Die Front zur Straße ist eine rustizierte Wand aus dunkelgrauem Marmor; dahinter und darüber liegt eine makellose Villa, die Campi als »eine Hommage an Terragni«[11] beschreibt. Es ist dieser Dialog zwischen der Basis und dem darauf offensichtlich freistehenden Haus, auf den Seligmann sich bezieht. Innen liegen alle Versorgungsbereiche an der Rückwand. Das Haus wird axial auf einer Ebene unterhalb der Hauptebene betreten, und der Luftraum der zentralen Treppe trennt die Familienbereiche von der ersten Wohnebene auf beiden Seiten des Erdgeschosses und das Elternschlafzimmer

von denen der Kinder im ersten Obergeschoß. Das orthogonale Konstruktionsraster des Hauses wird durch die geschwungenen Formen des herausragenden Balkons und das innere kubische, freistehende Volumen des Arbeitszimmers im ersten Obergeschoß unterbrochen. Dieses Volumen steht innerhalb der »*Tour de force* dieses Hauses«[12], dem Wohnraum in doppelter Höhe. Die geschichtete Fassadenkonstruktion wird durch Profilveränderungen der strukturellen Elemente (quadratische Stützen außen und runde Säulen innen) und Variationen der Fensterlösungen von großen Glasebenen bis zu Glasbausteinwänden verstärkt.

Mario Bottas Haus Robbiani, an derselben Straße in Massagno gelegen, wurde zwischen 1979 und 1981 entworfen und gebaut. Man sollte sich dem nüchternen, gestreckten Würfelhaus, unterbrochen durch ein Ochsenauge inmitten der Frontfassade, genau wie dem Haus in Viganello, frontal nähern. Das Haus wird über einen Durchgang betreten, der durch einen diagonalen Ausschnitt an der rechten Ecke der Front angezeigt wird. Das Ochsenauge ist eine bewegliche Glastrennwand, die sich einfahren läßt, um im Sommer einen zweigeschossigen Sonnenraum zu schaffen. Der fast symmetrische Grundriß stellt ein zylinderförmiges Treppenhaus mit dreieckiger Treppe auf die Achse. Ein ausgehöhlter Pfeiler, der auf der unteren Ebene als Portikus dient, steht im Zentrum des Baukörpers und erhebt sich als zweigeschossiges zentrales Element, um von einem dreieckigen Oberlicht überdeckt zu werden. Im übri-

Casa Boni
Die Gartenseite
Der Vordereingang

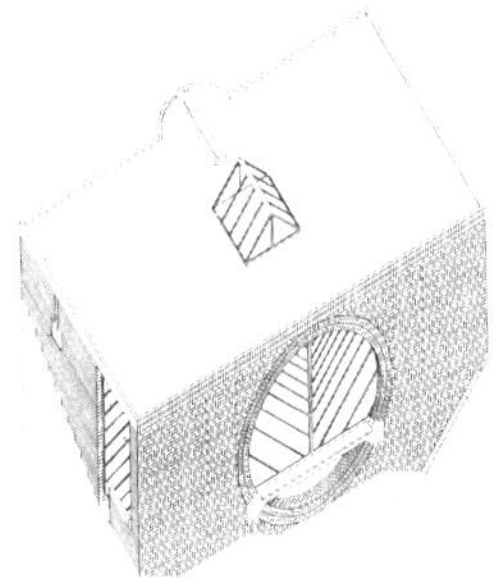

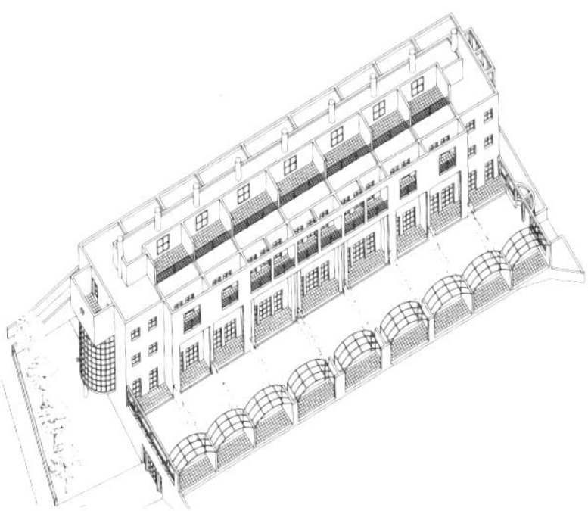

Casa Robbiani
Das Haus von der Sackgasse aus gesehen
Axonometrie

Reihenhäuser in Massagno
Ansicht von der Via Lepori aus
Axonometrie

gen verzerren kleine Variationen die Symmetrie. Auf der Hauptebene des Hauses »borgt sich« das Gewächshaus Platz vom Eßzimmer, während der Wohnraum ein doppelthohes Volumen einschließt, das eine optische Verbindung zum Elternschlafzimmer oberhalb herstellt. In diesem ersten Obergeschoß erstrecken sich die beiden Kinderzimmer gleichmäßig in das Volumen des Gewächshauses.

Ebenfalls in Massagno, auf einem Grundstück am Schnittpunkt zweier größerer Straßen, liefert ein Bau von Mario Campi und Franco Pessina einen Vergleich zwischen Lösungen für Einfamilienhäuser in exklusiven Gegenden und solchen für Mehrfamilienhäuser in guten Lagen. Die neuen Reihenhäuser an der Via Lepori, 1985–86 erbaut, sind so entworfen, daß sie eine gleichförmige Fassade bilden, die es

Einfamilienhaus in Porza
Ansicht von der Straße aus
Axonometrie

jeder dreigeschossigen Einheit ermöglicht, eine gewisse individuelle Präsenz innerhalb des Komplexes zu bewahren - Vorgänger hierzu finden sich beispielsweise in der Rue de Rivoli in Paris oder im Crescent Park von John Nash in London. Die öffentliche Ausrichtung des Gebäudes geht nach Nordosten zur Via San Gottardo, der es eine geschlossene Fläche präsentiert, unterbrochen durch Gruppen von quadratischen Fenstern und großen, doppelthohen Portikusöffnungen. Alle Versorgungsräume liegen an dieser Wand. Die Wohneinheiten sind zur gegenüberliegenden Fassade hin orientiert. Es ist eine regelmäßige Loggia, in der jede Einheit oben einen Balkon und unten eine überdachte Terrasse zu den Einzelgärten hin hat, die von Pergolen abgeschlossen werden. Die Parkplätze der Anlage befinden sich unter den Gärten mit Zufahrt von der Via Lepori; die Ausfahrt liegt zu der kleineren Via Cabione. Jede der Einheiten profitiert, wenn sie auch klein ist, von dem unkomplizierten Plan. Es gibt zwei Typen, die auf den Breiten der zwei verwendeten Konstruktionsfelder basieren und drei zentrale Einheiten ergeben, jeweils breiter als die drei auf jeder Seite. Die beiden Endeinheiten sind weitere Modifikationen, wobei die Nordwestseite einen zylinderförmigen Glasvorsprung mit einem würfelförmigen geschlossenen Körper aufweist und die nach Süden gehende Einheit etwas erweitert. Jede Wohnung hat einen Lagerraum im Keller und drei Ebenen über Geländeniveau sowie eine Dachterrasse. Das Gebäude wirkt insgesamt modern: ein Schiff mit Bug und Heck und Schornsteinen.
Das jüngste Haus der Gebrüder Moro (1986) steht in einer abgelegenen Sackgasse im angrenzenden Vorort Porza. Der Grundriß des Hauses beginnt auf der unteren Ebene als ein Quadrat, in das ein griechisches Kreuz entlang seiner Diagonalen eingeschrieben ist. Die quer zur Straße verlaufenden Schenkel bilden Eingangsachse und Treppe, während die anderen unten einen Schutz- und Lagerbereich einschließen und zu Eckpfeilern werden, um die Tragkonstruktion darüber zu stützen. Der Grundriß bildet oberhalb ein Dreieck, wobei das zweite Dreieck durch eine gepflasterte Terrasse angezeigt wird. Raumersparnis ist wie bei anderen Moro-Entwürfen das Ziel. Dies resultiert in einer sehr kompakten Funktionsverteilung: die Hauptebene ist durch Kamin und Küchenelement zweigeteilt; darüber liegt das einzige Bad, das Elternschlafzimmer von der Kindernische trennt. Die Kleinheit der Innenräume wird durch ihre Geometrie abgemildert: Sie öffnen sich zu der Glaswand der Diagonale. Zu den Baumaterialien gehören unverkleidete graue Modulbausteine und Stahlbeton für das Tragwerk, eine Holzrahmenwand mit Fenster und geschlossenen Paneelen sowie ein gestrichenes Metallfachwerk aus Vierkantrohrprofilen. Leider wurde der ursprüngliche Entwurf durch Hinzufügung zweier Säulen als Mittelstützen der Tragkonstruktion, die konstruktiv durchlaufend sein sollte, verändert.

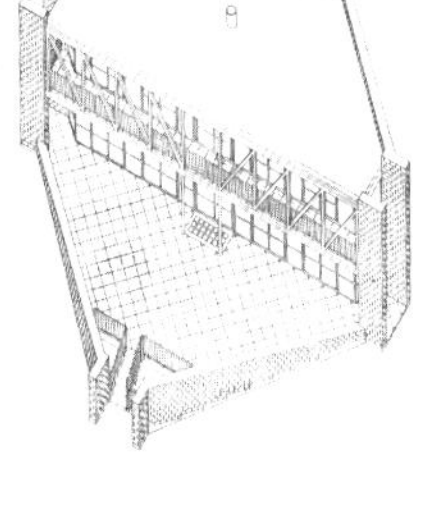

Pregassona und Viganello

19.1 Casa Sampietro 1979
Via Arbostra, 27, Pregassona
Mario Botta
Privat.

19.2 Casa Vanetta 1985–86
Via del Sole, 4, Pregassona
Remo Leuzinger
Privat.

19.3 Appartementhaus 1986
Viganello
Sergio Grignoli und Attilio Panzeri
Privat.

19.4 Casa Pfäffli 1980–81
Via Albonago, Viganello
Mario Botta
Privat.

Casa Sampietro
Die Südseite

Die Ortschaften Pregassona und Viganello liegen östlich von Lugano, über den kleinen Fluß Cassarate hinweg, auf der Seite des Monte Brè. In den neueren Erschließungsgebieten beider Orte finden sich Projekte von Botta, Bassi-Gherra-Galimberti, Grignoli-Panzeri, Leuzinger und anderen.
Pregassona, das nördlichere der beiden Städtchen, liegt zum größten Teil in einer Niederung. Im Ortsteil Corte baute Mario Botta eine archetypische Würfelstruktur, basierend auf einem neun Quadrate großen Grundriß: das symmetrische Haus Sampietro an der Via Arbostra. 1979–80 entworfen und erbaut, besteht das Haus aus unverkleideten Modulbetonsteinen. Den quadratischen Grundriß teilte Botta in drei parallele Zonen, wobei zwei breite durch den engeren Erschließungsgrat, der sich zum Dach des Hauses hin öffnet, getrennt werden. Das Erdgeschoß ist überwiegend offen und beherbergt Eingang, Waschküche und Installationsräume. Ein Küchen-/Eßbereich besetzt eine Ecke der Hauptebene; ein Arbeitsbereich nimmt den Rest dieser Hälfte ein. Der Wohnbereich orientiert sich zu einem Kamin hin, der eine Toilette an der Rückseite verbirgt. Im obersten Geschoß liegen das große Elternschlafzimmer in der einen und ein zweites Schlafzimmer und ein Bad in der anderen Hälfte. Die beiden Schlafbereiche bekommen durch den Ausschnitt im mittleren Drittel der Seitenwand eine Terrasse. Als Baukörper ist das Haus Sampietro ein massiver, an seinen beiden Achsen ausgeschnittener Block. An der Südwand ist eine sich verengende Öffnung, und die Ost- und Westwände sind gleichmäßig vom Boden bis zum Dach geteilt, während an der Nordseite das abgerundete Treppenhaus herausragt.
Das Haus Vanetta von Remo Leuzinger liegt an der Via del Sole in Pregassona. 1985–86 erbaut, stellt das Projekt eine Untersuchung der Transformation eines Würfels

dar. Was auf der unteren Ebene als gleichseitiges L beginnt, wird zweckentsprechend verändert, so daß das Haus im zweiten Obergeschoß ein Quadrat bildet, von dem ein Sechstel entlang einer Diagonale entfernt wurde. Die Wände, die dem orthogonalen Raster folgen, sind aus grauem Betonstein; einzige Abwechslung ist eine Reihe rosafarbener Steine am oberen Abschluß. Entlang der Diagonale wird eine andere Struktur erkennbar.
Die Wand des zweiten Obergeschosses besteht aus abwechselnden Reihen grauer und rosafarbener Betonsteine. Eine Mittelsäule stützt diese diagonale Brücke ab. Die Wand darunter ist aus Ortbeton, wobei eine geschwungene Glaswand die mittlere Ebene einschließt.
Das Wohn- und Bürohaus von Sergio Grignoli und Attilio Panzeri in Viganello wurde 1986 fertiggestellt. Bei diesem Projekt wurden zwei identische Türme als Ergebnis einer Formanalyse zu einer einzigen Struktur verbunden. Zwei Eingänge führen von einem zentralen Portikus zu Personenaufzug und Treppenhaus, mit denen jede Gebäudehälfte erschlossen ist. In den unteren Stockwerken liegen die Büros. Eines der oberen Geschosse enthält Zweieinhalb-Zimmer-Appartements, während die vier darüberliegenden aus zweistöckigen Wohnungen bestehen. In den unteren Duplex-Appartements sind die Wohnräume unten und drei Schlafzimmer darüber. Das wird in den oberen Wohnungen umgekehrt; diese haben außerdem Zugang zu privaten Dachterrassen. An der Straße, die den Monte Brè hinauf zum Albonago-Gebiet von Viganello

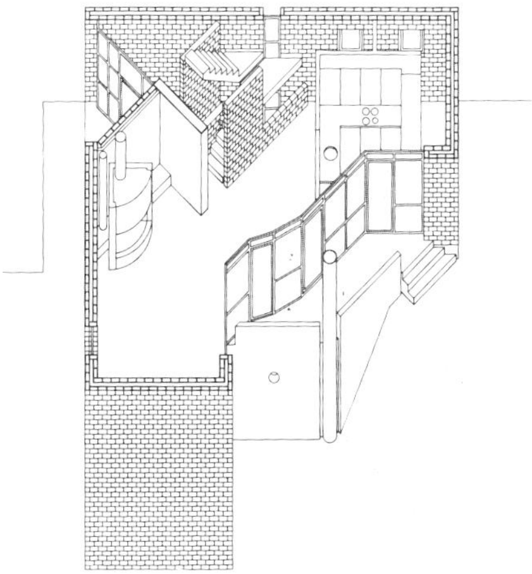

Casa Vanetta
Die Südfassade
Innenansicht mit dem Wohnbereich
Axonometrie der Wohnräume

führt, findet sich ein weiterer Bau Bottas. Das Haus Pfäffli von 1980–81 ist Teil einer Untersuchung über die Darstellung von kantenartigen Abschlüssen, genau wie beim Haus Robbiani in Massagno jenseits des Tals. Anders als die frühen langen, rechteckigen Häuser in Cadenazzo und Ligornetto, die im ersten Fall quer zum Hang und im zweiten auf ein flaches Grundstück gestellt wurden, liegen die beiden Gebäude außerhalb Luganos parallel zum Hang, bestimmen dadurch die Aussicht und bilden gleichzeitig eine Kante. Man nähert sich dem Haus über einen seitlichen Pfad, der zu einer axial zum Baukörper liegenden Treppe führt.

Den Eingang bildet eine Öffnung in Form eines auf den Kopf gestellten Dreiecks zu einem überdachten Bereich mit der Eingangstüre. Die Innentreppe liegt nicht in der Achse, sondern in einer Ecke. Eine dreieckige, von einem gläsernen Tonnengewölbe überdachte Terrasse ist das zentrale Element des *piano nobile* über dem Eingang und den Lagerräumen. Wie bei dem Haus in Massagno hat diese Öffnung bewegliche Glastrennwände und wird so bei schlechtem Wetter zu einem Wintergarten. Das Hauptgeschoß umfaßt den Wohnbereich auf derselben Seite wie die Treppe und den Eßbereich an einer Wand, die die Küche verdeckt. Im oberen Geschoß sind Elternschlafzimmer sowie ein zweites Schlafzimmer, beide mit Bad. Das Haus steht mit dem Rücken zum Hang und lehnt sich mit seiner ausgebuchteten Wand an die Stützmauer. Die einzigen wirklichen Ausblicke hat man nach Westen, und ähnlich Bottas anderen Entwürfen werden diese kontrolliert und sind nur durch die zentrale Öffnung der Westfassade möglich. Das Haus wurde aus Modulbausteinen gebaut, aber die an sich ebene Wand wird durch ein Muster gegliedert, das durch Drehung der Steine um 45 Grad entsteht. Dieser optische Reiz ermöglicht es Botta auch, die Axialität der Komposition und ihre Betonung durch Tonnengewölbe und Wintergarten hervorzuheben.

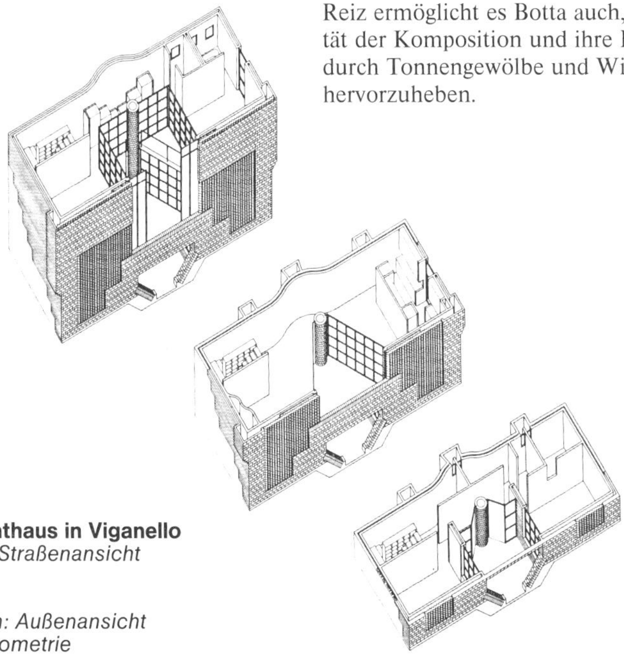

Appartementhaus in Viganello
Links oben: Straßenansicht

Casa Pfäffli
Rechts oben: Außenansicht
Unten: Axonometrie

Muzzano, Breganzona und Sorengo

20.1 Casa Platis 1979–82
Via Ciustaretta, Muzzano
Emilio Bernegger, Bruno Keller und Edy Quaglia
Privat.

20.2 Casa Dr. Huber 1984–85
Via Orbisana, Muzzano
Claudio Pellegrini
Privat.

20.3 Casa Kress 1986
Via Lucino, Breganzona
Mario Campi und Franco Pessina
Privat.

20.4 Einfamilienhaus 1983–84
Via alla Campagna, Alle Stalle, Sorengo
Sergio Grignoli und Attilio Panzeri
Privat.

An der Via Ciustaretta, der Straße, die bergauf zum Ortszentrum von Muzzano führt, findet man ein sehr interessantes Projekt von Emilio Bernegger, Bruno Keller und Edy Quaglia: das Haus Platis von 1979–82. Das Gebäude bildet ein rechtwinkeliges Dreieck, das an einen dickwandigen Baukörper angefügt ist. Aus Modulbetonsteinen gebaut, öffnet sich die Hypotenuse des Hauses zu dem Blick tal- und südwärts. Fünf Paare von Öffnungen sind zentral angeordnet, getrennt durch Stützen und flankiert von zwei Schlitzen mit runden Fenstern darüber. Wechsel in der Schichtanordnung der Steine entlang der Dachkante schaffen Rillen, und das Auslassen des Ecksteins in jeder achten Reihe deutet Keilsteine an dieser diagonalen Seite an. Mit abwechselnden Farbstreifen ist die Nordostfassade behandelt, die ihr einen Anschein von Symmetrie verleihen. Das Haus, das man in der unteren Ebene betritt, ist innerhalb des Dreiecks ein offener Raum, der nur durch die Küchentheke und vier Säulen unterbrochen wird. Eingang, Treppe und Toilette befinden sich in der Scheibe. Das darüberliegende Geschoß umfaßt drei Schlafzimmer, zwei Sitzbereiche und zwei Bäder; ein Ausschnitt

Casa Platis
Ansicht von Osten
Die Südfassade
Grundriß Hauptgeschoß

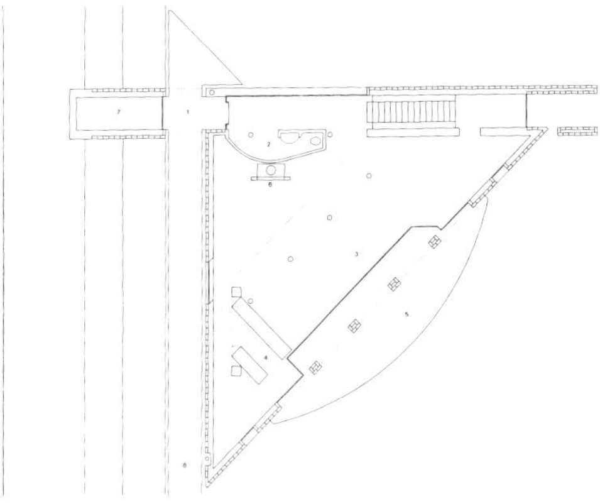

läßt den Kaminbereich überblicken.
Das nahegelegene Haus für Dr. Huber von Claudio Pellegrini aus dem Jahr 1986 steht an der Via Orbisana oberhalb von Muzzano. Dieses große, dreigeschossige Haus treppt sich den Hügel hinunter ab und verändert sich dabei, vom Garten unterhalb betrachtet, von dem asymmetrischen Baukörper des oberen Pavillons zu einer streng formalen zweigeschossigen Komposition. Der Grundriß des Hauses wurde innerhalb einer geradlinigen Form entwickelt, wobei eine zentrale zylindrische Treppe Kernpunkt der Anordnung ist. Pellegrini behandelt die Stahlbetonkonstruktion sehr geschickt, um eine zentrale große Öffnung mit herausragendem halbrunden Balkon einzurahmen, während die kleineren Seitenfelder durch ein großes rundes Fenster über einem kleinen quadratischen durchbrochen sind.
Das Haus Kress in Breganzona ist das jüngste Haus von Mario Campi und Franco Pessina. Der Entwurf setzt ihre Untersuchung der an ein Hanggrundstück angeglichenen Hoftypologie fort, das heißt der Hauptbaukörper wird gegen den Hang gestellt. Das Haus liegt auf einem typischen kleinen Grundstück in einem neu erschlossenen Gebiet, wo die Häuser sehr dicht beieinander stehen. Als axialsymmetrischer Entwurf, der durch seine kompositorische Ausgewogenheit auffällt, entspricht das Haus den Zwängen des Grundstücks und ordnet Versorgungs-

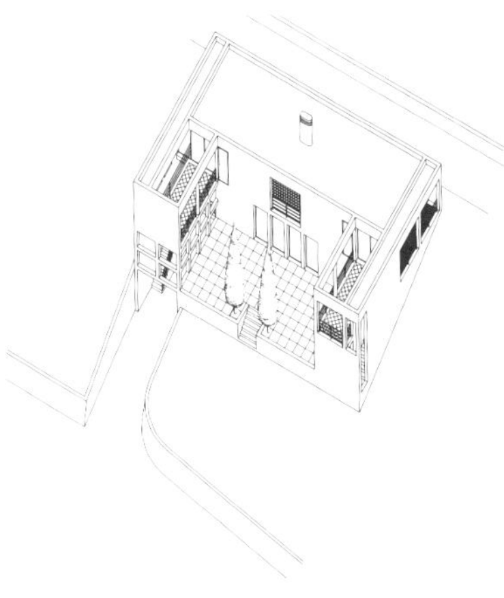

Casa Dr. Huber
Ansicht vom Garten aus
Innenansicht

Casa Kress
Ansicht von der Via Lucino aus
Links: Axonometrie

räume, Treppe, Küche, Bäder und Lagerraum an der Hangseite an, wodurch alle wesentlichen Räume vom Ausblick profitieren können. Ungestörtheit innerhalb des Hofs wird durch die Verlängerung zweier Flügel auf beiden Seiten des Hauptbaukörpers gewonnen. Autoabstellplatz, Haupteingang und Terrassen sind darin eingeschlossen.
Sergio Grignoli und Attilio Panzeri entwarfen ein würfelförmiges Einfamilienhaus an der Via alla Campagna in Sorengo (1983–84). Der Würfel ist entlang einer Diagonalen von den Mittelpunkten der West- und Südseite aus abgenommen, beschneidet so den Baukörper und läßt die zentrale Diagonalachse des Eingangs mit dem »unerläßlichen« gewölbten Oberlicht darüber erkennen. Im Grundriß ist die Treppe auf dieser diagonalen Achse angeordnet, nahe der wirklichen Mitte des Quadrats, und die Versorgungsräume – Bäder und Küche – in dem Bereich direkt dahinter. Die Konstruktion ist aus unverkleideten Modulblocksteinen und Ortbetonsäulen und -geschoßdecken.

Einfamilienhaus in Sorengo
Ansicht von der Via alla Campagna aus
Ansicht vom Garten aus

Montagnola, Carabbia und Vico Morcote

21.1 Scuola elementare consortile della Collina d'Oro 1981–84
Ortszentrum, Montagnola
Tel. (091) 54 81 91
Livio Vacchini
Besucher sollten im Schulsekretariat um die Erlaubnis zur Besichtigung der Gebäude bitten.

21.2 Casa Bersier 1980
Carabbia
Antonio Bassi, Giovanni Gherra und Dario Galimberti
Privat.

21.3 Villa SCI-ARC 1985–86
Ortszentrum, Vico Morcote
Tel. (091) 69 12 87
Martin Wagner
Die Schule ist Montag bis Freitag 8–17 Uhr geöffnet; ein Café liegt im Erdgeschoß.

Scuola elementare consortile della Collina d'Oro

Die Hauptfassade vom Stadtplatz aus
Ansicht des Hofes

Mit seinem Entwurf für die neue Scuola elementare consortile della Collina d'Oro in Montagnola gewann Livio Vacchini den 1978 ausgeschriebenen Wettbewerb. Als Atriumgebäude öffnet sich die Schule im Obergeschoß nach Süden hin. Man nähert sich dem Bau von Norden, wo er das Ortszentrum bildet, das die Geometrie der Piazza dell'Campidoglio in Rom widerspiegelt. Vacchini schreibt:
»Ich habe die Vorstellung einer Schule stets mit dem Vorhandensein von Vorhallen oder Galerien assoziiert. Das ist die ursprüngliche Quelle des ganzen Entwurfs. Ich habe versucht, die Schule so zu gestalten, daß sie die drei Dinge ausdrückt, die ein Gebäude von Natur aus sein kann: eine mitten in der Landschaft geschaffene Grenze; eine Tür, die in eine andere Welt führt; und ein Ort, an dem man sich wohlfühlt.«[13]
Das C-förmige Hauptgebäude beherbergt Büros, Bibliothek, Auditorium und Läden im Erdgeschoß und Klassenräume darüber. An der vierten Seite des Atriums ist die Turnhalle untergebracht, deren Hauptgeschoß unter dem Hof liegt. Ihr Dach dient als außenliegender Platz auf Niveau der Klassenräume, und es bindet diesen an den Hügel dahinter an. Das Gebäude ist ein eleganter, moderner Ständerbau aus Stahlbeton und Metall mit Glas- und Marmorausfachungen zum Stadtplatz und aus Holz und Glas zum Atrium hin. Die Fassade zum Stadtplatz bildet eine durchgehende Fläche, abgesehen

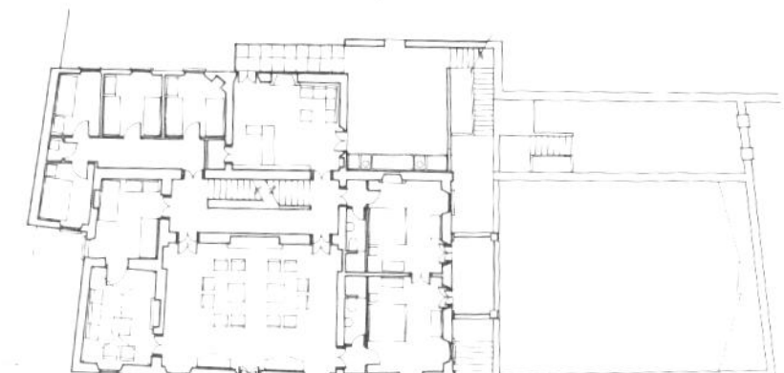

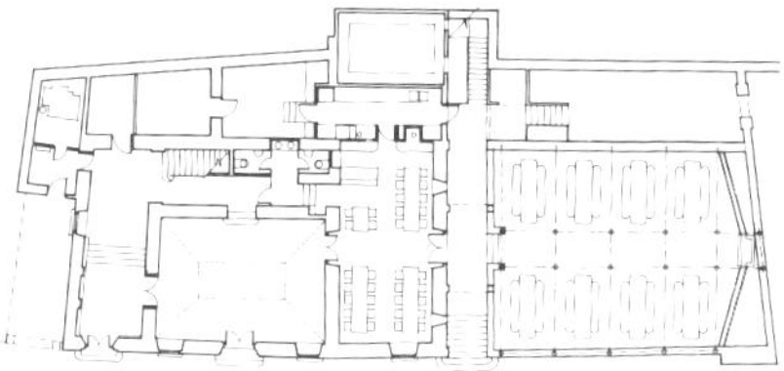

Villa SCI-ARC
Ansicht von der Terrasse aus
Ein Lehrerschlafraum
Grundrisse: Erstes Obergeschoß, Erdgeschoß

Casa Bersier
Rechts oben: Das Haus vom Garten aus gesehen

von einer dünnen vorspringenden Kante am Fuß der Ausfachungen im Obergeschoß, gegliedert durch Streifen schwarzer und weißer Marmorverblendung, die zusammen mit dem dünnen Metallrahmen der gläsernen Ausfachung ein elegantes Muster erzeugen.
In Carabbia ist das Haus Bersier von Antonio Bassi, Giovanni Gherra und Dario Galimberti (1980) Teil der Untersuchung, die die Architekten über neoklassizistische Themen an kleinen, einzelstehenden Häusern anstellen. Der dreigeteilte Hauskorpus wird um ein Volumen doppelter Höhe mit einläufiger Treppe und Kaminelement herum zentriert. Die Wohnbereiche auf Geländeniveau und die privaten Räume darüber liegen zu beiden Seiten dieses zentralen Raums. Die Hauptausrichtung des Hauses geht nach Süden, zum Garten hin.
Die von Martin Wagner renovierte Villa in Vico Morcote (1985–86) dient als Campus für das Programm des Southern California Institute of Architecture (SCI-ARC) in Europa. Das Haus liegt dicht am Ortszentrum und bewahrt alle charakteristischen Elemente großer Wohnhäuser in solchen Lagen; die Innenräume wurden nur dort verändert, wo es notwendig war. Im Erdgeschoß führt die zentrale Halle zum Treppenhaus; Räume beiderseits der Halle vervollständigen die Komposition. Der Raum links beherbergt ein Café, das sich auf eine in der Tradition des Tessiner *grotto* entworfenen Terrasse öffnet. Unterrichtsraum und Schlafräume für Studenten und Gastlehrer liegen im Obergeschoß.

Malcantone

22.1 Palestra 1979–80
Fondazione Giuseppe Soldati,
Neggio
Tel. (091) 71 54 12
Mario Campi, Franco Pessina und
Niki Piazzoli
Die Turnhalle kann während des
Schuljahres besichtigt werden;
im Sekretariat anfragen.

22.2 Scuola consortili 1972–75
Via Baragia, Caslano
Tel. (091) 71 35 21
Mario Campi, Franco Pessina und
Niki Piazzoli
Während des Schuljahres geöffnet;
Besucher sollten im Schulsekre-
tariat anfragen.

22.3 Casa Trentin 1982
Caslano
Emilio Bernegger, Bruno Keller und
Edy Quaglia
Von der angrenzenden Straße aus
sichtbar.

22.4 Casa Bellini 1978
Molinazzo Zone, Monteggio
(Malcantone)
Antonio Bassi, Giovanni Gherra
und Dario Galimberti
Privat.

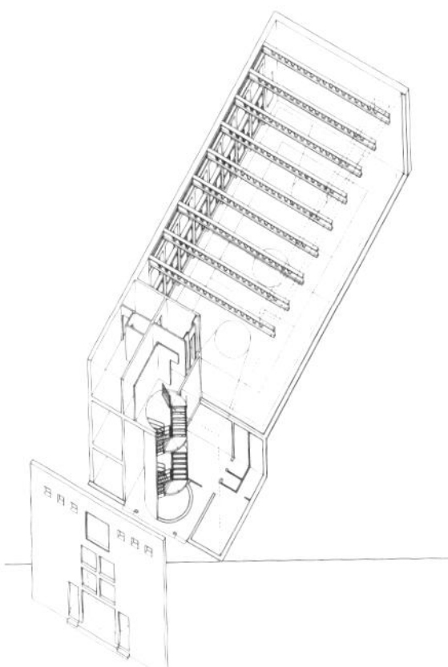

Palestra
Die Hauptfassade von der Straße aus
Schnittaxonometrie mit Ansicht

Obwohl Malcantone den Eindruck erwecken könnte, fern allen Geschehens zu sein, da es in einem abgelegenen Teil des Tessin liegt, hat seine Nähe zu Lugano auch diesem Ort spürbares Wachstum beschert. Bedeutende Projekte finden sich in dieser Gegend des Kantons entlang der Berge zwischen dem Luganer See und dem italienischen Ostufer des Lago Maggiore.
Die neue Schulturnhalle in Neggio von Mario Campi, Franco Pessina und Niki Piazzoli (1979-80) ist eine schlichte Betonkiste, deren Maße auf der Größe eines Basketballfelds basieren. Das Gebäude steht hinter der Villa Soldati, in der die Klassenräume liegen, und seine Hauptachse verläuft quer zum Grundstücksgefälle und ist nach Westen zum Ort hin ausgerichtet. Der Haupteingang liegt an der Westfassade; man betritt eine rechtwinkelige Halle, darin ein Zylinder, in dem eine Metalltreppe auf einem dreieckigen Grundriß steht - eine Einfügung divergierender Geometrien, die an die Haupttreppen der beiden Galerien der Yale University von Louis Kahn erinnert. Die Turnhalle ist ein doppelthoher Raum, der von Norden über raumhohe Fenster belichtet wird und von Süden durch ein schlitzförmiges Oberlicht entlang der Wandscheibe. Die untere Ebene und eine zweite Ebene über der Eingangshalle enthalten Umkleideräume, eine kleine Turnhalle und Büros.
In dem Städtchen Caslano, in der Ebene zwischen Monte Mondini und dem Luganer See, gibt es eine

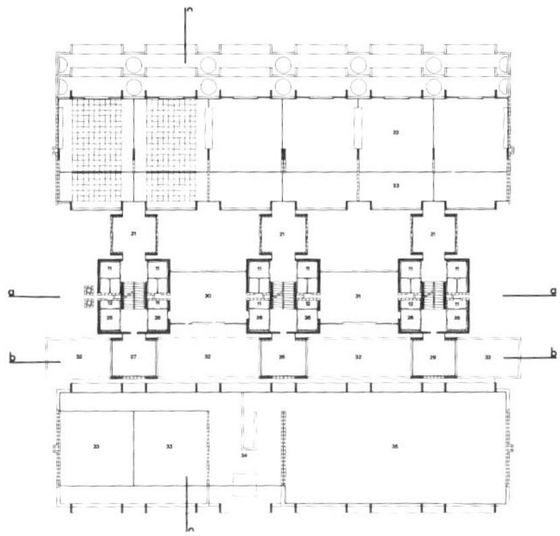

frühe Grundschule von Campi-Pessina-Piazzoli (1972–73) in einem neueren Erschließungsgebiet auf rechteckigem Grundstück. Sie ist in drei Klassenraumabschnitte unterteilt. Ihre weitere Unterteilung in »dienende« und »bediente« Räume ermöglicht sich wiederholende Elemente, wodurch es denkbar wäre, den Bau *ad infinitum* zu erweitern. Paare von Klassenzimmern auf zwei Ebenen erreicht man von den Gemeinschaftsräumen aus über Erschließungstürme, die auch die Versorgungseinrichtungen enthalten.

Scuole consortili
Detail der Ostfassade
Grundriß
Ansicht der Eingangshalle

Das Haus Trentin von Emilio Bernegger, Bruno Keller und Edy Quaglia (1982), eine sehr plastische, würfelförmige Komposition aus Modulbetonsteinen, liegt etwa in demselben Gebiet.
Die Klarheit seines Entwurfs, seine auffällige Erscheinung und seine Konstruktionsdetails lassen es unter den Nachbar-

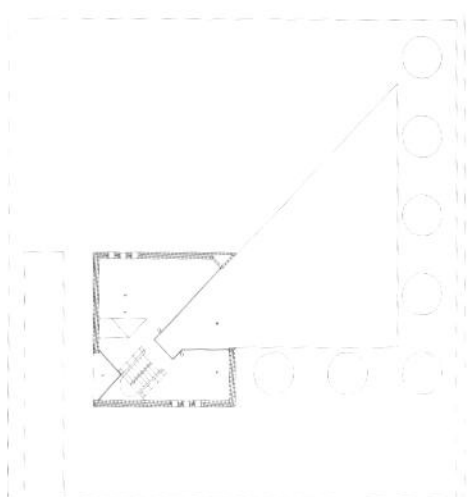

gebäuden herausragen. Der Kubus ist durch eine zentrale Diagonale zerlegt. Eingang und Treppe liegen auf der einen Seite der Diagonale, die Eß- und Küchenbereich vom Wohnbereich trennt; der Wohnbereich öffnet sich zu einem äußeren dreieckigen Hof, der sich über den Gebäudeumriß hinaus in den Garten erstreckt. Im Obergeschoß ist das Haus noch weiter eingeschnitten, wobei eine dreieckige Terrasse vom Elternschlafzimmer aus zu erreichen ist. Zu einem Arbeitszimmer im zweiten Obergeschoß gehört ebenfalls eine Außenterrasse, die über dem darunterliegenden zweiten Schlafraum liegt. Der Baukörper wird durch eine Scheibe an der Südwestecke ergänzt, die den Querriegel der oberen Kante stützt. Das äußere Bild ergibt sich aus den abwechselnden Steinreihen auf der Außenwand, ihrem Kontrast zu dem Metallrahmen und dem Glas der großen Fensterwände innerhalb des Baukörpers und aus den Schatten, die von der freistehenden Scheibe und dem obenliegenden Riegel auf die Wandflächen geworfen werden. Das Haus Bellini (1978) steht in Monteggio, nahe der italienischen Grenze. Es ist das erste Projekt von Antonio Bassi, Giovanni Gherra und Dario Galimberti. Anders als ihr jüngeres Werk spiegelt dieses Projekt die autochthone Architektur der Region wider, die man vor allem in den höher gelegenen Gebieten finden kann, wo es typisch ist, Holzbalkone an der Längsseite des Hauses anzubringen, und wo die Häuser im Obergeschoß betreten werden. Hier liegen die Wohn- über den Privatbereichen des Hauses.

Casa Trentin
Außenansicht
Ansicht der Treppe
Grundriß

Casa Bellini
Das Haus von der Straße aus

Rovio und Riva San Vitale

23.1 Casa Della Torre 1979
Cassina, Rovio
Emilio Bernegger, Bruno Keller und Edy Quaglia
Privat.

23.2 Casa Carloni 1985–86
Rovio
Tita und Julia Carloni
Privat; Haus der Architekten.

23.3 Scuola media cantonale 1982
Via Vela, Riva San Vitale
Tel. (091) 48 15 81
Giancarlo Durisch
Während des Schuljahres geöffnet; Besucher sollten im Schulsekretariat anfragen.

23.4 Casa Bianchi 1971–73
Via della Battuta, Riva San Vitale
Mario Botta
Privat.

23.5 Casa/Studio Durisch 1973–74
Ortszentrum, Riva San Vitale
Tel. (091) 44 14 14
Giancarlo Durisch
Haus und Büro des Architekten.

Casa Della Torre
Ansicht von Süden mit Hauptbaukörper
Ansicht von Südosten

Die Fahrt nach Rovio führt auf der Bundesstraße zwischen Lugano und Mendrisio von Melano aus herauf. Am Monte Santa Agata gelegen, hat Rovio eine vorteilhafte Lage, um das Seetal unterhalb und das Mendrisiotto jenseits davon zu überschauen. Rovio ist der Heimatort Tita Carlonis, und hier gibt es auch zwei seiner älteren Projekte: das »Zickzack«-Haus von 1957 und ein angrenzendes Einfamilienhaus von 1968, beide in der Nähe der kleinen Kapelle San Vigilio aus dem 17. Jahrhundert gelegen.
Nördlich des Ortszentrums gibt es zwei jüngere erwähnenswerte Projekte. Das erste ist das Haus Della Torre von Emilio Bernegger, Bruno Keller und Edy Quaglia von 1979. Dieses Haus hat einen L-förmigen Grundriß, der nach Süden und Osten zum Ortszentrum im Vordergrund und dem Luganer See und dem Monte Generosa jenseits davon ausgerichtet ist. Der Hauptkorpus des Hauses steht parallel zum Berg. Das Bad liegt oberhalb von Küche und Eingang und die Schlafbereiche oberhalb eines überdachten Außenbereichs, während der quer dazu stehende Flügel nur das doppelthohe Wohnzimmer und die Treppe einschließt.
Tita Carlonis jüngstes Werk, das er mit seiner Frau Julia entwarf, ist ihr gemeinsames Haus. 1986 fertiggestellt, spiegelt das Haus deutlich die neueren Trends in

Casa Carloni
Hauptfassade zur Straße hin
Ansicht von oben

der Tessiner Architektur wider: eine zentrale Öffnung zu einem sonst geschlossenen Baukörper, die Verwendung von Modulbausteinen und so fort; es ist jedoch einfach eine Fortsetzung der Untersuchungen, die Carloni immer angestellt hat. Dieses Haus demonstriert besonders seine Beschäftigung mit den regionalen Bautraditionen, Traditionen, die sich in der nahen Kapelle San Vigilio und anderen kleinen Landkapellen und Gemeindekirchen finden. Im Haus Carloni bringt die kompakte Struktur des äußeren Mauerwerks eine gewisse Rauhheit in der Konstruktion mit sich, obgleich sie in ihrer Ausführung sehr subtil ist. Sie gibt einem unverdorbenen und reichen Inneren Raum. Der offenkundige Eingang liegt zur Straße hin. Die halbrunde Öffnung ist eingeschnitten, um den Eingang auf einer Achse zu ermöglichen, die von der Straße zum inneren Treppenzylinder führt. Innerhalb der Öffnung ergänzen Glaswände auf beiden Seiten des Zylinders den trapezförmigen Platz, und dahinter kann man die Innenräume des Hauses sehen. Das kompakte Haus steht an einem Hang. Es ist aus gebräuchlichen Ziegeln gebaut und hat einen verkürzten T-förmigen Grundriß.
Auf der anderen Seite und nahe der Seespitze hat die Gemeinde Riva San Vitale ebenfalls von den sehr talentierten ansässigen Architekten profitiert. Dazu gehören Flora Ruchat-Roncati, Ivo Trümpy und Giancarlo Durisch. Jeder davon war am Entwurf neuer Schulbauten für die Stadt beteiligt. Die frühesten Projekte sind der Komplex der Grund- und Vorschulen (Galfetti, Ruchat-Roncati und Trümpy:

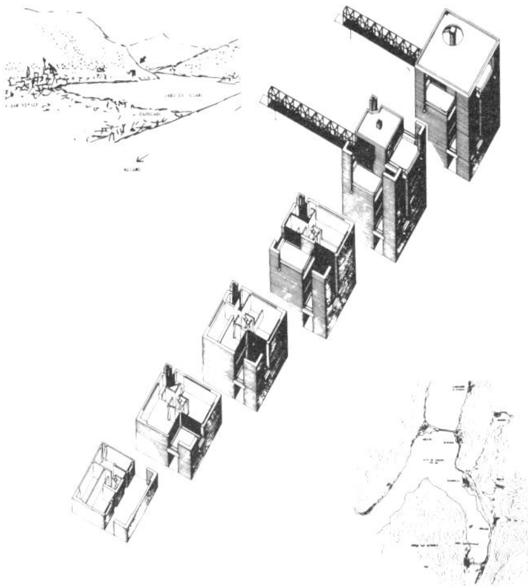

die Grundschulgebäude von 1963–64, 1970–72 und die Vorschule von 1968) und die Turnhalle (Ruchat-Roncati und Trümpy, 1973). Die neueste der Schulen ist die Mittelschule von Durisch. 1982 fertiggestellt, ist das Gebäude eine Variation des traditionellen Atriumhauses. Aus Ortbeton konstruiert, sind die vier beinah identischen Klassenraumflügel durch eine Loggia vom zentralen Atrium getrennt. Der zentrale Baukörper ist zudem durch die 45-Grad-Drehung seiner Kassettendecke umrissen; die tragenden dreiecki-

Scuola media cantonale
Ansicht von Süden

Casa Bianchi
Ansicht des Hauses
Axonometrien

Casa/Studio Durisch
Ansicht vom städtischen Parkplatz aus

gen Dachabschnitte sind von runden Oberlichten durchsetzt.
Zwei Häuser in Riva San Vitale verdienen Aufmerksamkeit, eins von Mario Botta, das andere von Giancarlo Durisch. Das erste ist das »Turm«-Haus Bianchi (1971–73), im Norden des Ortszentrums, abseits einer Uferstraße an den Hängen des Monte San Giorgio gelegen. Von dem Haus aus hat man einen Blick über den Luganer See; es ist direkt zum Monte Generoso hin ausgerichtet und wird über eine Brücke im Obergeschoß betreten. Botta verteilt die verschiedenen Funktionen des Hauses auf vier Ebenen, von denen sich jede mit einer Terrasse verbindet, die genügend Gelegenheit bietet, die Landschaft von innen wie von außen zu betrachten. Der Grundriß ist asymmetrisch unterteilt. Ein Innenturm, ebenfalls quadratisch im Grundriß, birgt die Treppe, die die verschiedenen Ebenen verbindet. Von außen und vor allem von der anderen Seite des Sees lassen die betonten Ecken und das flache Dach dieses eher kleine Gebäude monumental erscheinen.
Das andere Haus in Riva San Vitale ist Durischs eigenes Haus und Studio/Büro (1973–74). Vom Parkplatz nahe des Ortszentrums aus zu sehen, teilt dieser Komplex Bottas Vorliebe für klare Baukörper. In diesem Fall stehen sich zwei identische rechtwinkelige Dreiecke gegenüber, um in der Mitte einen Hof zu bilden. Zwei freistehende Wände vervollständigen den Hof. Die beiden dreieckigen Baukörper sind entlang ihrer Außenschenkel geschlossene Betonwände, ihre Hypotenusen dagegen bilden Glaswände, abgeschirmt mit Sonnenblenden aus Beton.

Die Städtchen und Dörfer des Mendrisiotto erfreuen sich einer weniger hügeligen Topographie als andere Gebiete des Tessin. Nahe der Grenze zu Italien bieten Orte wie Ligornetto und Stabio die Vorteile kleinstädtischen Lebens bei gleichzeitigem bequemen Zugang zur Autobahn, die die Schweiz mit Mailand und den Industriegebieten Norditaliens verbindet. In diesem Gebiet haben sowohl Mario Botta wie Ivano Gianola eine Reihe von bemerkenswerten Werken geschaffen. Gianola ist einer Entwurfsmethodologie gefolgt, die die handwerkliche Seite des Bauens untersucht, wobei er die gesamte Struktur und das kleinste Element des Hausinneren mit einbezog, wie etwa in dem unlängst vollendeten Umbau eines Bauernhofkomplexes zu einem Designinstitut, der Casa Tognano in Coldrerio. Es gibt auch außergewöhnliche Werke der Nachkriegsarchitektur in diesem Gebiet, Bauten im Internationalen Stil und im Präriestil von Frank Lloyd Wright.
In Ligornetto etwa zählt ein frühes Haus von Tita Carloni mit Luigi Camenisch zu den besten Beispielen Tessiner »Präriestil«-Architektur. Das Haus Induni entstand vor dem Haus in Arosio. Es liegt am Westrand der Stadt, wo die Hügel anfangen, auf einem durch Topographie und Vegetation dem Blick entrückten Grundstück. Betreten wird der Bau entlang eines langen Portikus an seiner Nordseite. Das Ober- und Hauptgeschoß des Hauses beherbergt Schlafräume auf der einen und Wohnräume auf der gegenüberliegenden Seite, alle offen zu einer nach Süden gehenden Terrasse, die von einem flachen Walmdach überdeckt ist. Darunter öffnen sich ein zusätzliches Schlaf- und ein Arbeitszimmer zum Garten hin.
Mario Bottas Haus Bianchi (1975–76) stellt eine ganz andere Lösung dar. Das Gebäude steht auf der anderen Seite von Ligornetto und ist so entworfen, daß es den Abschluß der Ansiedlung bildet. Das Haus ist eine recht-

Ligornetto, Stabio und San Pietro di Stabio

24.1 Casa Induni 1960
Via Clivio, Ligornetto
Tita Carloni und Luigi Camenisch
Privat.

24.2 Casa Bianchi 1975–76
Vignaca, Zona Vignalbetta, Ligornetto
Mario Botta
Privat.

24.3 Scuola elementare e municipio 1972–74
Via San Pietro, Stabio
Tita Carloni
Die Erlaubnis zur Besichtigung des Gebäudes sollte im Schulsekretariat eingeholt werden.

24.4 Casa per anziani S. Filomena 1979–85
Via Montalbano, Stabio
Claudio Pellegrini
Die Halle mit dem kleinen Café kann besichtigt werden; man kann um das Gebäude herumgehen.

24.5 Banca Raiffeisen 1985–87
Via Cantonale, Stabio
Lino Della Casa, Luigi Pellegrini, Francesco Rapelli und Marco Rossinelli
Die öffentlichen Bereiche der Bank sind während der üblichen Geschäftszeiten zugänglich.

24.6 Casa Medici (»Casa Rotonda«) 1980–82
Via Pietane, Zona Montalbano, Stabio
Mario Botta
Privat.

24.7 Casa Rapelli 1985–86
Via Montalbano, Stabio
Francesco Rapelli
Privat; Haus des Architekten.

24.8 Casa Naef 1983
Via Campagnola, San Pietro di Stabio
Luigi Pellegrini
Privat.

Casa Induni
Der Eingang von der Zufahrt aus gesehen

Scuole elementari
Ansicht eines Klassenraumgebäudes
Der Eingang von Süden

Casa Bianchi
Ansicht von Westen

winkelige Kiste, dem Haus in Cadenazzo sehr ähnlich, obwohl seine Anordnung auf dem Grundstück ganz anders ist und seine Konstruktion auf einer anderen Vorstellung basiert. Hier öffnet Botta das Haus an den Längsseiten, wobei die Hauptblickrichtung nach Westen zum Ortszentrum geht. Die Ausblicke werden durch eine zentrale Öffnung kontrolliert. Die Fassade ist durch abwechselnde Reihen grauer und rosafarbener Blocksteine gestreift: eine Anspielung auf eine dekorative Tradition der Gegend.
Südwestlich von Ligornetto liegt Stabio und dessen angrenzender Vorort San Pietro. Stabio liegt direkt an der italienischen Grenze, und daher gibt es hier auch einige Kaufhäuser und Industriekonzerne. Stabio entwickelte sich um einen kleinen Hügel herum, der sich etwa dreißig Meter über der Talsenke erhebt; die angrenzenden natürlichen Quellen führten zum Bau eines Heilbads im Ort. Es gibt eine Reihe von neueren Projekten in Stabio und San Pietro di Stabio, die das Spektrum der architektonischen Entwicklung demonstrieren, welche für das Tessin im allgemeinen und das *sotto-Ceneri*-Gebiet im besonderen typisch sind. Zu den neueren institutionellen Bauten gehören ein Schul- und Stadtverwaltungskomplex von Tita Carloni (1972–74), ein Altersheim von Claudio Pellegrini und eine neue Raiffeisenbank von Lino Della Casa, Luigi Pellegrini, Francesco Rapelli und Marco Rossinelli, 1987 fertiggestellt.
Der Schul- und Stadtverwaltungskomplex steht auf einem Hanggrundstück nahe der Stelle, an der die in den Vorort San Pietro di Stabio führende Straße von der Kantonsstraße nach Ligornetto abzweigt. Charakteristisch sind die Bauten durch ihre Sheddächer mit den nach Norden weisenden Oberlichten. Die Klassenräume liegen oberhalb der Gemeinschaftsbereiche und Büros, und die Zone unter ihnen erweitert die öffentlichen Bereiche und schützt vor schlechtem Wetter. Die parallelen Klassenraumgebäude werden durch Nebengebäude für Zusatzeinrichtungen ergänzt. Das Gebäude ist aus Stahlbeton und außen verputzt.
An der Via Montalbano südlich der Schule steht, umgeben von Einfamilienhäusern, das San-Filomena-Altersheim (1983–85). Von Claudio Pellegrini 1979–80 für die Fondazione Pietro e Giulia Realini entworfen, sind in dem viergeschossigen Gebäude alle notwendigen Einrichtungen

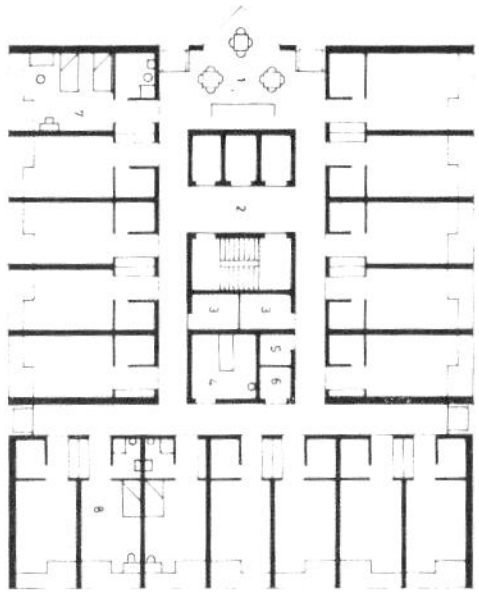

Casa per anziani S. Filomena
Außenansicht
Typischer Grundriß

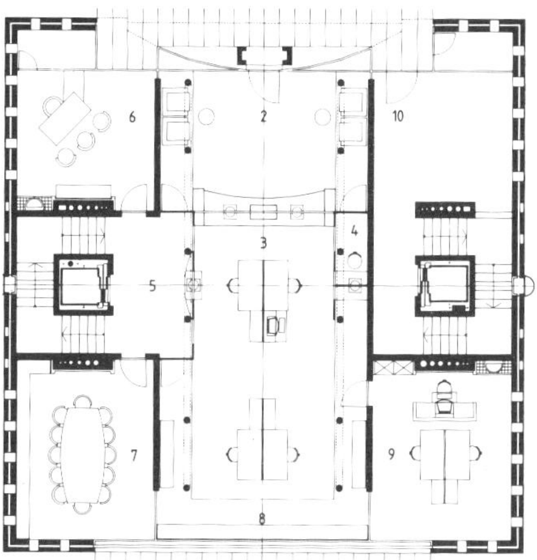

Banca Raiffeisen
Hauptfassade
Grundriß Erdgeschoß

für die Senioren und ihre 41 Wohneinheiten untergebracht. Büros, Speisesaal, Küche, Kapelle und Begegnungszentrum - ein kleines Café - liegen im Erdgeschoß. Das typische Geschoß ist in drei Abschnitte aus Appartements mit Betreuung unterteilt, die um einen zentralen Treppenkern, Aufzug, Personalbereiche und Lagerräume angeordnet sind. Ein kleiner Gemeinschaftsbereich ragt zur Straße hinaus. Am Erschließungskern gelegen, dient er als Aufenthaltsraum für die Bewohner jeder Etage. Neben dem geforderten Schutzraum befinden sich im Keller Einrichtungen wie etwa eine Arzneimittelausgabe, medizinische Notfallversorgung und ein Leichenschauhaus. Die Konstruktion besteht aus Stahlbeton mit Modulbetonsteinen. Die Fassaden zu den Seiten und zum Garten werden durch die tiefen Rücksprünge der Appartementbalkone gegliedert, während die Straßenfassade eine symmetrische Komposition darstellt, deren Mitte die dreieckige Auskragung der Gemeinschaftsbereiche bildet, unter der der Haupteingang liegt. Dieses zentrale portikusähnliche Element wird von einem riesigen Betonportal eingerahmt, flankiert von Betonsteinmauern.
Das unlängst fertiggestellte Gebäude der Raiffeisenbank (1985-87) von Della Casa, Pellegrini, Rapelli und Rossinelli steht in östlicher Richtung an der Kantonsstraße nach Ligornetto. Das neue Bankgebäude, ein gemischt genutzter Bau mit Wohnungen über den Bankebenen, ist ein biaxialsymmetrischer Würfel. Die Fassaden sind

schwarzweiß gestreift, jede Seite ist in horizontale Drittel unterteilt. Der untere Teil der Straßen- und der Hoffassade ist zudem vertikal gedrittelt. Das mittlere Drittel der Vorderfront bildet auf Geländeniveau eine rückspringende gebogene Wand; ein Portal zeigt den Eingang zur Bankhalle an, während ein Zugang links davon zum Aufzugsvorraum für die oben gelegenen Wohnungen führt. Das Pendant dazu bildet eine ähnliche Gestaltung der gegenüberliegenden Seite; hier liegt das Büro des Bankdirektors. Darüber befinden sich zwei Balkone, und das oberste Geschoß wird durch einen kreisförmigen Ausschnitt unterbrochen, der in einer Achse mit dem Portal darunter liegt. Der Grundriß des Gebäudes beginnt mit einem ungleichmäßigen Raster aus neun Quadraten. Auf der Achse senkrecht zum Eingang nehmen die Kassenschalter den mittleren Raum ein; die Treppen beiderseits der mittleren Zone schließen jede einen kleinen Aufzug ein; einer davon liegt innerhalb des Bankbereichs und führt zum Safe und den Einlagerungsbereichen der Bank im Untergeschoß. Die

aufwärtsführende Treppe erschließt die beiden Wohnungen pro Geschoß.
Stabio ist aber am meisten wegen seiner Häuser bekannt. Lino Della Casa ist Besitzer des Hauses, das 1965–67 von Mario Botta in Stabio gebaut wurde, ein auf *pilotis* stehender Bau im Stil Le Corbusiers mit einer diagonal zum Baukorpus herausragenden Treppe. Daneben repräsentieren drei Häuser am besten die Neubauten innerhalb des Orts. Darunter ist das am meisten veröffentlichte: die »Casa Rotonda«, das Haus Medici von Botta. Es ist eine Besonderheit innerhalb der langweiligen und disparaten Ansammlung vorstädtischer Häuser im Norden des

Casa Medici
Ansicht von Süden
Axonometrien

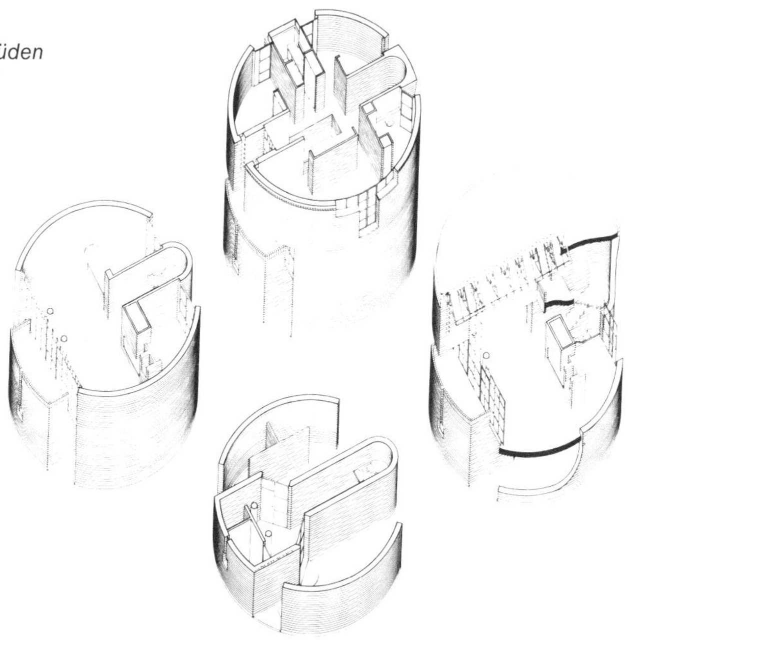

Städtchens. Nahe den Weinbergen an der Grenze zu Italien, steht es herausfordernd in seiner Umgebung, die Ausblicke strikt kontrolliert durch eine begrenzte Zahl von Öffnungen. Das Haus, 1980–82 erbaut, ist Teil von Bottas Untersuchung über die Plazierung eines Einzelobjekts in der Landschaft, seinen Bauten in Pregassona oder in dem Turmhaus in Riva San Vitale nicht unähnlich. Wie in allen diesen Fällen untersucht Botta, wie er typische Räume innerhalb eines reinen Baukörpers und symmetrisch entlang einer Mittelachse anordnen und einschließen kann. Diese Mittelachse dient auch als vertikales und horizontales Rückgrat, an dessen beiden Seiten die Wohnbereiche verteilt sind. Das Haus hat drei Ebenen: Eingang, Versorgungsräume und Parkplatz sind im Erdgeschoß, Wohn-, Eßraum und Küche darüber und die Privaträume ganz oben.
Im Gegensatz dazu ist die Architektur Francesco Rapellis, wie sie auch in seinem eigenen Haus zum Ausdruck kommt, eine raffinierte Interpretation der Art-Deco-Ästhetik, eher der neoklassizistischen Architektur der Städte als den autochthonen Strukturen der Gegend angepaßt. Das Haus Rapelli von 1985–86 ist ein betont symmetrischer Bau, der auf beiden Seiten der zentralen Treppe betreten werden kann. Im ersten Obergeschoß sind zwei um zentrale Wohnbereiche herum angeordnete Ein-Schlafzimmer-Etagenwohnungen mit gemeinsamer Terrasse. Das oberste Geschoß ist der Rapelli-Wohnung vorbehalten; sie ist

Casa Naef
Ansicht vom Garten aus

Casa Rapelli
Vorderansicht (unten)

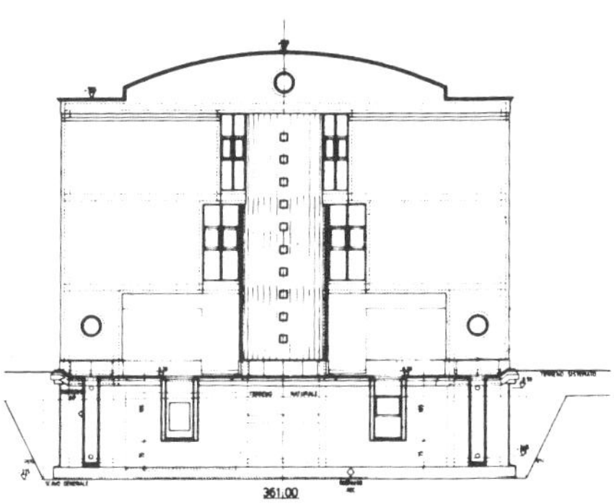

ebenfalls um einen zentralen Wohnbereich herum gegliedert, wobei Schlafzimmer und Küche an den Ecken des Hauses und Treppe, Bäder und Loggia mittig auf den beiden Achsen liegen. Im Grundriß sind gebogene Elemente eingefügt, um die Hauptachse zu akzentuieren: die Treppe an der Straßenseite und die Ausbuchtung der Loggia im obersten Geschoß. Das Dach des Hauses krümmt sich leicht entlang dieser Hauptachse, ergänzt von flachen Seitenteilen.
Der ortsansässige Architekt Luigi Pellegrini ging bei seinem eigenen Haus in San Pietro di Stabio ähnlich wie Botta an das Haus Medici heran. 1962 hatte er eins der ersten Häuser aus unverkleideten Modulbetonsteinen gebaut, so daß die konstruktiven Eigenschaften des Bausteins ohne Verkleidung durch Putz hervortraten. Sein jüngeres Haus Naef an der Via Campagnola in San Pietro di Stabio wurde 1983 gebaut. Dieses sehr kompakte Haus hat einen quadratischen Grundriß, der um 45 Grad von der Straße abgedreht ist. Im Erdgeschoß befinden sich die Familienbereiche, darüber die Schlafzimmer. Bei dieser Lösung verlaufen die einzigen Innenelemente diagonal zur Außenwand, wobei sie den Dialog der Drehung aufrechterhalten. Während der architektonische Ausdruck ganz modern ist, sind die konstruktiven Eigenschaften der Häuser Medici und Naef auf die Traditionen der ländlichen Architektur des Tessin abgestimmt.

Balerna, Castel San Pietro und die Morbios

25.1 Palestra comunale 1976–78
Östlich des städtischen Friedhofs, Balerna
Mario Botta
Im Büro die Besichtigungszeiten erfragen.

25.2 Centro artigianale Crivelli e Cernecca S. A. 1977–79
Via delle Fornaci, Balerna
Mario Botta
Die Geschäfte sind während der üblichen Zeiten geöffnet.

25.3 Centro »Saima« 1982–87
Industriegebiet, Balerna
Franco und Paolo Moro
Im Büro nachfragen.

25.4 Reihenhäuser, Quartiere Cereda 1974
Via delle Fornaci, 16c, San Antonio, Balerna
Collettivo di progettazione 2
Privat.

25.5 Appartementhaus 1980–82
Via al Dosso, Balerna
Elio Ostinelli
Privat.

25.6 Casa Bernasconi 1978–79
Via Prada, 20a, Balerna
Ivano Gianola
Privat.

25.7 Casa Rusconi 1983–84
Via Obino, Castel San Pietro
Ivano Gianola
Privat.

25.8 Casa Crimella 1980
Corteglia, Castel San Pietro
Ivano Gianola
Privat; an einer öffentlichen Straße gelegen.

25.9 Scuola media e palestra 1972–77
Via Franscini, Morbio Inferiore
Mario Botta
Im Schulsekretariat erfragen.

25.10 Reihenhäuser 1984–86
San Simone, Morbio Inferiore
Antonio Bassi, Giovanni Gherra und Dario Galimberti
Privat; von der Straße aus sichtbar.

25.11 Casa Pusterla 1982–84
Ortszentrum, Morbio Superiore
Mario Botta
Privat; von der Straße aus sichtbar, die ins Ortszentrum führt.

Palestra comunale. *Die Hauptfassade von der Straße aus*

Zwischen Mendrisio und Chiasso liegt das Städtchen Balerna und sein Vorort San Antonio. An den Hängen oberhalb liegen Castel San Pietro im Westen des herabstürzenden Flusses Breggia sowie Morbio Superiore und Inferiore im Osten. Hier finden sich zahlreiche interessante und bedeutende Gebäude, von Werkstätten und Schulen bis zu Einfamilienhäusern.
Im Zentrum von Balerna liegt die Gemeindeturnhalle (Palestra comunale) von Mario Botta (1976–78) direkt bei den städtischen Schulen und östlich des Friedhofs. Bottas Turnhalle löst das Problem, eine Sporteinrichtung im Ortszentrum anzusiedeln, auf ähnliche Weise, wie Snozzi die Turnhalle in Monte Carasso entwarf. In beiden Fällen wurde das Maß des Gebäudes verkleinert, indem das Gefälle des Grundstücks genutzt und der Turnhallenboden unter Straßenniveau gelegt wurde. Von der Komposition her ist die Turnhalle von Balerna ein etwas modifizierter rechtwinkeliger Baukörper, quer zur Straße stehend, gerade breit genug, um ein Basketballfeld einzuschließen. Der Bau wird durch ein Oberlicht gegliedert und von einer gebogenen Wand aus Glasbausteinen asymmetrisch ausgehöhlt, um einen Eingang zu bilden. Der Baukörper dehnt sich nach einer Seite aus, um Platz für die Treppe zur untersten Ebene zu schaffen. Ein gerades, außerhalb der Achse liegendes Oberlicht weitet den Eingang optisch zur Rückseite des Gebäudes aus. Der Hauptbaukörper kragt oberhalb einer Glasbausteinabtrennung aus und wird durch das Oberlicht von dem schmäleren, schrägen Treppenhauskörper abgesondert. Ein Glasstreifen trennt diesen Baukörper von der herausragenden Nebentreppe. Wie bei Bottas anderen Bauten ist die kompositorische Beschäftigung mit Fest- und Leerkörpern deutlich erkennbar.
Nicht weit von hier steht die Vorschule von Ivano Gianola (1971–79) direkt an der Straße, die nach Morbio Inferiore führt.

Der Werkstattkomplex von Mario Botta, das 1977–79 für Crivelli e Cernecca S. A. gebaute Centro artigianale, liegt im Süden der Stadt. Folgen Sie der Straße links vom Bahnhof unter den Gleisen hindurch zum Vorort San Antonio. Der Komplex basiert auf einem Raster von neun Quadraten, wobei die vier Ecken aus massiven Baukörpern gebildet werden, die als riesige Stützen für das Raumtragwerk eines Oberlichts über dem zentralen Hof dienen. Drei der Baukörper sind würfelförmig, während Botta den vierten der Grundstücksgrenze anpaßt, indem er seine Außenecke abrundet. Auf eine der Gliederung seiner Häuser ähnliche Art verteilt Botta die Funktionen der Werkstätten auf drei Ebenen. Die eigentlichen Arbeitsbereiche liegen hier im Erdgeschoß, die Verwaltungsbüros in der Mitte und Wohnungen darüber. Die beiden Obergeschosse werden an der Außenseite durch das ausgehöhlte Mittelstück des Balkons von der Basis abgehoben. Die Konstruktion besteht aus Modulbetonsteinen und Stahlbeton. Die Stahlkonstruktion des Oberlichts ist mit durchscheinenden Plastikpaneelen bedeckt.
Das unlängst fertiggestellte Waren- und Bürohaus für die Saima-Gesellschaft, die darauf spezialisiert ist, Güter von Italien in andere europäische Länder zu transportieren, wurde von Franco und Paolo Moro entworfen (1982–87). Die Plazierung des Gebäudes ist ganz deutlich an diese Funktion gebunden. Am Straßenrand von Balerna, in einem unterentwickelten Ge-

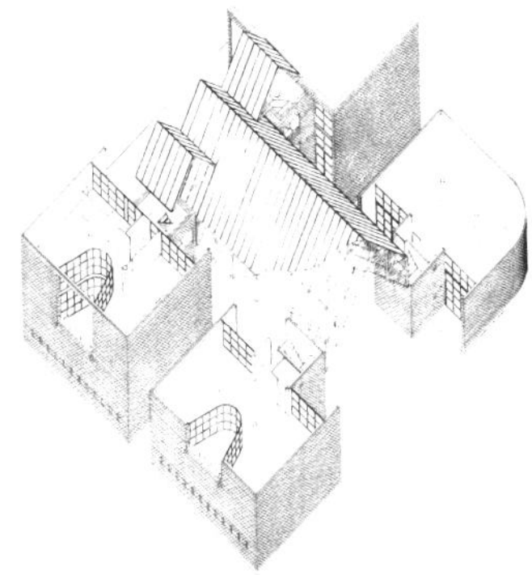

Centro artigianale Crivelli e Cernecca
Die Rückseite des Komplexes nach Süden
Axonometrie

Centro »Saima«
Ansicht während der Bauzeit

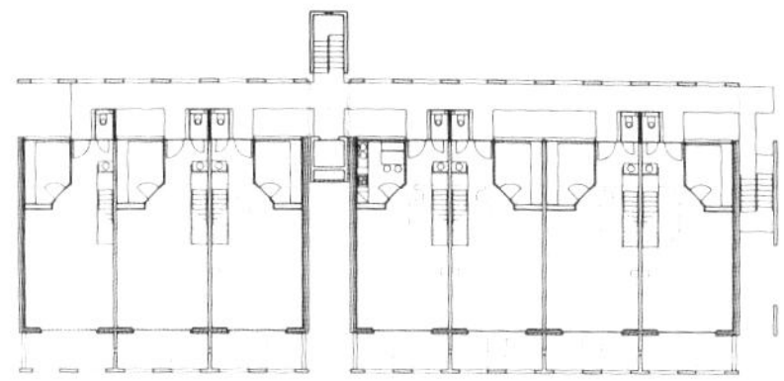

Reihenhäuser, Quartiere Cereda
Ansicht vom Monte San Antonio aus

Appartementhaus in Balerna
Ansicht von Südwesten
Grundriß Erdgeschoß

biet hinter dem Bahngelände von Chiasso gelegen, spiegelt das Saima-Gebäude die regionale Affinität für die Klarheit des Baukörpers und den Dialog zwischen den Materialien wider. In ihrem Entwurf für dieses große Gebäude spielen die Gebrüder Moro auf die mächtigen Gerüstbrücken des späten 18. und frühen 19. Jahrhunderts an, mit der Absicht, die Funktion des Gebäudes und der darin untergebrachten Gesellschaft zum Ausdruck zu bringen. Die geschlossenen Blockenden enthalten Treppen und Versorgungseinrichtungen und definieren einen offenen Innenbereich, der von zwei großen Fachwerksträgern überspannt wird. Die Büroebene wird zwischen diesen Trägern gehalten, so daß das Podest darunter als offener Raum für das Einlagern von Waren bleibt. Darunter liegen Versorgungs- und Technikbereiche. Die Endblöcke sind aus Stahlbeton, wobei ihre Oberflächengliederung durch die Schalung die angestrichenen horizontalen Streifen betont. Ein gewölbtes Oberlicht durchzieht das Gebäude zentral der Länge nach und wird weitergeführt im vertikalen Schlitz in der Mitte der Endblöcke, wo Eingänge und Treppen untergebracht sind.
1974 wurde eine Gruppe von Reihenhäusern an der Via delle Fornaci im Ortsteil San Antonio von Balerna, nahe bei Bottas Werkstätten, gebaut. Diese Häuser des Quartiere Cereda stammen von der Gruppe Collettivo di progettazione 2, ein Gemeinschaftsunternehmen von Tita Carloni, Lorenzo Denti und Fosco Moretti. In ihrer geschlossenen Form sehen diese Reihenhäuser aus wie ein fortlaufendes niedriges Gebäude, das auf dem Dach von einer Reihe dreieckiger Oberlichter betont wird. Der Komplex besteht aus zwölf zweigeschossiger Wohneinheiten. Jede Einheit enthält drei Schlafzimmer über den Wohnflächen, jede hat Vor- und Hintergärten. Das Obergeschoß kragt über das untere hinaus, wodurch ein überdachter und schattiger Weg auf der öffentlichen Seite entsteht.
Es gibt in Balerna noch einen ähnlichen Wohnkomplex, ein Appartementhaus an der Via al Dosso von Elio Ostinelli. 1980–82 erbaut, ähnelt die Anordnung des Gebäudes dem von Carloni et al. Dieses Gebäude ist jedoch viergeschossig: die beiden unteren Ebenen sind für Geschäfte und kommerziell genutzte Flächen, darüber liegen zweigeschossige Wohnungen, die über einen Außengang erschlossen werden. Dieser obere Teil wird optisch durch eine durchgehende Scheibe abgetrennt, die zudem die Ober-

geschosse vor der Westsonne schützt. An der Südfassade ist ebenfalls eine riesige Scheibe; diese verbirgt die außenliegenden Fluchttreppen. Die Anlage ist hellgelb gestrichen und von der angrenzenden Autobahn aus deutlich sichtbar. Hier steht die Verwendung von Farben zur Darstellung von Fassadenelementen eher mit den barocken und neoklassizistischen Traditionen der Gegend im Einklang als mit denen der autochthonen Bauten.
An der Via Prada in Balerna spiegelt das 1978–79 entstandene würfelförmige Haus Bernasconi von Ivano Gianola die vielfarbige Ästhetik des Barock und Neoklassizismus auf ähnliche Weise wider, eine Tradition, die in der Lombardei entstanden und im Medrisiotto üblich ist. Man betritt das Haus von Osten. Die Schachbrettfassade mit zentraler Tür und Fensterband darüber kontrastiert mit den drei

Casa Rusconi
Ansicht von Südosten in Richtung Chiasso
Die Seitenfassade

Casa Bernasconi
Oben links: Ansicht vom Südwesten der Gartenseite aus
Oben rechts: Die Eingangsfassade

Casa Crimella
Die Eingangsseite
Grundrisse

Geschossen der Loggia auf der gegenüberliegenden Seite. Die mittlere Ebene des Hauses umfaßt Eingang, Schlafzimmer und Bäder, während die obere Ebene ein nicht unterteilter Wohnbereich ist.
Das Haus Bernasconi ist das erste von drei Häusern, die Gianola in diesem Teil des Tessin entwarf. Ein anderes Gebäude, das Haus Rusconi in Castel San Pietro (1983–84) demonstriert eine andere Tendenz in den Arbeiten des Architekten. In diesem Fall hat ein sehr rustikales, zweigeschossiges, rechtwinkeliges Haus Außenwände aus Bruchsteinen und ein flaches Tonnengewölbedach aus Kupfer. Die bergabwärts weisende Südfassade ist fast geschlossen, während die nach Norden zeigende Eingangsseite einen darüberliegenden Balkon umfaßt und in ihrer Komposition relativ konventionell ist.
Das Zweifamilienhaus Crimella in Corteglia, Castel San Pietro (1980), ist ein Entwurf von Gianola, der dem seines Hauses auf der anderen Seite von Bellinzona, in Carasso, entspricht. Wie das Haus Minotti ist das Zweifamilienhaus in Corteglia ein traditionelles Giebelhaus, dessen beide Seiten fast symmetrisch sind. Die beiden Häuser haben auch nahezu identische Grundrisse. Variationen entstehen aus der Aufteilung der Geschosse: eine Einheit hat zwei Räume oben und unten, die andere einen großen und einen kleinen Raum unten und drei oben. Die verputzten Fassaden sind seemuschelrosa mit weiß eingefaßten Eingängen. Das Dach ist mit roten Ziegeln gedeckt.
Der Mittelschul- und Turnhallenkomplex in Morbio Inferiore gehört zu Mario Bottas bekanntesten Projekten. Es ist ein strenger Entwurf, der den Stadtrand deutlich gegen die Hügellandschaft abzeichnet. Der Entwurf stammt von 1972. Der 1977 fertiggestellte Komplex besteht aus drei Abschnitten: die eigentliche Schule, die Turnhalle und ein kleines Haus für den Hausmeister. Die Turnhalle und das kleine Haus bilden den Eingang zu dem Komplex. Beide sind so angeordnet, daß sie einen diagonalen Blick auf das Schulgebäude bieten, das um 30 Grad zum orthogonalen Raster von Straße und Turnhalle gedreht ist. Die Schule basiert auf einem sich wiederholenden Modul, wobei jedes vier allgemeine und zwei spezielle Klassenräume in den beiden

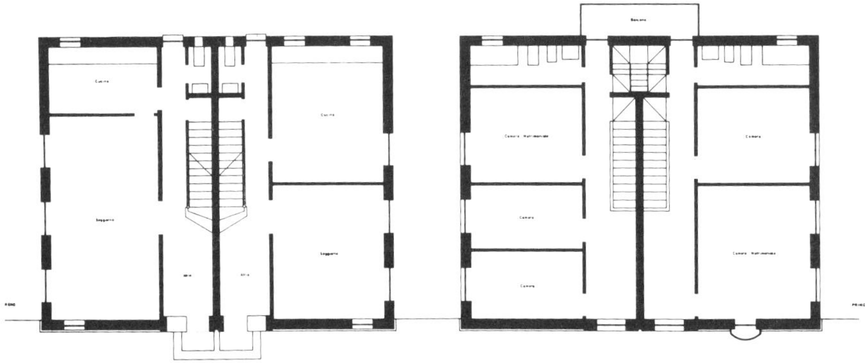

Scuola media e palestra
Ansicht von Nordwesten mit der Turnhalle im Hintergrund
Der Eingangshof mit Skulptur

Geschossen über den Gemeinschaftsbereichen im Erdgeschoß umfaßt. Jedes Modul besteht aus einem Raster mit neun Quadraten. Eine zentrale Achse verläuft längsseits zwischen den Einheiten, während die Klassenzimmer und andere Primärräume nach Osten und Westen gehend angeordnet sind. Riesige Firstlaternen bringen Tageslicht in die Erschließungsachse, während leichte Gesimse im Obergeschoß und tiefe Rücksprünge darunter eine gewisse Kontrolle der Sonneneinstrahlung auf die Klassenräume ermöglichen. Das Thema erfährt am Südende des Schulgebäudes eine Variation. Die beiden der Turnhalle am nächsten liegenden Einheiten sind durch einen breiteren Zwischenraum voneinander getrennt; dieser wird von den Haupttreppen und den Aufzugsschächten gebildet. Ein Auditorium mit Cafeteria liegt im obersten Geschoß des Endmoduls, über der Bibliothek. Dieses Modul grenzt an die Turnhalle an, getrennt nur vom Amphitheater; so sind alle Einrichtungen an einem Ort konzentriert. Der Komplex besteht aus Stahlbeton mit gestrichenen Stahltür- und Fensterrahmen.
Zwei Reihenhausanlagen von Antonio Bassi, Giovanni Gherra und Dario Galimberti stehen am Stadtrand von Morbio Inferiore, an Chiasso angrenzend. Die acht Häuser in zwei Reihen von 1984–86 sind archetypische fortlaufende Strukturen, jedes mit Giebelfront und -rückseite und dreigeschossig. Die Anlage wurde unter Verwendung von Bundeswohnbeihilfen gebaut, die nach Vorschrift die Räume und die Art der Konstruktion kontrollierte. Trotzdem haben die Architekten die Einheiten mit einem zentralen hohen Raum geplant, um den herum die anderen Räume angeordnet wurden. Die Reihenhäuser spiegeln außen die Vorliebe der Architekten für eine Fassadengliederung durch die Verwendung von leichten Oberflächenvariationen und Farbwechsel wider. Die Pilasterecken werden durch eine minimale Veränderung der Oberflächenebenen gebildet. Die Fassaden der beiden Blöcke sind identisch, mit einer Abwechslung vorn und hinten: zwei gegenüber drei Fenstern oben und ein rundes Mansardendachfenster an Stelle von zwei Viertelkreisen.
Bergauf in Morbio Superiore überschaut das Haus Pusterla von Mario Botta (1982–84) das ganze Tal. An die Straße, die in die Stadt führt, angrenzend, ist dieser Entwurf eine Variation von Bottas immer wiederkehrendem Thema des kubischen Volumens aus neun Quadraten, zu finden etwa in dem Haus in Pregassona, dem in Origlio und der Casa Rotonda in Stabio. Im Haus Pusterla jedoch gibt es eine klare Ausrichtung des Gebäudes, akzentuiert durch die gebogene Wand und die diagonale Anordnung der Ziegel. Durch diese Drehung der Ziegel wird das Haus von der untergehenden Sonne »aktiviert«. Um diesen Effekt zu verstärken, ließ Botta die Betonsteinflächen mit einer metallischen Aluminiumfarbe streichen.

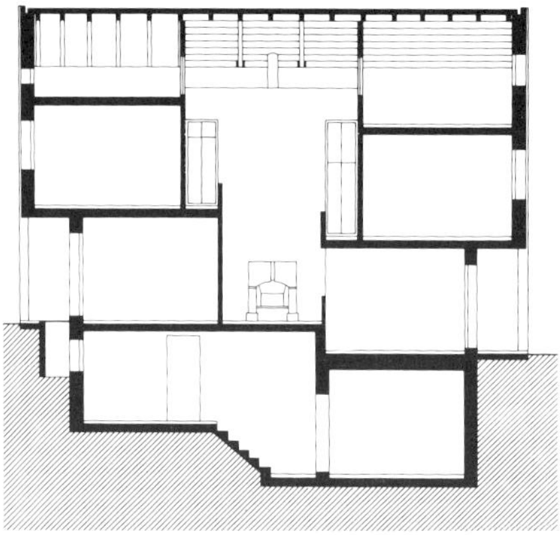

Reihenhäuser in Morbio Inferiore
Ansicht von der Straße aus
Längsschnitt durch eine Einheit

Casa Pusterla
Die Hauptfassade nach Westen
Eingangsniveau und Blick nach Westen

Chiasso ist die Grenzstadt zu Italien. Als Hauptzufahrtszone in die Schweiz von Süden her dienen die Gebiete nahe der Autobahngrenzstation und die ausgedehnten Bahngelände den Frachtunternehmen. Die Hänge oberhalb Chiassos bieten einen eindrucksvollen Blick auf das Grenzgebiet und sind dicht bebaut mit Einfamilienhäusern jeglichen Typs, während die Bebauung in dem Tal von Chiasso nach Mendrisio eher den industriellen Erfordernissen des Gebiets entspricht. Unter diesen neuen Wohnbebauungen finden sich Häuser von Ivano Gianola und Elio Ostinelli. Das Haus Ostinelli von Gianola (1973) demonstriert die Untersuchung einer würfelförmigen Konstruktion in Ziegelmauerwerk. Oberhalb Vacallos mit Blick auf Chiasso gelegen, ist das Haus in zwei parallele, voneinander versetzte Baukörper unterteilt. Einer dient als Autoeinstellplatz und Eingang, der andere ist das eigentliche Wohnhaus. Vom Autoeinstellplatz aus geht man treppab über einen überdachten Zwischenraum in das eigentliche Haus. Die typischen Familienbereiche liegen auf Eingangsniveau, einschließlich eines doppelthohen Wohnraums; die beiden Schlafbereiche und Bäder liegen darüber und ganz oben eine Dachterrasse. Gianola untersucht mit diesem sehr ausgeprägten Entwurf bestimmte Eigentümlichkeiten Le Corbusiers, wie etwa den Dachgarten, die das Haus Ostinelli zu einer willkommenen Wohltat für die Topologie des Grundstücks machen. Die beiden Häuser von Elio Ostinelli finden sich ebenfalls in Vacallo. Nahe dem von Gianola steht das Haus Guerrieri. 1977 entworfen, scheint dieses Haus aus zwei Teilen zu bestehen, ähnlich dem Haus von Gianola, und wie dieses ist auch das Haus Guerrieri aus Ziegelsteinen gebaut. Seine Geometrie jedoch weicht von der Gianolas ab. Es ist ein erweiterter rechtwinkeliger Baukörper. Eine dreieckige Erweiterung wird von einer Terrasse und einer Außentreppe, die vom Parkplatz hinauf zum Eingang führt, gebildet. Bei diesem Haus verlegt Ostinelli die Wohnfunktionen über die Schlafzimmer

Chiasso und Umgebung

26.1 Casa Ostinelli 1973
Via Valsasso, Vacallo
Ivano Gianola
Privat.

26.2 Casa Guerrieri 1977–78
Vacallo
Elio Ostinelli
Privat.

26.3 Casa Hoderas 1975–77
Via Vignola, Cognuno, Vacallo
Elio Ostinelli
Privat.

26.4 Klinik 1978–80
Vacallo
Luca Bellinelli
Das Gebäude ist noch nicht geöffnet.

26.5 Einfamilienhaus 1984–85
Pedrinate
Rudy Hunziker
Privat.

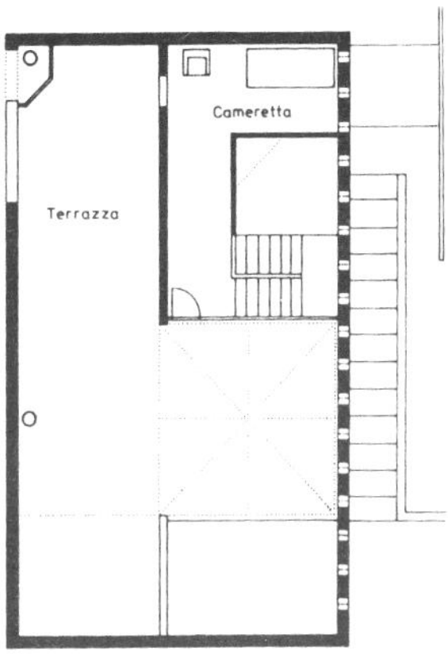

Casa Ostinelli
Ansicht von unten
Schnitt und Grundriß

und verbessert so den wundervollen Blick über das Tal. In die Außenflächen sind, wieder ähnlich dem Haus Gianolas, klar umrissene Öffnungen eingesetzt.
Das Haus Hoderas im Cognuno-Gebiet von Vacallo stammt von 1975. Es steht ebenfalls zwischen vielen nicht bemerkenswerten Einfamilienhäusern. Hier hat Elio Ostinelli alle Funktionen in einen rechtwinkeligen Baukörper gefaßt. Einzig die Sonnenblenden an der Westseite ragen heraus. Zu der traditionellen Anordnung des Grundrisses gehört ein doppelthoher Wohnbereich.
An der rechten Seite der Straße von Chiasso nach Vacallo, an einen kleinen Tennisclub angrenzend und auf der anderen Seite der Kirche, steht ein großes, anscheinend verlassenes Gebäude. Diese 1978–80 entstandene Klinik wurde von Luca Bellinelli mit Elio Ostinelli als Mitarbeiter seit 1979 entworfen. Das Gebäude setzt sich aus zwei Teilen zusammen, einem langen Riegel mit Zimmern und Technikeinrichtungen und einem gedrehten Würfel mit Gruppenräumen, einschließlich Restaurant, Bibliothek und anderen Nebenräumen.
1984–85 entwarf Rudy Hunziker ein Einfamilienhaus in Pedrinate. Am Südrand der Stadt gelegen, ist dieses Haus durch den starken Kontrast zwischen den beiden

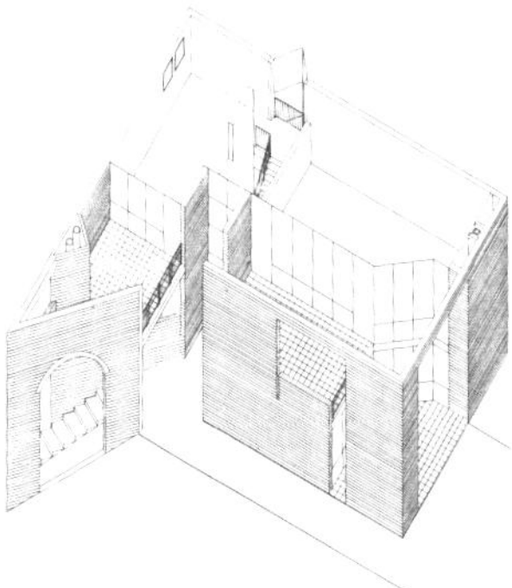

Casa Guerrieri
Ansicht von unten
Axonometrie

Casa Hoderas
Ansicht von Westen

Ziegelfassaden, die den L-förmigen Grundriß des Hauses bilden, und der Sonnenblende an seiner dritten Seite gekennzeichnet. Die Ziegelmauern erinnern an das Haus von Mario Botta in Ligornetto. Auch finden sich dort abwechselnde Farbstreifen, hier aus zwei beziehungsweise drei Reihen hell- und dunkelgrauer Modulziegel gestaltet. Der Grundriß dieses kleinen Hauses ist einfach, Treppe und Bad bilden eine der doppelwandigen Ziegelseiten, während der Rest des Raums ziemlich offen bleibt und den Blick nach Süden ermöglicht. Der daraus hervorgehende Baukörper ist jedoch viel komplizierter und eine Formencollage. Die Ziegelmauern haben einen Betonabschluß; eine Treppe ragt über den Rand

Klinik in Vacallo
Ansicht von Süden

Einfamilienhaus in Pedrinate
Der Eingang von der Gartenseite
Die Rückseite

der Ostmauer hinaus; die Nordmauer wird von einem vertikalen Fenster, das zu einem dreieckigen Oberlicht umgewandelt wird, zerschnitten; die Sonnenblende ragt über den Rand der Ziegelfassaden hinaus. Innen gibt es eine räumliche Verbindung zwischen unteren und oberen Ebenen. Im obersten Geschoß liegen ein Schlaf- und ein Arbeitsraum; von der dorthin führenden Halle blickt man auch über den locker definierten Eingangsflur.

27.1 Cassa rurale e artigiana 1978–83
Via Provinziale, Alzate Brianza
Superstudio: Adolfo Natalini mit Giampiero Frassinelli und Fabrizio Natalini
Die Bank steht nördlich des Ortszentrums. Öffentliche Bereiche können während der Bürostunden besichtigt werden.

27.2 Officine Meccaniche 1980–81
Sirone
Adalberto Caccia, Paolo Colombo, Rita Mangone und Paolo Monti
Im Büro während der üblichen Geschäftszeiten anfragen.

Cassa rurale e artigiana
Ansicht vom Hauptparkplatz aus

Officine Meccaniche
Grundrisse

Die architektonische Kultur im Tessin war immer südwärts gerichtet, vor allem auf die Achse Como-Mailand. Das gilt besonders für dieses Jahrhundert. Die Architektur Terragnis in Como - vor allem seine Casa del Fascio - hat auf die heutige Architektengeneration noch immer großen Einfluß, wie im Werk Mario Campis zu sehen ist. Das gegenwärtige architektonische Klima in Como ist weniger klar, weniger anregend. Es gibt dennoch zwei Gebäude, die Aufmerksamkeit verdienen. Dies sind die oft veröffentlichte Landwirtschaftsbank von Adolfo Natalini und Superstudio, in Alzate Brianza gelegen, und die kleine Erweiterung und Renovierung einer Fabrik in Sirone von Caccia-Colombo-Mangone-Monti.
Die Sparkasse für Landwirte und Handwerker in Alzate Brianza liegt nördlich des Ortszentrums, eine knappe Stunde von Como an der Straße nach Bergamo. 1978-83 entstanden, verknüpft dieses Projekt »traditionelle und hochentwickelte Konstruktionstechniken mit dem klassischen und vernakulären Stil.«[14] Das Bankgebäude steht auf einem langen, schmalen Grundstück, was wegen der Anforderungen an das Programm dazu führte, das Gebäude diagonal zu den Straßen anzuordnen. Dieses Gebäude und ein Computerzentrum in Zola

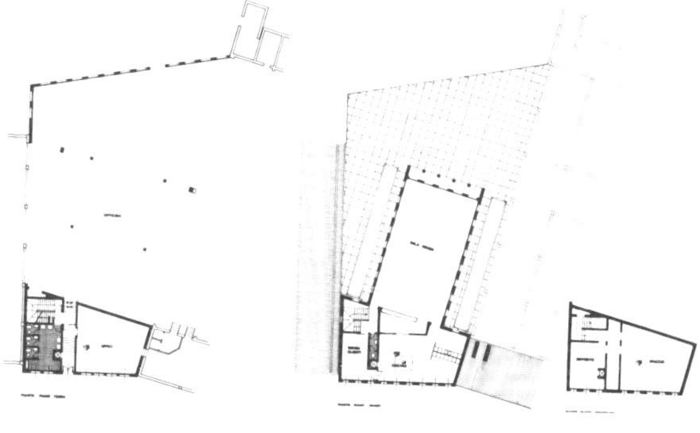

Pedrosa (BO), beide von Natalini, haben das gleiche bauliche Gesamtkonzept, basierend auf einer Außenstruktur aus Stahlbeton, die ein fast transparentes Parallelogramm überspannt. Nur die Enden mit Treppen, Aufzügen und Ruheräumen sind geschlossen. Dazwischen sind die Geschosse entsprechend den Erfordernissen ohne Unterbrechung durch vertikale Bauteile gegliedert. Im Erdgeschoß liegen die allgemeinen Bankräume, die mittlere Ebene ist entlang einer zentralen Halle zwischen den Endräumen und einem, abgesehen von dem großen Computerraum an einem Ende, fast identischen Obergeschoß angeordnet. Seine klare Form wird von zwei herausragenden Hauptelementen verzerrt: das eine ein geschwungener Baukörper, der den Haupteingang im Erdgeschoß und den Hauptversammlungsraum darüber bildet, das andere ein Haus für den Hausmeister. Die Steinverkleidung der Sparkasse spiegelt mit ihren zweifarbigen Querstreifen die traditionelle romanische Baukunst der Gegend wider. 1980–81 entwarf das Mailänder Büro von Adalberto Caccia, Paolo Colombo, Rita Mangone und Paolo Monti die kleine

Officine Meccaniche
Außenansicht
Der Speisesaal

Erweiterung und Renovierung eines Industriebetriebes in Sirone. Gefordert waren eine Cafeteria für die Angestellten und zusätzliche Büroräume. Die Architekten nutzten den Neubau als vereinheitlichendes Element zwischen zwei bestehenden Gebäuden, das Industriebauten zweier verschiedener Maße und unterschiedlicher Geometrien mit einem neutralen Verbindungselement überbrückt. Das neue Gebäude ist durch sich wiederholende Öffnungen von der Straße her gekennzeichnet. Durch Verlegung des Speisesaals ins Obergeschoß, über der zusätzlichen Arbeitsfläche, verliehen Caccia et al. dem gemeinsamen Essen deutlichen zeremoniellen Vorrang. Die sehr einfühlsam proportionierte rechteckige Halle ist an drei Seiten von Glaswänden umgeben. Eine Stirnseite öffnet sich auf eine Loggia und Dachterrasse, die andere enthält den Versorgungsbereich. Von innen ist diese Seite ein abstrakter sechssäuliger Tempel.

Das Valsassina

28.1 Dreifamilienhaus 1983–87
Baiedo
Luca Scacchetti mit V. Artusi
Privat.

28.2 Einfamilienhaus 1983–87
Baiedo
Luca Scacchetti mit V. Artusi
Privat.

28.3 Piazza 1984
Premana
Luca Scacchetti mit V. Artusi
Öffentlicher Platz.

Dreifamilienhaus in Baiedo
Das Haus von unten
Ansicht der nach Westen weisenden Vorderfront

Die Täler oberhalb und östlich des Comer Sees sind Teil des Übergangsgebiets zwischen der Bergregion und der Flußebene - das Voralpengebiet. Wie bei anderen Gebieten in der Region, die über die Jahre etwas isoliert geblieben sind, entwickelte sich die traditionelle Architektur des Valsassina zu einer klar unterscheidbaren Gruppe von Prototypen. Von Lecco nicht völlig isoliert, wurden die Täler in diesem Gebiet zunehmend begehrter für den Bau von Zweithäusern. Hier findet man einige Arbeiten des Mailänder Architekten Luca Scacchetti. Er führt eine detaillierte Untersuchung der Gebäudetypologie im Valsassina durch, folglich ist sein eigenes Werk beladen mit Anspielungen auf diese traditionelle Architektur.
In Baiedo stehen an der Straße zwischen dem Städtchen und Pasturo zwei Häuser von Scacchetti nebeneinander. 1983 begonnen, sind sie interessante Abwandlungen der traditionellen ländlichen Struktur der Gegend. Beide sind Giebelhäuser, das eine ein in der Mitte leicht geknicktes Dreifamilienhaus, parallel zum Hang, das andere, ein Einfamilienhaus, quer zum Hang. Diese Häuser sind hervorragend proportioniert, sauber detailliert und frei von unnötigen Ausstaffierungen; selbst die herausragenden Schornsteine sind vereinfachte Versionen der Formen, die man in der weiteren Umgebung findet. Beide Häuser sind aus verputztem Mauerwerk. Wie für die Häuser in der Region typisch, entsprechen Vorder- und Rückfassaden beider Gebäude unterschiedlichen Kriterien: die Front enthält eine Loggia oder

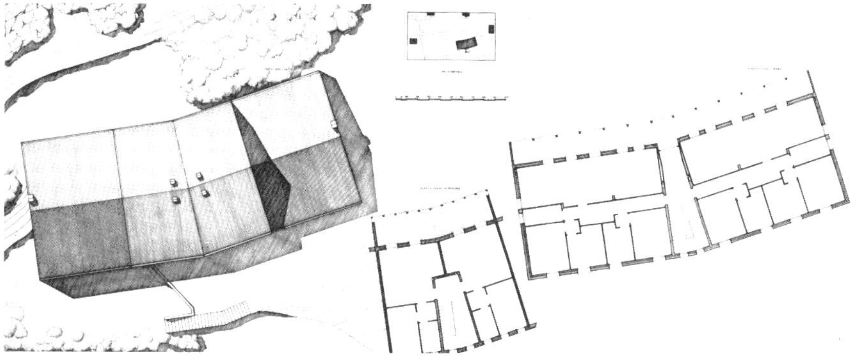

Dreifamilienhaus in Baiedo
Lageplan und Grundrisse

Einfamilienhaus in Baiedo
Gesamtansicht von oben mit dem Dreifamilienhaus im Hintergrund

einen Säulengang, die Rückseite ist weniger gegliedert. Bei dem größeren Dreifamilienhaus gibt es die typische Unterscheidung zwischen den unteren und oberen Loggien: die durchgehende Loggia im Erdgeschoß hat Stützen und Stürze aus Stahlbeton; oberhalb werden diese Stützen aus Holz fortgesetzt. Bei dem Einfamilienhaus machen die Giebelenden den Unterschied aus. Ein zurückgesetzter Portikus aus vier Pfeilern und Endscheiben im Erdgeschoß zeigt die Front des Gebäudes an. Die Talseite ist zurückhaltender mit einem zentralen Element aus

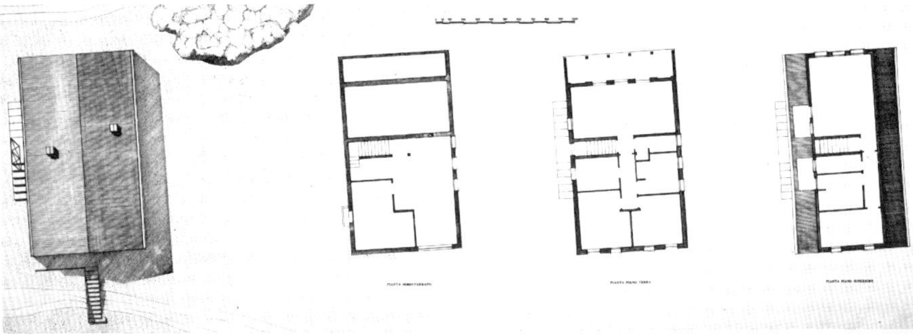

Einfamilienhaus in Baiedo
Grundrisse

Piazza in Premana
Ansicht mit dem Brunnen
Aufrisse und Grundriß

vier quadratischen Fenstern, sorgfältig vertikal und horizontal verteilt, und zwei Türöffnungen an beiden Seiten.
Darüber hinaus macht der kleine Platz in Premana (1984) Luca Scacchettis subtile Verwendung des Details in einem unregelmäßigen Raum deutlich. Hier nimmt er ein Miniaturhaus als zentrales Element des Brunnens. Er kombiniert Steine und Ortbeton, um denselben Dialog zwischen alt und neu wie in seinen größeren Bauten zu artikulieren.

Die Stadt Novara ist ein Industriezentrum inmitten eines landwirtschaftlichen Gebiets. Römischen Ursprungs, gibt es in ihrem mittelalterlichen Zentrum eine Reihe von typischen Arkadenstraßen, die ihr ursprüngliches *castrum*-Raster bewahrt haben. Hier finden sich zwei neuere Projekte von Massimo Fortis, von denen eins die Erweiterung und den Wiederaufbau eines bestehenden Komplexes nach sich zog, das andere ein neues Hotel.
Das Convitto Nazionale »Carlo Alberto« liegt am Nordrand des Stadtzentrums. Der Architekt entwarf drei Erweiterungsgebäude für dieses staatliche Internat. Das erste erforderte den Wiederaufbau des Westflügels; es enthält die Cafeteria, Klassenräume für die höhere Schule und die Wohnräume. Ein Brückenbau bildet das zweite und enthält neue Bibliotheks- und Klassenräume. Das letzte ist ein Neubau, in dem Turnhalle und Hallenbad untergebracht sind. Eine neue oberirdische Passage verbindet die beiden letzteren. Da die Neubauten zu einem Komplex aus wesentlich älteren Gebäuden gehören, beschränkte Massimo Fortis das Architekturvokabular auf betont schlichte, aber elegant proportionierte Formen und Details. Die Erweiterungsgebäude haben eine Tragkonstruktion aus Beton und eine Ziegelverblendung.
Auf einem Grundstück direkt südlich der Kathedrale grenzt Fortis' neu erbautes Hotel, das Albergo Italia, an die Ausgrabungen römischer Ruinen, die, freigelegt, einen neuen Park bilden. Hier erhält Fortis' Lösung die Integrität der Straßenlinie aufrecht, während die Seite zum Inneren des Blocks einen Hof aus archäologischen Elementen bildet. Die Qualität dieses Projekts liegt nur an den subtilen Details der Außenseiten; das Hotelinnere wurde nicht von Fortis entworfen. Anders als die für die Erweiterung des Convitto verwendeten Materialien, sind die des Hotels von höherer Qualität. Ziegel

Novara und Umgebung

29.1 Convitto Nazionale »Carlo Alberto« 1970–75
Via dell'Archivio/Vicolo Ognissanti/
Via Gallarati, Novara
Massimo Fortis mit Federico Fortis
Im Büro anfragen, ob Turnhalle, Cafeteria und Speisesaal besichtigt werden können.

29.2 Albergo Italia 1979–82
Via Solaroli, Novara
Massimo Fortis mit Federico Fortis
Vom angrenzenden öffentlichen Platz aus sichtbar; zu dem Platz gehören freigelegte römische Ruinen. Fortis ist für die Innenarchitektur nicht verantwortlich.

29.3 Casa degli anziani 1985 begonnen
Galliate
Antonio Monestiroli, Sandro Colbertaldo und Paolo Rizzatto
Neben dem Städtischen Krankenhaus gelegen und noch im Bau befindlich (1987); Eingangshof und Loggia werden öffentlich zugänglich sein.

29.4 Fattoria Bossi Spa 1968; 1980
Via Galileo Galilei, Cameri
Gregotti Associati
Von der Straße aus sichtbar.

Convitto Nazionale »Carlo Alberto«
Der Portikus und das Bibliotheksgebäude

Albergo Italia
Die Via Solaroli mit dem Hotel in der Mitte
Detailansicht vom Hof aus

Casa degli anziani
Der Eingangshof (noch im Bau)

machen zwei Arten von Steinverblendung Platz - gelbem Trachyt und norwegischem Granit - um die vertikalen Elemente von der Ausfachung abzuheben. Antonio Monestiroli und seine Partner sind seit 1985 mit dem Entwurf und Bau eines Alten-Wohnheims in Galliate beschäftigt, einer kleinen Stadt nordöstlich von Novara. Diese Einrichtung liegt an demselben Platz wie das Gemeindekrankenhaus. Die Bauten sind so angeordnet, daß sie einen verlängerten doppelten Hof quer zur Straße bilden. Der Peristyl-Eingangshof wird aus dem Gemeinschaftsgebäude und einem gegenüberliegenden Wandelgang gebildet. Im Gemeinschaftsgebäude sind Büros, Speiseraum, ein Mehrzweckraum und eine kleine Wohnung für den Hausmeister untergebracht. Ein kleinerer Hof, von den zwei identischen Wohngebäuden bestimmt, liegt dahinter. In diesen Gebäuden sind die Zimmer der Bewohner nach innen, zum Hof gerichtet. Die Türen zu den beiden Gebäuden schließen die Achse der beiden Kolonnaden ab, und in jeder Halle windet sich eine Treppe um den Aufzug zur Erschließung des Obergeschosses. In der Mitte der Geschosse gibt es einen gemeinsamen Aufenthaltsbereich. Die Bäder liegen am Ende jedes Flurs. Architektonisch gesehen läßt der Entwurf Monestirolis Ausbildung am Polytechni-

Fattoria Bossi Spa
Das Bürogebäude von der Straße aus
Das Fabrikgebäude

kum in Mailand und seine Partnerschaft mit Giorgio Grassi erkennen. Seine sachliche Architektur, zu sehen am schlanken Säulengang des Vorhofs, erinnert tatsächlich an ihren Studentenwohnkomplex in Chieti. Monestiroli schreibt:
»[Heute] ist es notwendig, die theoretische Diskussion über den Entwurf erneut zu führen ... [jedes] Projekt ... wirft drei Fragen auf, die gestellt werden müssen: die Frage des Bautyps, der Konstruktion und der Form.«[15]
Vittorio Gregotti hatte bereits seit 1956 Gebäude für die Fattoria Bossi Spa in Cameri entworfen, als der erste Wohnkomplex für die Angestellten des Textilunternehmens gebaut wurde (ein zweites Wohngebäude stammt von 1961). 1968 und erneut 1980 entwarfen Gregotti und seine Partner (Lodovico Meneghetti und Giotto Stoppino; Augusto Cagnardi und Pierluigi Cerri) Einrichtungen für die Fabrik selbst. Die erste war ein neues Fabrikationsgebäude, eine interessante Struktur mit zylindrischen und halbzylindrischen Öffnungen; die zweite die Erweiterung eines Bürogebäudes. Dieser letzte Bau dient als der neue Eingang zu dem Fabrikkomplex. Er besteht aus einem abgerundeten horizontalen Riegel mit durchgängigem Fensterband, entschieden modern im Ausdruck und um drei Geschosse durch zurückgesetzte Elemente erhöht. Darin untergebracht sind Ausstellungsflächen, Versammlungsräume und Verwaltungsbüros. Die Konstruktion besteht aus Stahlbeton und Stahl für das Dach und dessen Tragwerk.

Nördlich von Novara

30.1 Centro sportivo comunale 1984–87
Via Franzi, Borgomanero
Massimo Fortis mit Federico Fortis
Öffentliche Einrichtung.

30.2 Padiglione 1973
Außenbereich, Borgo Ticino
Aldo Rossi mit Giovanni Braghieri
Privat.

30.3 Municipio e Piazza dei Martiri 1981–83
Pombia
Adalberto Caccia, Paolo Colombo, Rita Mangone und Paolo Monti
Besichtigung während der üblichen Bürozeiten. Der Platz ist jederzeit zugänglich.

30.4 Cooperativa di abitazione 1980–84
Oleggio
Adalberto Caccia, Paolo Colombo, Rita Mangone und Paolo Monti
Von der Hauptstraße aus sichtbar und von allen Seiten zugänglich.

30.5 Erweiterung und Wiederherstellung eines Wohnhauses 1985–86
Via Roma, Oleggio
Paolo Colombo, Rita Mangone und Paolo Monti
Gegenüber dem Bahnhof.

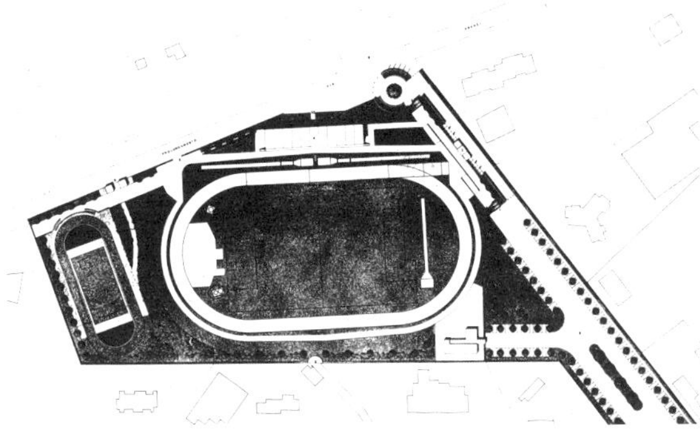

Centro sportivo comunale
Lageplan

Der Ticino verläßt den Lago Maggiore in Sesto Calente. Die Gegend ist teilweise Industrie-, teilweise Erholungsgebiet: der Parco della Valle del Ticino, ein Nationalpark, erstreckt sich auf beiden Seiten des Flusses, der die Grenze zwischen dem Piemont und der Lombardei darstellt. Hier machen die sanften Hügel den Ebenen Platz. Zahlreiche Projekte, von kleinen Pavillons bis zu städtischen Gebäuden und Plätzen, gehören zum besten, was die neuere Architektur im Tessiner Becken zu bieten hat.
In westlicher Richtung, in Borgomanero, entwarf Massimo Fortis 1984–87 die Tribünen und Nebengebäude für das neue städtische Sportzentrum in Zusammenarbeit mit seinem Vater Federico Fortis. Der Entwurf der Tribünen unterscheidet zwischen der Fachwerksüberdachung aus Metall und der abgestuften Stahlbetonstruktur des Sitzbereiches selbst. Unterhalb der Sitze sind die Umkleidekabinen im Erdgeschoß und die Versorgungseinrichtungen im Mittelgeschoß. Die eleganten Dachauslegerarme bilden zwölf Auflagepunkte an der Rückseite der obersten Sitzreihe, von der aus man einen vorzüglichen Blick auf das Spielfeld hat. Zusätzlich dazu entwarf Fortis den Eingangspavillon und die umgebende Landschaftsgestaltung.
Ein 1973 von Aldo Rossi entworfener Pavillon steht außerhalb von Borgo Ticino. Dieses kleine Gebäude steht auf einem bewaldeten Grundstück oberhalb des Ticino und hat einen auf den Zugang ausgerichteten achtsäuligen Portikus. Die Rückseite bildet eine Wand mit drei Fenstern. Die Stirnwände sind schlichte Quadrate mit einem zentralen quadratischen Fenster und einer kleinen, runden Dachöffnung darüber. Innen liegen vier Räume einschließlich Badezimmer. Die Konstruktion besteht aus verputztem Mauerwerk mit einem Blechdach über einem Holztragwerk.
Das Mailänder Büro von Adalberto Caccia, Paolo Colombo, Rita Mangone und Paolo Monti erhielt den

Auftrag zum Entwurf des Gebäudes für die Stadtverwaltung und der angrenzenden Piazza dei Martiri in Pombia. Das 1981–83 entstandene Projekt gab dieser kleinen Gemeinde zunächst ein offizielles und monumentales Zentrum und beschäftigte sich dann mit den Erfordernissen der Büros für die Stadtverwaltung. Wegen des geneigten Geländes liegt das Gebäude etwas oberhalb der Piazza dei Martiri. Der terrassierte Platz wird an der Westseite durch die Treppe zur Grundschule bestimmt und im Osten durch ein freistehendes Peristyl. Die tragende Südwand wird nur von den Stufen durchbrochen, die zum Eingang der Stadtverwaltung führen. Dieses kompakte Gebäude hat einen etwas verlängerten Grundriß. Der achteckige zentrale Raum wird festgelegt durch die Umfassungswände der Sekundärräume und durch die Säulenpaare an jeder Ecke, die das Obergaden- und Pyramidendach stützen. Dieses Element überragt den Rest des Gebäudes, einer Variation der Baumasse von Aldo Rossis Schule in Fagnano/Olona. Von der Piazza und der Rückseite aus erscheint das Gebäude als zwei Giebelflügel mit dem höheren zentralen Pavillon. Von Westen gesehen verstärken die Gliederungen der Fassade durch die Anordnung der Fenster und der dreigeteilten zurückgesetzten Vorhallen der Nebeneingänge auf einer Achse mit dem zentralen Achteck die Geometrie des Grundrisses. Die Ostfassade ist ähnlich angelegt, jedoch ohne die zurückgesetzten Vorhallen.

Municipio e Piazza dei Martiri
Ansicht von der angrenzenden Schule aus
Der zentrale Raum

In Oleggio gibt es zwei Entwürfe von Caccia, Colombo, Mangone und Monti. Der erste ist ein Gebäudepaar mit Genossenschaftswohnungen, das 1980–84 entworfen und erbaut wurde. Die Baukörper sind dreigeteilt, wobei das mittlere Drittel breiter als die seitlichen ist und infolgedessen auch höher. Die Seitenteile beherbergen zwei Zwei-Schlafzimmer-Wohnungen pro Geschoß, die Mitte Drei-Schlafzimmer-Einheiten. Ihre formalen Kennzeichen sind eher schlicht und verknüpfen den Entwurf so mit den traditionellen, in

Cooperativa di abitazione
Ansicht von der Straße mit dem Ortszentrum im Hintergrund

Erweiterung und Wiederherstellung eines Wohnhauses
Links: Ansicht vor der Renovierung
Rechts: Ansicht nach der Renovierung

dieser Gegend üblichen Bauernhöfen. Der Dachüberstand an der Südseite wird von schlanken, eingeschossigen Säulen gestützt, die auf etwas massiveren Pfeilern ruhen. Diese schützen die durchgehenden Balkone. Während das oberste Geschoß ziemlich offen wirkt, scheinen die beiden unteren Geschosse nur durch Ausschneiden großer Bereiche aus der äußersten Wand freigelegt. Die Nordfassade dagegen ist eine ausgestanzte Fläche, die den zentralen Eingangspunkt zu jedem Drittel anzeigt. Die Konstruktion ist aus verputztem Mauerwerk.
Das zweite Projekt von Colombo, Mangone und Monti in Oleggio (nachdem Caccia das Büro verlassen hat) ist die Renovierung und Erweiterung eines kleinen, gemischt genutzten Gebäudes auf der anderen Seite des Bahnhofs. Es stammt von 1985–86 und demonstriert ebenfalls ihr Bestreben um sorgfältige Details, die einen Dialog zwischen Bestehendem und Neuem aufrecht erhalten. Die Erweiterung ist minimal - sie umfaßt nur etwas über 56 Quadratmeter neuer Grundfläche, die Wohnräume zweier Wohnungen. Die Architekten haben ein eher langweiliges Gebäude elegant erweitert. Der Anbau erfolgte in den beiden oberen Geschossen, was das Gebäude zur Ecke hin ausdehnt. Der einst geschlossene Hof zur Straßenecke wurde freigelegt, um einen Außenbereich für das Eiscafé im renovierten Erdgeschoß zu erhalten. Oberhalb ist die Erweiterung durch kleine Balkone in jedem Geschoß, eingerahmt von einem Säulenpaar, von dem ursprünglichen Gebäude abgehoben. Diese sind wie die Wand des Anbaus aus Beton, aber die Konstruktion um die Obergadenfenster ist aus Stahl, was die Unterscheidung zwischen alt und neu weiter verstärkt. Colombo et al. wiederholen dies, indem sie zwischen dem Stahlträger gleich hinter der inneren Säule und der Mauer des ursprünglichen Gebäudes eine Lücke lassen.

Als Industrie- und Finanzzentrum Italiens unterliegt Mailand einem ständigen Wachstum und Wechsel. Unter den zahlreichen Neubauten ragen nur wenige heraus, und es ist kein Zufall, daß es sich dabei um Wohnungsbau handelt. Ein großer Teil des neuen Wachstums ergab sich, als der Bau von Umgehungsstraßen in der Nachkriegszeit die neuen Wohngebiete an den Rand des aus dem 19. Jahrhundert stammenden Stadtgebiets verlagerte. Zwei neue Wohngebiete demonstrieren diese Ausdehnung. Das erste, das Gallaratese-Gebiet im Nordwesten der Stadt, stammt aus den siebziger Jahren, während der Komplex in Vaiano Valle noch im Bau befindlich ist. Auch entlang der aus dem Stadtzentrum herausführenden sternförmig angelegten Ausfallstraßen wurden Wohnkomplexe errichtet, beispielsweise an der Via Graziano Imperatore. Schließlich demonstriert unter den verschiedenen neueren Baulückenbebauungen im historischen Zentrum ein Gebäude am Corso Garibaldi die Integration aktueller Projekte in das städtische Gefüge.

Im Gallaratese-Komplex (1969–74) im Nordwesten Mailands ist Aldo Rossis Wohnblock das kleinere von vier Gebäuden des zweiten Bauabschnitts in diesem neuen Wohngebiet; die anderen drei Gebäude stammen von Carlo Aymonino, der mit der Gesamtplanung beauftragt war. Rossi entwickelte eine Typologie des Wohnblocks mit einhüftigem Erschließungsflur. Diesbezüglich sagt Rossi:

»Es gibt eine analoge Beziehung, ... die sich frei mit der Korridortypologie [und] der Architektur der traditionellen Mailänder Wohnhäuser vermischt, in denen die Flure einen Lebensstil bedeuten, der in alltäglichen Ereignissen, häuslicher Intimität und verschiedenen persönlichen Beziehungen eingebettet ist.«[16]

Stilistisch gesehen resultiert daraus ein niedriges lineares Gebäude, das von einer Reihe von Schotten auf der einen und dünnen Pfeilern auf der anderen Seite gestützt wird. Diese schaffen eine Kolonnade im Erd-

Mailand

31.1 Gallaratese 2 (Block D) 1969–74
Via Enrico Falk (Metro 1, San Leonardo), Milano-Gallaratese
Aldo Rossi
Die öffentlichen Bereiche können besichtigt werden; beim Hausmeister erkundigen.

31.2 Wohnkomplex in Vaiano Valle:

31.2.1 Block 1 1985
Via Wolf Ferrari, Milano-Vigentino
Lorenzo Berni, Aline Leroy und Alberto Grimoldi
Öffentliche Wohnbebauung, von allen Seiten sichtbar; der öffentliche Hof ist offen.

31.2.2 Block 2 1985
Via Wolf Ferrari, Milano-Vigentino
Giuseppe Gambirasio und Giorgio Zenoni
Öffentliche Wohnbebauung, von allen Seiten sichtbar; der öffentliche Hof ist offen.

31.2.3 Block 3 1985
Via Wolf Ferrari, Milano-Vigentino
Gambirasio und Zenoni mit Giuseppe Grossi und Bruno Minardi
Öffentliche Wohnbebauung, von allen Seiten sichtbar; der öffentliche Hof ist offen.

31.3 Edilizia residenziale pubblica 1980–83
Via Graziano Imperatore, Milano-Niguarda
Massimo Fortis, Adalberto Caccia, Paolo Colombo, Rita Mangone, Paolo Monti et al.
Öffentliche Wohnbebauung; von der Straße und vom Hof aus sichtbar.

31.4 Casa di abitazione civile 1984–85
Corso Garibaldi, Milano
Luca Scacchetti
Nur die Fassade ist interessant; sie ist der Straße zugekehrt.

Gallaratese 2 (Block D)
Ansicht vom Garten aus

geschoß, über die man die fünf nach oben zu den freiliegenden Fluren führenden Kerne erreicht. Ein zentraler Eingang wird durch vier riesige Säulen betont - Zylinder, die das Ende des längeren von zwei Gebäudesegmenten stützen. Dieses riegelförmige Gebäude ist klein, obwohl es monumental wirkt - es hat nur zwei und drei Wohngeschosse. Wegen seiner Schlichtheit wurde der Entwurf als steril kritisiert. Es muß auch gesagt werden, daß Rossis optimistische Annahme, die Kolonnade und Hallen würden durch schwirrende Aktivität belebt, keine Früchte tragen kann, solange es so wenige spezielle öffentliche Funktionen im Erdgeschoß gibt. Die abstrakte Natur des Gebäudes jedoch zeigt langsam Zeichen der Annahme, da Bewohner Pflanztöpfe auf ihre eigenen Terrassen oder die öffentlichen Durchgänge stellen. Mit der Zeit wird sich die Strenge mildern, da das Gebäude sich bereitwilliger den Launen der Bewohner anpaßt, als selbst das Nachbargebäude von Aymonino.
Im Süden Mailands stellt ein Wohnkomplex in Vaiano Valle die Abwandlung der in der lombardischen Ebene zu findenden großen ländlichen Komplexe zu einem zehngeschossigen Hochhaus dar. Drei Gruppen von Architekten koordinierten die Entwürfe ihrer jeweiligen Blöcke hin-

Wohnkomplex in Vaiano Valle
Gesamtansicht mit Block 1 im Vordergrund links, Block 3 im Vordergrund rechts, Block 2 im Hintergrund
Die Straße zwischen Block 2 links und Block 3 rechts

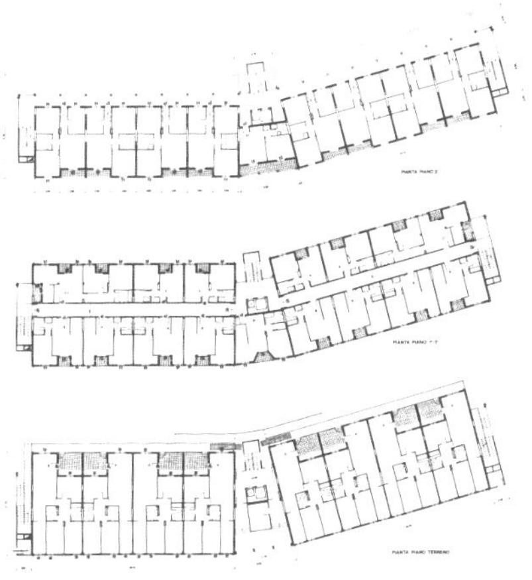

Edilizia residenziale pubblica in Milano-Niguarda
Ansicht von der Straße aus
Grundrisse

sichtlich Gebäudehöhe und Festlegung des Umfangs: diese Standards wurden vom Stadtplanungsamt festgelegt. Das Gesamtviereck zeigt ein fast vollständiges perimetrisches Gebäude, das von einer außerhalb des Zentrums liegenden Nord-Süd-Achse durchdrungen wird. Neben dieser Öffnung ist eine Lücke an der Nordwestecke. Durch jede dieser Öffnungen kann man den Hof betreten. Tatsächlich macht die Anlage eher den Eindruck einer Festung, vor allem wegen des Maßstabs der Blöcke und der Ausrichtung nach innen mit der Abwendung von der chaotischen Umgebung dieser neuen Satellitenstadt.
Erdgeschoß und Baukörper der Gebäude werden von vier Ecktürmen gebildet, die sich auf Höhe des siebten Geschosses mit dem Rest des Baukörpers verbinden, indem sie riesige Portale formen, die von Brücken gekreuzt werden. Im Fall der beiden Segmente von Giuseppe Gambirasio und Giorgio Zenoni (eines in Verbindung mit Giuseppe Grossi und Bruno Minardi) ist die Definition dieser Portale deutlich, da die obersten Geschosse über die Segmente hinweg durchgängig sind, während der ziegelverblendete Block von Lorenzo Berni, Aline Leroy und Alberto Grimoldi als zwei getrennte Segmente erscheint. Die Hoffassade dieses Blocks ist eine Folge von drei riesigen, dreigeschossigen horizontalen Streifen, die durch vertikale Fensterprofile und zurückgesetzte Balkone gegliedert werden. Die Hofansichten der beiden anderen Segmente wirken in ihrem Entwurf horizontaler. Das gilt vor allem für den von Gambirasio und Zenoni allein entworfenen Block. Hier wechseln die Architekten in jedem Geschoß des Gebäudes die Farbstreifen. Die Gesamtlösung ist gelungen,

Casa di abitazione civile am Corso Garibaldi

da, wie Pierluigi Nicolin herausstellt, »[der] Wunsch des Gambirasio-Zenoni-Teams, traditionelle Modelle des Massenwohnungsbaus zu gestalten, ... einen Kontrast zu der heiteren Ruhe der Berni-Grimoldi-Gebäude bildet.«[17] Der Block von Berni, Leroy und Grimoldi bekam 1986 einen nationalen Preis als beste öffentliche Wohnbebauung.
Das Wohngebäude (1980–83) an der Via Graziano Imperatore in Mailand-Niguarda von Massimo Fortis, Angelo Bugatti, Adalberto Caccia, Paolo Colombo, Rita Mangone, Paolo Monti und anderen ist weniger exotisch, aber eindeutig ein Entwurf, der die programmatischen Erfordernisse von öffentlichen Wohnbauten auf subtilere Weise löst. Die beiden identischen sechsgeschossigen Gebäude sind in der Mitte, wo Aufzugskerne und Haupttreppen angeordnet sind, leicht geknickt. Das trägt dazu bei, den Innenhof als Standort für einen Freiluftmarkt zu definieren. Im Erdgeschoß sind die Wohneinheiten beidseitig ausgerichtet; in den beiden Ebenen darüber erschließen zweihüftige Flure die Wohnungen; die Flure der obersten drei Geschosse sind einhüftig, so daß die Einheiten ebenfalls beidseitig ausgerichtet sind. Der resultierende Komplex enthält eine reiche Vielfalt von Wohnungstypen, von Ein-Schlafzimmer-Einheiten bis zu großen mit drei Schlafzimmern. Zum Hof hin wirken die drei unteren Ebenen wie einzelne niedere Gebäude, die in ein hohes Rahmenwerk eingefügt wurden. Die Außenfassaden dagegen sind wie Schutzwände um diesen Mikrokosmos innerhalb der Stadt.
Luca Scacchetti wurde mit dem Entwurf für die Fassade eines neungeschossigen Wohnhauses in einer Baulücke am Corso Garibaldi, in der Nähe des Zentrums von Mailand, beauftragt. 1984–85 entworfen, weist die Fassade die traditionelle Gliederung in Sockel, Mitte und Oberteil auf, die für die Gebäude seit der Renaissance typisch ist. Scacchetti spielt vor allem auf die Architektur des späten 19. Jahrhunderts an, die während der Post-*Risorgimento*-Ausdehnung Mailands entstanden ist. Er setzt die Basis aus zwei Teilen zusammen: der eine, die rustizierten beiden unteren Geschosse mit sich wiederholenden großen Öffnungen unter einer Reihe von kleinen quadratischen Perforierungen; der andere, ebenfalls zweigeschossig, umrissen von zwei durchbrochenen Feldern mit doppelten Reihen aus quadratischen Fenstern auf beiden Seiten der vier offenen zentralen Felder und einem Karnies oberhalb. Die fünf Geschosse darüber sind so angelegt, daß ihre zentralen Öffnungen ein V darstellen, das von einer weiteren Reihe quadratischer Öffnungen gekrönt wird.

Nördlich von Mailand

32.1 Eingangspavillon und neues Bürogebäude, Tessitura Zucchi Industries 1981–84
Via Ossona, Casorezzo
Cino Zucchi und Roberto Giussani
Teilweise von der Straße aus sichtbar; in der Eingangsloge die Erlaubnis zur Besichtigung erfragen.

32.2 Piazza Carlo Fedeli 1981–86
Via Garibaldi, Nova Milanese
Massimo Fortis, Paolo Colombo und Rita Mangone
Öffentlicher Platz.

32.3 FIAT Autovertriebsgebäude 1983
Viale Milano 60, Gallarate
Vittorio Introini
Geschäftshaus.

32.4 »La casa del rampicanti« (Ein- und Zweifamilienhäuser, »Haus der Kletterpflanzen«) 1981
Via Wagner 6, Gallarate
Vittorio Introini
Privat.

32.5 »La casa del tiranti« (Reihen-»Zugstangenhaus«) 1982–87
Via Don Frippo 16, Gallarate
Vittorio Introini
Privat.

32.6 »La casa del tempio« (Reihen-»Tempelhaus«) 1987
Via Egeo 99, Gallarate
Vittorio Introini
Privat.

32.7 »La casa del portali« (»Haus der Portale«) 1980
Corso Sempione 3, Gallarate
Vittorio Introini
Privat.

In den Städten nördlich von Mailand finden sich zahlreiche interessante Projekte. Eines davon steht in Casorezzo und umfaßt einen Eingangspavillon und ein neues Bürogebäude für die Textilfabrik Zucchi, 1981–84 von Cino Zucchi und Roberto Giussani entworfen. Der Eingangspavillon mit der Pförtnerloge wird von einem leichten Stahldach geschützt, das von sechs schlanken Betonsäulen getragen wird. Das neue Bürohaus bildet dazu einen starken Kontrast. Es ist eine Mauerwerksstruktur und als solche im Grunde ein schwerer Massiv-

Tessitura Zucchi Industries
Das Bürogebäude
Der Eingangspavillon
Innenansicht des neuen Bürogebäudes

Piazza Carlo Fedeli

FIAT Autovertriebsgebäude

bau mit kleinen Öffnungen. Der Komplex wird einen Abholmarkt und ein Lagergebäude umfassen.
In Nova Milanese entwarfen Massimo Fortis, Paolo Colombo und Rita Mangone zwischen 1981 und 1986 einen neuen öffentlichen Platz. Diese elegante, anspruchsvolle Lösung liegt inmitten eines neuen Siedlungsgebietes. Fortis folgt einer sehr traditionellen Methode, indem er die vierte Seite mit einer Kombination aus Wand, Pergola und Pavillon vervollständigt, alle entlang einer Mittelachse angeordnet. Der zentrale Pavillon spielt auf die mythischen Urhütten an; seine traditionelle Dachform wird an den vier Ecken von kleinen Pfosten erhöht. Innen wird durch den Grashang ein Amphitheater gebildet.
In Gallarate, einer Industriestadt nordwestlich von Mailand, demonstrieren vier Projekte von Vittorio Introini die Vorliebe dieses Architekten für die Kombination von zug- und druckfesten Konstruktionen in Bauformen, die archetypisch sind. Das FIAT-Vertriebsgebäude ist ein symmetrischer Bau mit zwei sich zum Straßenrand hin erstreckenden Armen. Die drei Seiten sind die Autoausstellungsräume, der Servicebereich liegt an der Rückseite. Ein umlaufender Sonnenschutz ist an Seilen abgehängt. Darunter sind große Fensterwände paarweise gruppiert, voneinander durch feine Gittersäulen getrennt, die das Konstruktionsmodul bilden. Oberhalb sind die Seile in der Mitte von kleinen, quadratischen Oberlichtfenstern in der Mauer verankert. Das Gebäude lebt vom Kontrast der leichten Metallelemente zur Massigkeit des Mauerwerks.
In seiner Anlage aus Ein- und Zweifamilienhäusern, dem »Kletterpflanzenhaus«, verwendet Vittorio Introini Zugstäbe, um

vertikale Pergolen herzustellen, die die Gebäude überziehen. Das Einfamilienhaus steht in einem rechteckigen Garten, wobei die untere Ebene ein überwiegend offener Bereich ist, mit Terrassen, die die Innenräume von der Wiese trennen. Der Wohnbereich ist über zwei Ebenen offen, die Schlafzimmer sind auf beiden Seiten zum Garten hin ausgerichtet. Die Zweifamilienhäuser sind Quadrate mit zwei einseitig angebauten Einheiten innerhalb von zwei quadratischen Gärten.
Zwei Reihenhausanlagen setzen diese Spannung fort. Das ältere der beiden, das »Zugstangenhaus«, besteht aus fünf identischen Einheiten mit T-förmigem Grundriß. Sie sind durch die Verwendung von Zugstäben gekennzeichnet, die den Steg zu den Eingangstüren tragen. Das Gebäude ist mit eleganten quadratischen Fliesen überzogen und hat ein Flachdach. Die Reihenhäuser sind jeweils zweigeschossig, erinnern ein wenig an J. J. P. Ouds Reihenhäuser in der Weissenhofsiedlung in Stuttgart. Der zweite Komplex, das »Haus der Tempel«, stellt einen Gegensatz dar. Die äußeren und mittleren Häuser sind schmälere, dreigeschossige

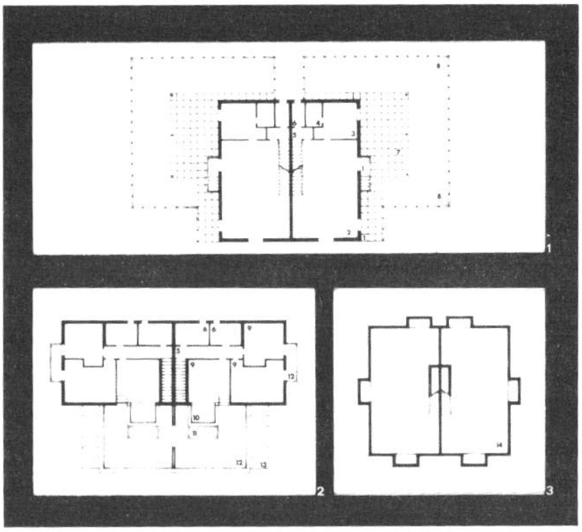

»La casa dei rampicanti«
Ansicht eines Zweifamilienhauses
Grundrisse, Zweifamilienhaus

Einheiten, was der Reihe an dieser Stelle tempelähnliche Giebelfronten verleiht. Die Treppen dieser Häuser liegen an den Brandwänden, und jedes hat vier Schlafzimmer. Zwischen jedem Ende und der Mitte sind vier Einheiten, bei denen die Treppen senkrecht zu den Endwänden und in der Mitte jedes Hauses liegen. Ab-

gesehen von ihrer angrenzenden Lage, wird nur durch das abgehängte Vordach über den Eingängen auf die Verbindung zwischen der neueren und der älteren Häuserreihe hingewiesen.
Introinis »Haus der Portale« dagegen steht in der Mitte eines städtischen Blocks. Introini wahrt die Straßenflucht mittels lateraler Elemente für die Erschließung entlang der Seiten, während die Mittelachse durch eine quadratische Baumasse betont wird, die sich über schweren Schotten erhebt, zwischen denen sich der Autoeinstellplatz befindet; dahinter führt ein zentraler Gehweg zur Rückseite des Hauses.

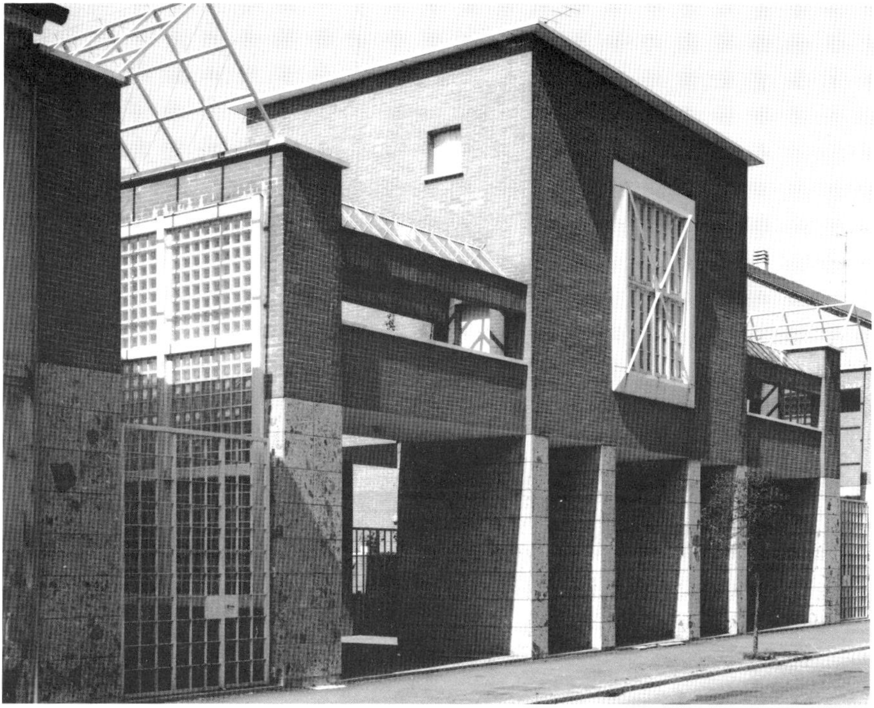

◁ **»La casa dei tiranti«**

◁ **»La casa del tempio«**

»La casa dei portali«
Ansicht entlang der Straße
Ansicht der Gartenseite

Segrate und Vignate

33.1 Piazza del Municipio e monumento ai partigiani 1965
Stadtzentrum, Segrate
Aldo Rossi
Öffentlicher Platz neben dem Municipio (Rathaus).

33.2 Cimitero 1984–86
Südlicher Stadtrand, Vignate
Giancarlo Bentivoglio und Guido Brighi
Täglich während der regulären Zeiten geöffnet.

Piazza in Segrate

Die Städte Segrate und Vignate östlich von Mailand gehören zu den zahlreichen Orten dieser Industrieregion, die während der Nachkriegszeit einen enormen Zuwachs erlebt haben. Ein großer Teil dieses Zuwachses war architektonisch nichtssagend, in Gestalt von typischen anonymen Wohnblocks mit Geschäftsräumen im Erdgeschoß in den Stadtzentren und neuen Industrieanlagen entlang den Hauptstraßen, die Mailand mit Venedig im Osten und Bologna im Südosten verbinden. 1965 entwarf Aldo Rossi den Platz am neuen Rathaus in Segrate. Das Hauptelement dieses Entwurfs ist das Denkmal zu Ehren der Partisanen, die während des Zweiten Weltkriegs das faschistische Regime bekämpften. Aus Primärformen zusammengesetzt - ein Prisma, ein Zylinder, Scheiben und eine abgestufte Pyramide -, dient das Denkmal von Segrate gleichzeitig als Podium und als Brunnen. Das Podium auf der Spitze der abgestuften Pyramide liegt gegenüber einer Terrasse auf der Rückseite des Platzes. Das Prisma, getragen von dem Zylinder, ist am Ende offen; von hier fließt Wasser in ein gerades flaches Becken auf dem Boden des Platzes. Da er zur Zeit realisiert wird, zeigt Rossis neuer Stadtplatz nicht das vollständige beabsichtigte Bild. Noch fehlen die freistehenden Halbsäulen und die Arkadenwand, die das Gebiet rund um das Denkmal vom angrenzenden Rathaus und den Wohngebäuden trennen sollen. In seiner Gesamtheit soll der Komplex »eine Architektur der Schatten bilden«, hergestellt aus Elementen, die scheinbar an dieser Stelle ausgegraben wurden.[18]

Der Auftrag für die Erweiterung des Friedhofs in Vignate wurde 1979 an Giancarlo Bentivoglio und Guido Brighi vergeben. Der erste Abschnitt wurde 1986 fertiggestellt. Ihre Lösung sieht die Erweiterung im Westen des bestehenden Friedhofs vor und umfaßt das Ganze mit einer neuen Reihe von Urnenhallen. Ihre

béton-brut-Struktur, rechtwinklig und abstrakt, kontrastiert mit den geschwungenen Ziegelmauern des Eingangs. Der zweigeschossige Umfassungsbau besteht aus quadratischen Feldern aus jeweils drei Reihen mit drei Nischen. Die unteren Felder sind direkt vom Gelände aus erreichbar, während die Nischen der oberen Ebene über eine offene Loggia erschlossen werden.

Cimitero
Ansicht mit neuen Urnenhallen
Ansicht von außen

Fagnano/Olona

34.1 Scuola elementare Salvatore Orrú 1972–76
Via Pasubio, Fagnano/Olona
Aldo Rossi mit Giovanni Braghieri und Arduino Cantafora
Besucher sollten sich im Sekretariat erkundigen.

34.2 Einfamilienhaus 1978–83
Via Galileo Galilei/Via Edison, Fagnano/Olona
Giorgio Grassi
Privat.

Scuola elementare Salvatore Orrú
Die Bibliothek vom Hof aus

Einem Wettbewerb von 1972 folgend, beauftragte die Gemeinde Aldo Rossi mit dem Bau ihrer neuen Grundschule. Dieser sehr sonderbare Entwurf wurde heftig kritisiert, insbesondere wegen der Metaphorik und Assoziationen seiner tektonischen Elemente. Die Zusammensetzung der Grundschule Salvatore Orrú basiert auf sehr einfachen und elementaren Bestandteilen: ein zentraler zylindrischer Baukörper, bedeckt von einem transparenten kegelförmigen Dach, steht in einem rechtwinkeligen Hof, von dem aus sich Flügel mit den Klassenräumen erstrecken. An der Seite zur Straße in den Ort führt eine Pergola zu einem freistehenden Schornstein vor dem zentralen Baukörper der Schule. Die Metaphorik dieses Elements war Thema der Kritik, wird es doch mit Schornsteinen von Fabriken (von Rossi) und Verbrennungsöfen eines Vernichtungslagers (von seinen Gegnern) assoziiert. Der Entwurf ist aber viel mehr: es ist eine Miniaturstadt, zusammengesetzt aus den Elementen, die Rossi in *L'architettura della città*[19] erklärt. Man findet Straßen, Plätze und zu Fluren, Höfen und zentraler Bibliothek umgeformte Monumente. Die Metaphorik ist klar, und die Lösung entspricht den Programmanforderungen. Die Klassenräume sind entlang einhüftigen Fluren aufgereiht, die Büros von Schulleiter und Krankenschwester liegen vorn, Turnhalle und Gemeinschaftsräume hinten neben den Sportplätzen. Der Eingang hebt sich von der formalen Organisationsachse ab, da der Hauptzugang über eine Seitenstraße erfolgt. Ein Fahrradschuppen steht seitlich des Hauptweges zum Vordereingang.
Das Einfamilienhaus von Giorgio Grassi von 1978–83 steht in einem neuen Wohngebiet. Grassis Architektur setzt wie die Rossis auf zeitlose, einfache Formen, und dieser Bau bildet keine Ausnahme. Der rationalistische,

ziemlich abstrakte Entwurf bildet einen Gegensatz zu den eher typischen Nachbargebäuden. Das Haus besteht aus drei Ebenen: einem Portikus zur Via Galilei, dem Baukörper des eigentlichen Hauses und einem kleineren, an der Rückseite angefügten Block mit Bad, Küche und Eßbereich über der Garage im Keller. Der Eintritt erfolgt von der Sackgasse, Via Edison, aus. Das Haus mit drei Schlafzimmern hat eine Grundfläche von weniger als 120 Quadratmetern.

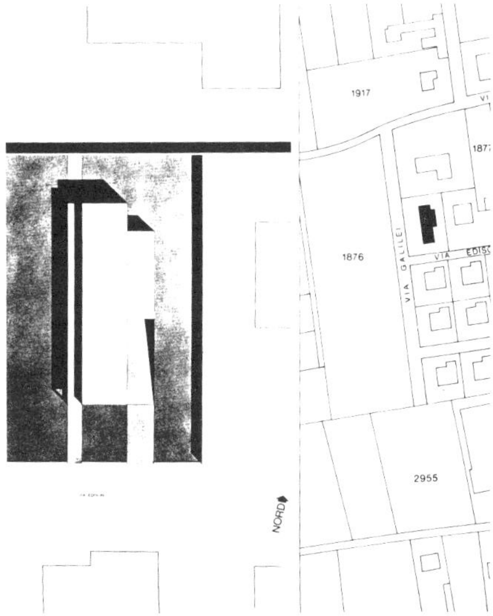

Scuola elementare Salvatore Orrú
Ansicht vom Eingang aus

Einfamilienhaus
Lageplan

Broni

35.1 Scuola elementare F. de Amicis (Renovierung und Erweiterung) 1969–70
Piazza Italia, Broni
Aldo Rossi
Besucher sollten sich im Sekretariat erkundigen.

35.2 Reihenhäuser 1973
Viale Gramsci, Broni
Aldo Rossi mit Gianni Braghieri
Privat; von allen Seiten aus sichtbar.

35.3 Scuola media 1979
Viale Gramsci, Broni
Aldo Rossi mit Gianni Braghieri
Die Erlaubnis zum Besuch des Gebäudes sollte in der Schulverwaltung eingeholt werden.

Scuola elementare F. de Amicis
Der Innenhof

Die Stadt Broni liegt nahe dem Zusammenfluß von Ticino und Po, an den Vorbergen dieses Weinbaugebiets. Drei Projekte von Aldo Rossi sind hier zu finden. Rossis erster Entwurf ist die Renovierung und Erweiterung der Grundschule F. de Amicis von 1969–70 an der Piazza Italia im Stadtzentrum. Die zusätzlichen Bauten bestehen aus einem Portikuseingang gegenüber dem Gemeinschaftsbereich zwischen den Schulgebäuden auf dem Grundstück, der zentralen Treppe und den Versorgungsräumen. Zwei massige Ecksäulen stützen das dicke Gesims des Überhangs. Die Neubauten verkleinerten den Innenhof, der nun durch abstrakte Loggien an drei Seiten festgelegt wird. Die vierte Seite ist eine Wand mit einem Brunnen aus einem dreieckigen Wasserspeier über einem würfelförmigen Becken und einem rechteckigen Fenster, das das Treppenhaus erhellt. Hinter der Loggia erschließen Flure die Klassenräume. Mit diesem Entwurf erläutert Rossi seine Auffassung, daß, außer man erhält die bestehende Struktur wie sie ist, ohne die kosmetische Nachahmung des Bestehenden in

der Erweiterung »eine Art falscher Balsamierungsprozeß zu der schließlichen Zersetzung von Architektur und Stadtlandschaft führt.«[20] In seinem Entwurf verwendet Rossi die für sein Architekturvokabular typischen Elemente: den sich wiederholenden Säulengang aus sehr schlanken Säulen, das dreieckige Element und den Würfel.
Die Einfamilienreihenhäuser von 1973 bieten eine Alternative zu der typischen städtischen Wohnbebauung. In einem neuen Wohngebiet im Westen der Stadt, nahe den Weinkellern der Gemeinde, bilden diese dreigeschossigen Häuser zur Straße hin eine sehr städtische Fassade. Der Baukörper ist durch niedrige, vorspringende Elemente unterteilt. Küche, Waschküche, Lagerräume und Autoeinstellplatz befinden sich im Erdgeschoß. Auf der Hauptebene liegen Wohnraum, Elternschlafzimmer und Bad mit zwei zusätzlichen Schlafzimmern und Bad darüber. Jede Einheit verfügt über einen Garten im Süden. Die Mauerwerks- und Stahlbetonkonstruktion ist außen verputzt und angestrichen.
Die höhere Schule gehört zu einem Schulkomplex gegenüber den Reihenhäusern. Entwurf und Bau stammen von 1979. Rossis Entwurf variiert die Komposition der Schule von Fagnano/Olona. Hier in Broni bildet er ein Viereck, um einen Hof mit einem Objekt in seiner

Reihenhäuser
(links)

Scuola media
Ansicht von der Zufahrt aus
Das Auditorium

Mitte festzulegen. In dem Umfassungsgebäude liegen die nach außen gerichteten Klassenräume. Das Viereck wird von einem Eingangsportikus und Hallenbereich gekreuzt, von dem aus der Baukörper in der Mitte des Hofs erschlossen wird. In diesem Fall ist es ein Theater, das man entlang der Symmetrieachsen betreten kann. Eine Lücke gegenüber dem Eingangspavillon ermöglicht den Zugang zu den Sportplätzen hinter der Schule vom Hof aus. Das Gebäude aus Mauerwerk und Beton ist verputzt und weiß angestrichen, das Trapezblechdach ist hellblau gestrichen.

Provinz Bergamo

36.1 Reihenhäuser 1985
Mapello
Mario Cortinovis
Privat.

36.2 Reihenhäuser 1977
Via Giuseppe Verdi, 27, Mozzo
Aldo Rossi mit Antonia Pizzigoni
Privat.

36.3 Sede Autolinee T. B. S. O. 1983–85
Osio Sotto-Boltiere
Massimo Fortis mit Franco Forcella und Maurizio Grechi
Im Büro um Erlaubnis fragen, die Garage zu besichtigen.

36.4 Cooperativa d'abitazione 1980–82
Seriate
Mario Cortinovis
Der öffentliche Bereich ist zugänglich; das Gebäude ist Teil einer neuen Erschließung.

Reihenhäuser in Mapello

Es gibt zahlreiche Projekte außerhalb der Lombardei selbst, die erwähnenswert sind, sei es, weil ihr Entwurf eine ähnliche Auffassung erkennen läßt oder weil sie auch von den hier behandelten Architekten stammen. Die Projekte illustrieren die Vielfalt und Tragweite der im Flußbecken des Ticino zu findenden Auffassungen. In einigen Fällen spiegeln sie auch die traditionellen ländlichen Strukturen der speziellen Region wider. Zwei Beispiele in der Emilia Romagna sind ein Haus in Rubiera von Claudio Baldisserri und ein Bürogebäude von Adolfo Natalini: beide sind von einem ländlichen Vorbild des Architekten Carlo Francesco Dotti aus dem 18. Jahrhundert abgeleitet, das sich auch in Natalinis Bankgebäude in Alzate Brianza bei Como findet.
Die Gegend um Bergamo ist typisch für die topographische Vielfalt der Region. Die Provinz Bergamo hat landwirtschaftliche wie industrielle Grundlagen, und in den Jahrzehnten seit Ende des Zweiten Weltkrieges sind die kleineren Städte mit dem wirtschaftlichen Aufschwung der Großstädte gewachsen. Die Stadt Bergamo selbst besteht aus zwei Teilen: die mittelalterliche Oberstadt auf einem Hügel überschaut die neue Stadt, eine spätere Gründung, unterhalb auf einem relativ flachen Stück Land gelegen. Zahlreiche Projekte in dieser Provinz sind einen Besuch wert.
In Mapello, westlich von Bergamo, steht eine 1985 von Mario Cortinovis entworfene Gruppe von Reihenhäusern. Die Einheiten sind in zwei Gebäuden mit je sechs Wohnungen angeordnet. Die Häuser selbst sind zweigeschossig, wobei ähnliche Funktionen an die gemeinsamen Wände grenzen: Treppe und Versorgungsräume an Treppe und Versorgungsräume und Wohnräume an Wohnräume. Cortinovis Entwurf läßt seine Wertschätzung und sein Verständnis der traditionellen ländlichen Strukturen der Gegend erkennen. Die Gebäude sind ganz schlichte Giebelhäuser aus Mauerwerk und Stahlbeton. Sie sind außen verputzt und angestrichen, haben grün gestrichene Fenster- und Türrahmen und eine Ziegelbedachung.

Ganz in der Nähe findet sich eine ähnliche Lösung in den vier Reihenhäusern von Aldo Rossi. Im Vorort Mozzo, gleich außerhalb von Bergamo gelegen, sind diese 1977 entstandenen Einheiten identische zweigeschossige Häuser, die quer zur Straße stehen. Der jeweilige Eingang über einen kurzen Treppenlauf hinauf führt zur Hauptebene einer jeden Einheit. Der Grundriß ist sehr einfach. Zu beiden Seiten der Eingangshalle befindet sich ein großer Raum. Über eine Treppe erreicht man das Obergeschoß mit drei Schlafzimmern und einem Bad. Unter der Hauptebene liegt der Keller mit der Garage und dem Versorgungsbereich. Jede Einheit öffnet sich nach Süden; Balkone auf beiden Ebenen verleihen der Fassade das Aussehen einer fortlaufenden Loggia.
Das neue Endstation- und Verwaltungsgebäude für die regionale Buslinie T. B. S. O. liegt zwischen den Gemeinden Osio Sotto und Boltiere. Das von Massimo Fortis entworfene Gebäude von 1983–85 umfaßt einen öffentlichen Bereich mit Wartezonen, Fahrkartenbüro und Cafeteria im Erdgeschoß und die verschiedenen Büros darüber. Ein Raumtragwerk gibt dem Gebäude die Überdachung; es wird von schlanken Stahlsäulen getragen; fast die Hälfte seiner Spannweite kragt über den Baukörper als Vordach über die Bushaltestellen hinaus. Darunter eingefügt ist ein elegant symmetrisches Beton/Mauerwerksgebäude; dessen mittleres Drittel aus Glas erstreckt sich als fortlaufender Streifen entlang dem oberen Mauerrand.

Reihenhäuser in Mozzo
Links oben: Die Häuserrückseite
Rechts oben: Ansicht von der Straße aus

Sede Autolinee T. B. S. O.
Innenansicht

Sede Autolinee T. B. S. O.

Cooperativa d'abitazione
Links: Ansicht von Westen
Rechts: Ansicht vom Platz aus

Mario Cortinovis ist der Architekt eines Genossenschaftswohnhauses in Seriate. Dieses sechsstöckige Gebäude, dessen erster Bauabschnitt 1980–82 fertiggestellt wurde, enthält Elemente, die an Adolf Loos' Gebäude am Michaelerplatz in Wien erinnern. Cortinovis entwarf ein städtisches Gebäude, das deutlicher als seine Nachbarn zwischen Stadt und Land vermittelt. An der Westseite ragt ein Portal aus dem mittleren Pavillon des Gebäudes heraus. Ein fortlaufender Säulengang liegt gegenüber an der Wand zur Piazza im Osten. Der Gebäudekorpus ist rosa, während der Säulengang grün ist. Die Wohneinheiten selbst werden über offene Flure erschlossen, die von der regelmäßig durchbrochenen Außenwand geschützt werden. Alles basiert auf dem sich wiederholenden Modul der Schotten.

Provinz Mantua

37.1 Cooperativa d'abitazione 1979
Via Pedagno, Goito
Aldo Rossi (mit Gianni Braghieri und COPRAT)
Privat.

37.2 Cooperativa d'abitazione 1979
Via Albert Einstein, Pegognana
Aldo Rossi (mit Gianni Braghieri und COPRAT)
Privat.

Cooperativa d'abitazione, Goito
Ansicht innerhalb des Hofes
Gesamtansicht

Von Aldo Rossi stammen zwei Wohnkomplexe in Städten nahe Mantua in der gleichnamigen Provinz. Beide Projekte, in neuen Erschließungsgebieten innerhalb kleiner Städte gelegen, wurden mit der COPRAT-Genossenschaft gebaut; ihnen gemeinsam ist das formale Bestreben, das Haus als archetypisches Objekt innerhalb eines kommunalen Kontextes zum Ausdruck zu bringen. Im Fall des Komplexes von Goito von 1979 entwarf Rossi die Wohneinheiten mit gemeinsamer Brandwand und angefügten Garagen, so daß die zweigeschossigen Zweifamilienhäuser als Einzelobjekte gesehen werden können. Kleine hausähnliche Eingangselemente ragen in die Sackgasse hinaus, um die Einheiten noch mehr abzuheben; dabei liegen die Eingänge zu den nebeneinanderliegenden Häusern an den entgegengesetzten Seiten, wodurch jedes einen eigenen Eingang hat. Die parallelen Häuserreihen wurden unter Verwendung traditioneller Techniken gebaut, sind verputzt und haben gestrichene Metalldächer.

Der zweite Wohnkomplex steht in Pegognana, südlich von Mantua. Auch aus dem Jahr 1979 stammend, stellt er eine gegensätzliche Lösung dar. In diesem Fall stehen sich zwei parallele Gebäude mit einem hohen Portikus gegenüber. Ihre Architektur erinnert an traditionelle lombardische Bauernhofanlagen, bei denen ein von einfachen Stützen getragenes Dach die Räume mit den verschiedenen landwirtschaftlichen Funktionen bedeckt. Ein eingeschossiges Garagen- und Eingangsgebäude schließt den Gemeinschaftsbereich zur Straße hin ab.

Cooperativa d'abitazione, Pegognana
Außenansichten

Provinz Modena

38.1 Cimitero S. Cataldo 1971 begonnen
Modena
Aldo Rossi (mit Gianni Braghieri)
Einige Abschnitte noch im Bau; der Friedhof ist sieben Tage in der Woche geöffnet.

Cimitero S. Cataldo
Das Beinhaus

Der Wettbewerb von 1971 für die Erweiterung des Friedhofs San Cataldo in Modena wurde von Aldo Rossi mit Gianni Braghieri gewonnen. Ihr Entwurf sah vor, den neoklassizistischen Friedhof durch einen neuen Abschnitt im Westen zu erweitern. Vom Konzept her spiegelt der neue Friedhof die Größenfestlegung der früheren Anlage wider. Er umschließt den jüdischen Friedhof, der außerhalb der Begrenzung von 1858 gebaut wurde, da dieser in dem neuen Komplex als Achse der Gesamtkomposition dient. In Rossis Entwurf umschließen die umgebende Struktur und eine Baumreihe den neuen Friedhofsbereich mit der gleichen Strenge wie bei dem ursprünglichen. Der architektonische Ausdruck des neuen »Todeshauses«[21] ist jedoch weniger üppig, beinah karg, soll doch in Rossis Methodologie die Architektur frei sein von jeglichen zeitlichen Bezugnahmen - basierend auf archetypischen Formen, die er in *L'architettura della città*[22] erläutert. Der neue Komplex wird durch ein äußeres C-förmiges Giebelgebäude mit drei Ebenen von Wandgrabzellen umrissen. Innerhalb dessen steht ein zweigeschossiges Urnenhaus mit Flachdach. In der Mittelachse und zwischen diesen beiden Gebäuden steht ein würfelförmiges Haus ohne Dach, das Beinhaus, das wie ein unfertiges Haus wirkt - oder ist es ein Haus ohne Dach, eine Hausruine? - und von der zerbrechlichen und vergänglichen Natur des Lebens erzählt. Weitere Elemente des Rossi-Entwurfs sind die Loggia parallel zum Umfassungsgebäude gegenüber dem jüdischen und dem alten Friedhof und das quer dazu stehende Gebäude mit den Kapellen. Mit der Zeit sind die eher starren Gebäude milder geworden, da Zeit

und Nutzung Spuren von Menschlichkeit und der Glorifizierung des Todes hinterlassen haben. Die Innenräume sind mittlerweile in Besitz genommen worden, da die Nischen in den Wandgrabkammern gefüllt sind und die Angehörigen der Toten Bilder, Plastikblumen und elektrische Lämpchen anbringen. Auch außen wird der neue Friedhof langsam verwandelt, da private Grabkammern an die Wand des Umfassungsgebäudes angebaut werden, wo es der Loggia und dem alten Friedhof gegenübersteht. Mittlerweile geht der Bau bis zur Fertigstellung der neuen Anlage weiter.

Cimitero S. Cataldo
Die Loggia (links) und das Umfassungsgebäude (rechts)
Innenansicht des Obergeschosses im Umfassungsgebäude

Provinz Reggio Emilia

39.1 Conzorsio del Formaggio Parmigiano Reggiano 1978–83
Via Emilia Oveste und Via L. Cervi, Reggio nell'Emilia
Guido Canali
Kann während der üblichen Bürozeiten besichtigt werden.

39.2 Casa Molinari 1980–83
Viale Maria Melato, 12, Rubiera
Claudio Baldisserri
Privat.

Zwei Projekte in der Provinz Reggio Emilia stellen Kontraste zu den regionalen Vorläufern dar. Die Hauptverwaltung des Konsortiums der Käsehersteller von Parma und Umgebung von Guido Canali (1978-83) steht nördlich von Reggio, an der alten Via Emilia nach Parma. Aus Fertigbeton und Betonsteinen gebaut, besteht das Gebäude aus einer Reihe von parallelen Abschnitten. Zwei davon sind Rahmenbauten aus Fertigteilen, ein weiterer ist ein engerer, gerader, geschlossener Baukörper, ein vierter ist ein Glashaus und der fünfte ist ein offener Raum. Der Zugang erfolgt von Osten und Westen über eine Rampe, die sich zwischen einer Skelettrahmenstruktur erhebt. Eine zentrumsverschobene senkrechte Brücke überquert den offenen Bereich und führt in den zweiten Ständerbaubereich. Die Funktionsaufteilung innerhalb des Gebäudes geschieht an den

Conzorsio del Formaggio Parmigiano Reggiano

Casa Molinari
Axonometrische Ansicht des Innenraums

entgegengesetzten Seiten eines zentralen Grats unter dem Gewächshaus. Im axialen Zentrum des Gebäudes nimmt das Auditorium die gesamte Breite ein; andere Primärbereiche sind beidseitig innerhalb der ausgefachten Rahmenstruktur angeordnet. Die Büros liegen auf drei Ebenen westlich der Eingangshalle, das Auditorium ist nach Osten ausgerichtet, und die Labors am Ende gehen nach Westen.

Im Gegensatz dazu ist das Haus Molinari (1983), in einem vorstädtischen Gebiet südlich Rubieras gelegen, die zeitgenössische Interpretation traditioneller Gebäudetypologien der Emilia Romagna. Ausgehend vom traditionellen Bautypus, der in der gesamten Region zu finden ist – basierend auf Dottis Musterheuboden –, entwickelte Claudio Baldisserri ein Haus, das wie ein römisches Atriumhaus funktioniert, wobei um den zentralen doppelthohen Wohnbereich die anderen Räume des Hauses angeordnet werden. Das große Walmdach wirkt, als würde es von außen über dem Haus schweben, wobei seine spinnen-, flossenartigen Säulen Dach und Obergeschoß abheben, während sie eine quadratische Grundfläche beschreiben. Das Gebäude ist aus Stahlbeton mit Ausfachungen aus Modulbausteinen und gestrichenen Fenster- und Türrahmen.

Casa Molinari
Innenansicht
Ansicht von der Viale Maria Melato aus

Provinz Bologna

40.1 Centro elettocontabile, Negozio D&C 1979–81
Via Nannetti/Via Piemonte/Via Roma, Zola Predrosa
Adolfo Natalini und Roberto Magris
Kann nicht besichtigt werden; von der Via Roma und der Via Piemonte aus sichtbar.

Centro elettocontabile, Negozio D&C
Ansicht von der Straße aus

Das neue Rechenzentrum der Import- und Exportfirma D&C, in den industriellen Außengebieten von Bologna gelegen, geht aus einer ähnlichen Auffassung von regionaler Architektur hervor wie die Bauten im Flußbecken des Ticino. Bei der Beschreibung seines Entwurfs bezieht sich Adolfo Natalini auf Dotti und seinen Musterheuboden, die vorherrschende landwirtschaftliche Struktur in der Region:
»Carlo Francesco Dottis Modell aus dem 18. Jahrhundert ... kennzeichnete und kennzeichnet noch immer die Bologneser Ebene mit einer Reihe von architektonischen Werken ... Unser Gebäude zeigt mit seinen Hinweisen auf diese Tradition, wie Architektur Maschinen enthalten kann (aber nicht umgekehrt), daß traditionelle Techniken glücklich neben den am höchsten entwickelten leben können ... daß Geschichte dazu dient, Hoffnung auf die Zukunft zu machen.«[23]
Das Dach, das von einer Reihe von Außenstützen getragen wird, bildet die Grundlage für den Entwurf des neuen Gebäudes. Sein gestrecktes Parallelogramm wird von flachen Pfeilern aus Ziegeln und Fertigbetonteilen getragen. Unter diesem Überbau verteilen sich die verschiedenen Funktionen über drei Ebenen, wobei die Rechenanlagen im unteren Geschoß, Büros und andere Räume darüber liegen.

Anmerkungen

1. Aurelio Galfetti, »In the City and on the Crag: Restoration of Castelgrande in Bellinzona«, *Lotus International,* Nr. 48/49, 4/1985–1/1986, S. 111.
2. *Luigi Snozzi: Urban Renewal at Monte Carasso,* Ausstellungskatalog, London: 9H Gallery, 1986, S. 5.
3. An einer niedrigen Stützmauer gegenüber dem Stadtzentrum proklamiert eine Inschrift »Premio Beton 85«.
4. *Luigi Snozzi: Urban Renewal,* a. a. O., S. 4.
5. Livio Vacchini, »Ricostruzione a Vogorno«, *Rivista Technica,* Nr. 7–8, 1986, S. 28.
6. Aldo Rossi, Eraldo Consolascio und Max Bosshard, *La costruzione del territorio: Uno studio sul Canton Ticino,* Mailand: CLUP, 1985, S. 136–141.
7. *Luigi Snozzi: Urban Renewal,* a. a. O., S. 4.
8. »Casa con riscaldamento solare a Bigorio«, *Rivista Technica della Svizzera italiana,* Nr. 8, August 1980, S. 12.
9. Werner Seligmann, »The Poetics of Counterpoint«, in: *Mario Campi - Franco Pessina Architects,* New York: Rizzoli International, 1987, S. 11.
10. »Critique«, *Progressive Architecture,* 63, Nr. 7, Juli 1982, S. 71.
11. Werner Seligmann, *Mario Campi - Franco Pessina Architects,* a. a. O., S. 93.
12. Kenneth Frampton, »Un delicato palladianesimo«, *Casabella,* Nr. 534, April 1987, S. 7.
13. Zitiert in *Quaderns d'arquitectura i urbanisme,* Nr. 160, Januar–März 1984, S. 88.
14. Adolfo Natalini, »Stone-Clad Building«, *Lotus International,* Nr. 40, 4/1983, S. 5.
15. Zitiert in Paolo Portoghesi, *I nuovi architetti italiani,* Rom/Bari: Editori Laterza, 1985, S. 363.
16. Zitiert von Kenneth Frampton in *Modern Architecture: A Critical History,* London: Thames & Hudson, 1980, S. 291. Deutsche Ausgabe: *Die Architektur der Moderne - Eine kritische Baugeschichte,* Stuttgart: Deutsche Verlags-Anstalt, 1983.
17. Pierluigi Nicolin, »Castles on the Plain«, *Lotus International,* Nr. 48–49, 4/1985–1/1986, S. 180.
18. *Aldo Rossi: Buildings and Projects,* New York: Rizzoli International, 1985, S. 53.
19. Aldo Rossi, *L'architettura della città,* Padua: Marsilio Editori, 1966. Deutsche Übersetzung: *Die Architektur der Stadt,* Bauwelt Fundamente 41, Düsseldorf: Bertelsmann Fachverlag, 1973.
20. *Aldo Rossi: Buildings and Projects,* a. a. O., S. 85.
21. *A Scientific Autobiography,* 55. Siehe Rafael Moneos Abhandlung über Rossis Friedhofsprojekt, »Aldo Rossi: The Idea of Architecture and the Modern Cemetery«, *Oppositions,* 5, 1976, S. 1–30.
22. Cambridge, Mass.: The MIT Press, 1982.
23. »Looking at History«, *Domus*, Nr. 633, November 1982, S. 16.

Glossar

achtsäulig: Bezeichnung zur Beschreibung eines Portikus mit acht Säulen entlang der Front.

Archetyp: Das ursprüngliche oder erste Beispiel, das die grundlegenden Kennzeichen verkörpert; in der Architektur wird der Begriff durch analoge Ausweitung angewandt, vor allem durch Neo-Rationalisten, einschließlich denen, die zur *Tendenza* gehören.

Atrium: Der Innenhof des römischen Wohnhauses, nach oben hin offen; in der heutigen Bedeutung kann auch ein umschlossener Raum gemeint sein, der gewöhnlich von einem Säulengang umgeben ist und um den herum die Funktionsbereiche des Gebäudes angeordnet sind.

béton brut: Französische Bezeichnung für sichtbar oder roh belassenen Beton.

Borromini, Francesco (1599–1667): Originellster der barocken Architekten Roms, Rivale und Zeitgenosse Berninis. Seine bekanntesten Werke sind die Kirche S. Carlo alle Quattro Fontane und S. Ivo della Sapienza, beide in Rom. In Bissone am Luganer See geboren, ziert sein Porträt die neuen 100-Schweizer-Franken-Banknoten.

brise-soleil: Sonnenschutz oder Jalousien, vertikal oder horizontal an der Fassade eines Gebäudes angebracht, um die Sonneneinstrahlung zu dosieren.

Brutalismus (auch Neuer Brutalismus): Der Begriff wurde in den frühen sechziger Jahren in England geprägt, um die überwiegend sichtbar gelassene Stahlbetonarchitektur der fünfziger und sechziger Jahre zu bezeichnen (siehe *béton brut*).

camera obscura: Lateinische Bezeichnung für »Dunkelkammer«; wird dazu verwendet, um das technische Prinzip hinter der Fotokamera zu beschreiben: eine verdunkelte Kammer mit einer winzigen Öffnung, durch die ein Bild empfangen und umgekehrt auf eine Projektionsfläche gebündelt wird.

casa a ringhiera: Italienische Bezeichnung für ein Haus, das einen Kreis bildet und ein Atrium oder einen Hof einschließt; viel kleiner als die großen *cascine* oder Hofanlagen, die in den piemontesischen und lombardischen Ebenen zu finden sind.

cascine: Italienische Bezeichnung für einen Bauernhof- oder Landwirtschaftskomplex.

castrum: Das archetypische römische Militärlager, das im gesamten Reich zu finden war; es ist als Rechteck mit zwei sich schneidenden Achsen angelegt (*cardo* und *decumanus*), die an vier Toren enden. Zahlreiche Städte in Europa, die aus der Römerzeit stammen, entwickelten sich aus solchen Siedlungen.

Domino-Rahmen: Ein von Le Corbusier entwickeltes Rahmensystem aus Pfosten oder Säulen, die eine Geschoß- oder Dachdecke tragen, wobei alle Teile aus Stahlbeton sind.

Dotti, Carlo Francesco (ca. 1670–1759): Architekt des Spätbarock aus Bologna.

Ecksteine: Herausgehobene Steine zur Betonung von Gebäudeecken.

Fontana, Domenico (1543–1607): In der Nähe von Lugano geboren, Architekt von Sixtus V; begann die Anlegung des barokken Rom, einschließlich des strahlenförmigen Straßenmusters von S. Maria Maggiore und der Plazierung des Obelisks auf dem Petersplatz. Zu seinen Werken gehören der Lateranpalast in Rom und die Bibliothek des Vatikan.

grotto: Bezeichnet im schweizerischen Kanton Tessin einen kellerähnlichen Bereich, der im allgemeinen als Lager, aber auch für Eß- oder Trinklokal genutzt wird.
impluvium: Zisterne oder Behälter zur Sammlung von Regenwasser in der Mitte des Atriums eines römischen Hauses; bezeichnet auch einen nicht überdachten Bereich im Atrium.
in antis: Ein Portikus mit Säulen zwischen Abschlußwänden, als Gegensatz zu einem frontsäuligen Portikus, wo die Säulen vor dem Baukörper stehen.
Le Corbusier (1887-1966): Französischer Architekt mit großem Einfluß, in La Chaux-de-Fonds, Schweiz, geboren. Die Auswirkung seiner Werke und Schriften machen ihn zum herausragenden Architekten des 20. Jahrhunderts.
Loggia: Eine Galerie, die an einer oder mehr Seiten geöffnet ist, gewöhnlich Teil eines Gebäudes, aber auch freistehend und üblicherweise mit Arkaden oder Säulen versehen.
Maderno, Carlo (1556–1629): Italienischer Architekt der Renaissance, in Capolago am Luganer See geboren. Als Neffe von Domenico Fontana wurde er 1603 zum Architekten von St. Peter bestimmt, dem er Schiff und Fassade hinzufügte.
Neo-Rationalismus: siehe *Tendenza.*
Neoklassizismus: Periode der Aufklärung, während der eine klassische Architektur als Reaktion auf das vorherrschende Spätbarock neu interpretiert wurde; speziell die Architektur des späten 17. bis zum frühen 18. Jahrhundert.
neun Quadrate groß: Eine gebräuchliche Gebäudeordnung unterschiedlicher Größen; ein archetypischer palladianischer Grundriß, wie etwa in der Villa Capra, mit zentralem Raum, um den herum alle Räume angeordnet sind. Die Anordnung ist eine Variation des Atriumgrundrisses, in dem der zentrale Bereich der wichtigste ist.
Pergola: Einfassung über einem Gehweg aus Säulen und Balken; meist mit Kletterpflanzen bedeckt.
Peristyl: Säulenreihe, die ein Gebäude oder einen Hof umgibt.
Pfosten und Stürze: Vertikale und horizontale Konstruktionselemente.
piano nobile: Das »noble Geschoß« oder Hauptgeschoß eines Hauses, im ersten Obergeschoß über einem Keller mit Nebenräumen gelegen.
pilotis: Französische Bezeichnung für Pfeiler oder Pfähle, um ein Gebäude vom Boden abzuheben. Die meisten von Le Corbusiers Wohnbauten sind auf diese Weise vom Boden abgehoben.
Rahmenarchitektur: Gebäude, die mit Rahmen aus Pfosten und Riegeln konstruiert sind.
Risorgimento: Wörtlich Wiederaufstieg oder Wiederaufleben; die Zeit, die in Italien nach jahrhundertelangen Stadtstaaten, Fremdbesetzungen und kleinen Königreichen zur Wiedervereinigung führte.
Rogers, Ernesto (1909–69): Bedeutender italienischer Architekt, Partner des Büros BBPR und einer der italienischen Rationalisten der dreißiger Jahre, die an den Diskussionen der CIAM (Congrès Internationaux d'Architecture Moderne) teilnahmen; als Herausgeber von *Domus* und später *Casabella-continuità* und als Professor an der Architekturfakultät von Mailand war er der Mentor einer Generation von jungen Architekten der Nachkriegszeit, einschließlich Vittorio Gregottis, der nach ihm Herausgeber von *Casabella* wurde.
Rotunde: Kreisförmiger Raum oder Bau, üblicherweise mit einer Kuppel.
rustico (Plural *rustici*): Wörtlich ein Bauernhaus; wird für die Bezeichnung von ländlichen oder rustikalen Gebäuden jeglicher Art verwendet.
Scarpa, Carlo (1902–78): Lange Zeit Lehrer am Architekturinstitut der Universität von Venedig und früher Befürworter der neuen Architektur der Moderne; seine Nachkriegsbauten beschäftigen sich mehr und mehr mit der Frage, wie Materialien angewandt und vor allem, wo sie in historische Gefüge eingegliedert werden, halten dabei aber an den Lehren der Moderne fest.
sechssäulig: Bezieht sich auf einen Portikus mit sechs Frontsäulen.

Serliana: Auch als Palladio-Motiv bekannt.
Sforza: Familienname der Herzöge von Mailand, die über den heutigen Kanton Tessin, die Lombardei und Piemont herrschten.
Stam, Mart (1899–1986): Holländischer Architekt und aktiver Teilnehmer an der CIAM, zu deren Gründungsmitgliedern er gehörte. Er war einer der Architekten der Weissenhofsiedlung in Stuttgart, entwickelte in Frankfurt Sozialwohnungen, lehrte am Bauhaus in Dessau und arbeitete in den frühen dreißiger Jahren in der UdSSR. Als überzeugter Sozialist lehrte er von 1948–52 in der DDR. Danach praktizierte er in Amsterdam.
Tendenza: Die in diesem Führer besprochenen schweizerischen und italienischen Neorationalisten.
Terragni, Giuseppe (1904–43): In der Nähe von Mailand geboren, studierte er am Polytechnikum. Bildete mit sechs Kommilitonen die »Gruppo 7« und wurde zum bekanntesten der italienischen Rationalisten der dreißiger Jahre. Seine Casa del Fascio in Como ist vielleicht das bedeutendste Bauwerk dieser Bewegung.
Tessenow, Heinrich (1876–1950): Deutscher Architekt und Befürworter der Arts-and-Crafts-Bewegung im Weimarer Deutschland.
Urnenhaus: Wand oder Gruft mit Nischen, in denen die Urnen mit der Asche von Verstorbenen untergebracht sind.
Weissenhofsiedlung: Vom Deutschen Werkbund geförderte Bauausstellung von 1927. Zu den teilnehmenden Architekten gehörten Ludwig Mies van der Rohe – der den Generalplan und eines der Gebäude schuf – Le Corbusier, J. J. P. Oud, Mart Stam und andere, allesamt Gründungsmitglieder der Bewegung der Moderne.
Woods, Shadrach (1923–73): Amerikanischer Architekt, der nach dem Zweiten Weltkrieg bei Le Corbusier arbeitete, gründete das Büro Candilis-Josic-Woods mit zwei weiteren ehemaligen Mitarbeitern. Sein Entwurf für die Freie Universität in Berlin (1969) basiert auf einem Kreuzraster, das die Erschließungswege festlegt und für die Bereiche innerhalb eine Aufteilung entsprechend den Anforderungen vorsieht, seien es Vorlesungssäle, Labors oder Büros.

Karten

Bellinzona und Carasso
Seite 33–39

Camorino
Seite 44–45

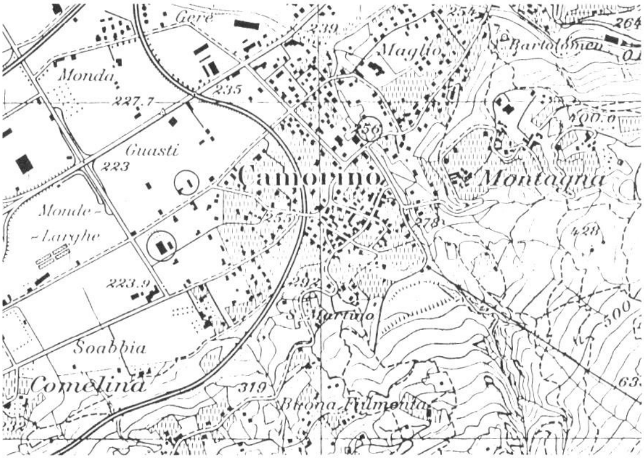

Locarno
Seite 52–54

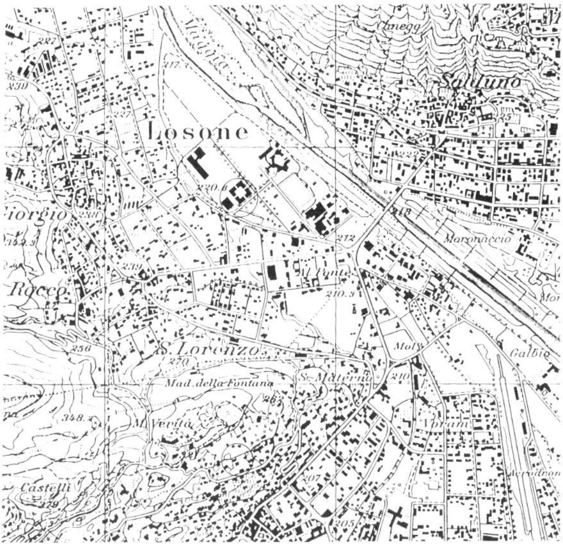

Losone und Ascona
Seite 58-60

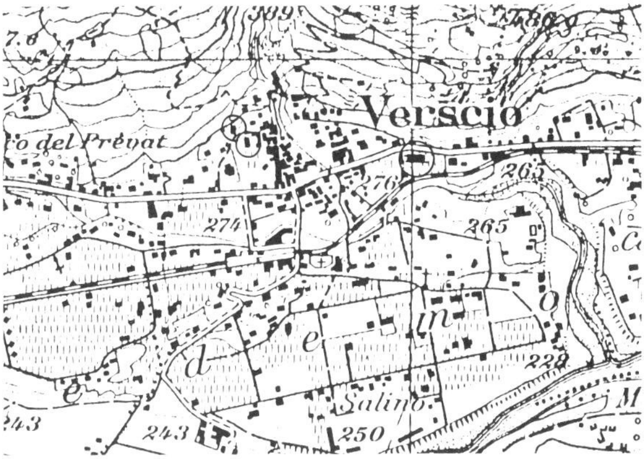

Verscio
Seite 61–64

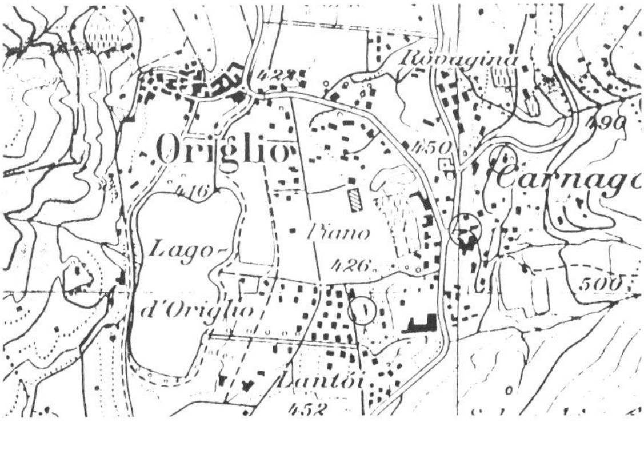

Origlio
Seite 68–70

Tesserete, Bigorio,
Cagiallo und Vaglio
Seite 71–75

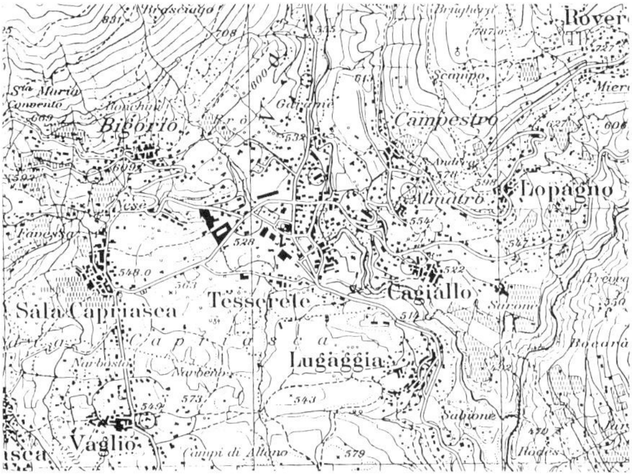

Sonvico und Cadro
Seite 76–79

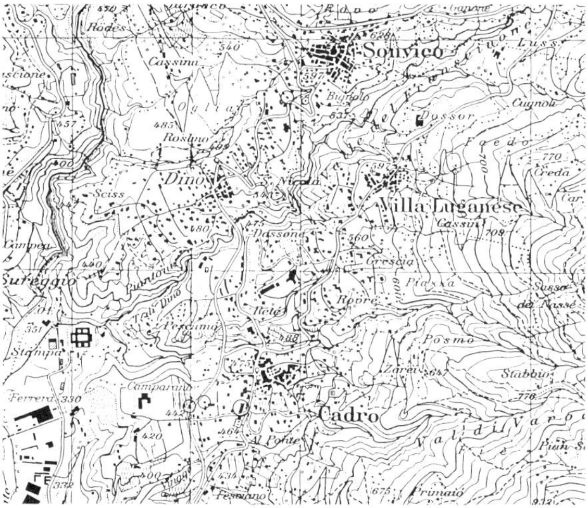

Arosio
Seite 80–82

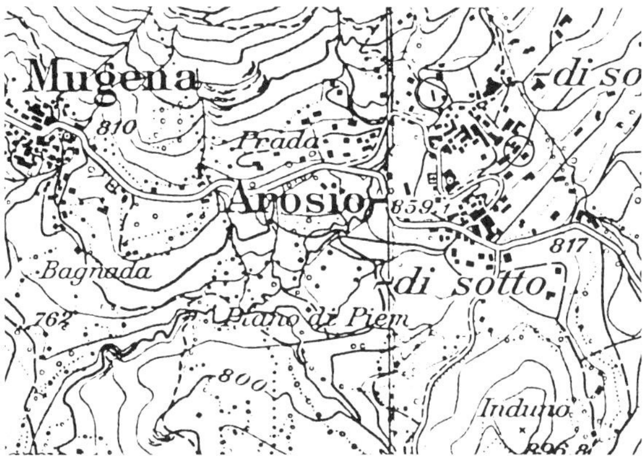

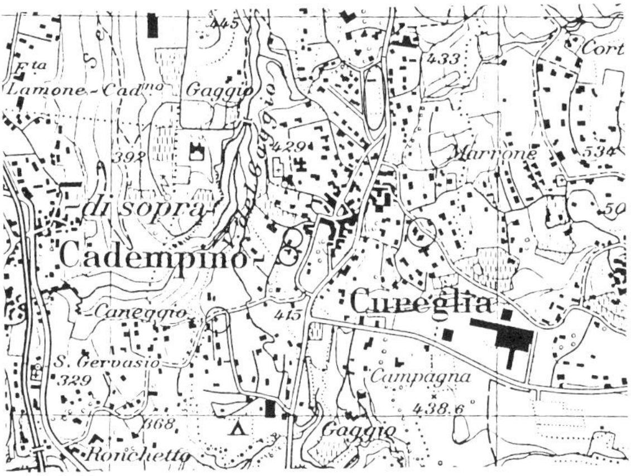

Cureglia
Seite 83–85

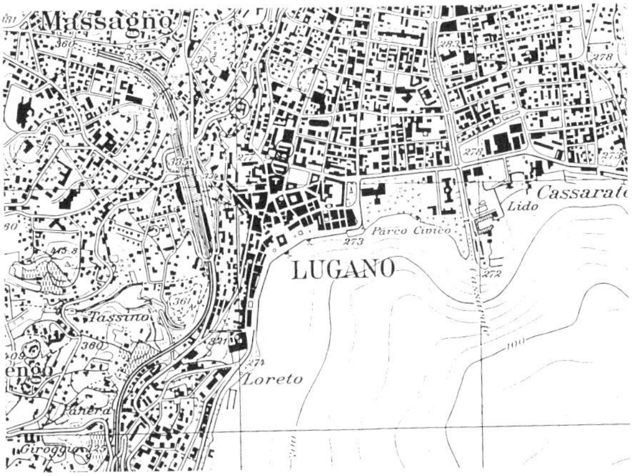

Lugano
Seite 86–89

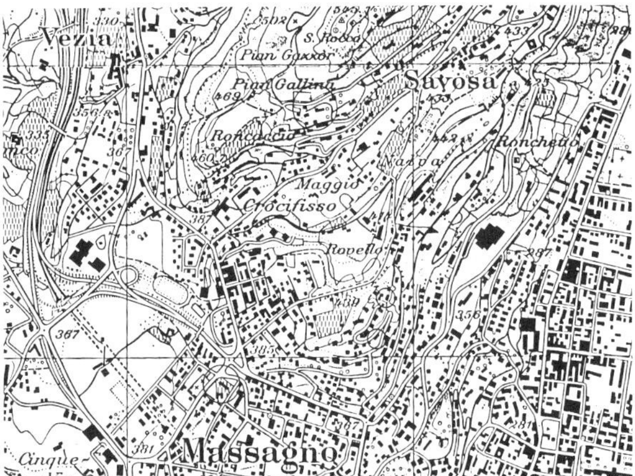

Massagno und Porza
Seite 90–93

Pregassona und
Viganello
Seite 94–96

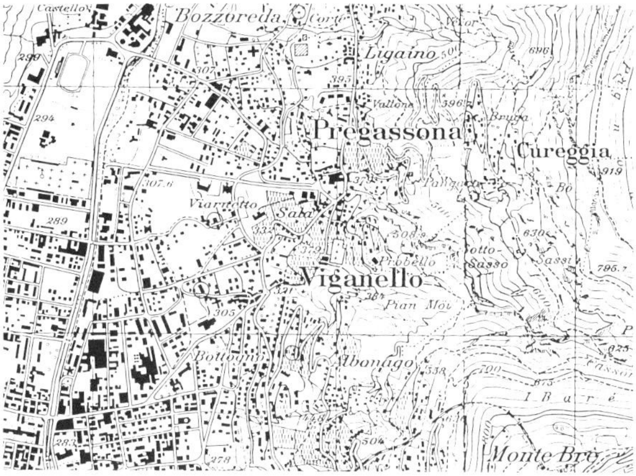

Muzzano, Breganzona
und Sorengo
Seite 97–99

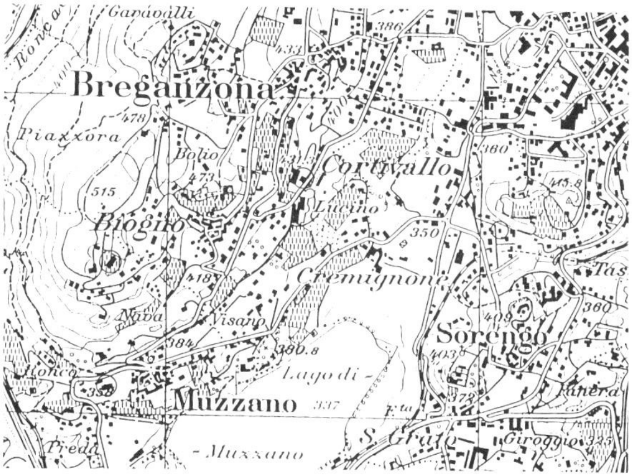

Caslano und Neggio
Seite 102–104

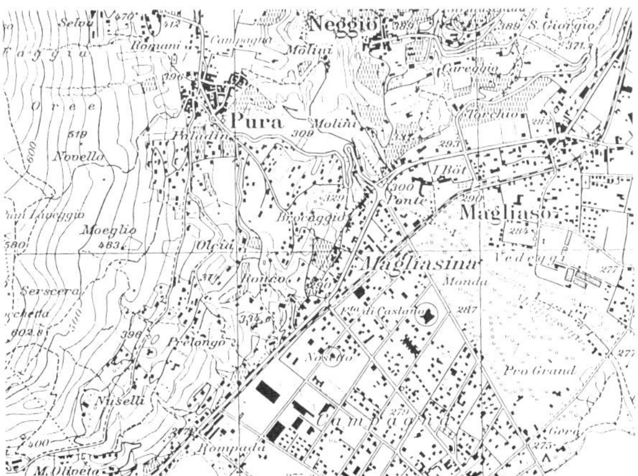

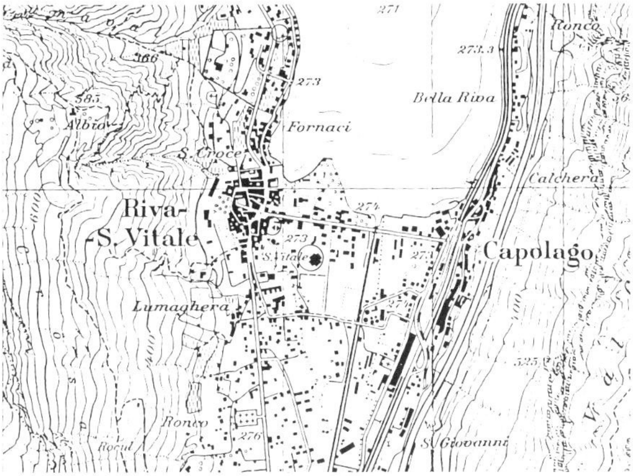

Riva San Vitale
Seite 105–108

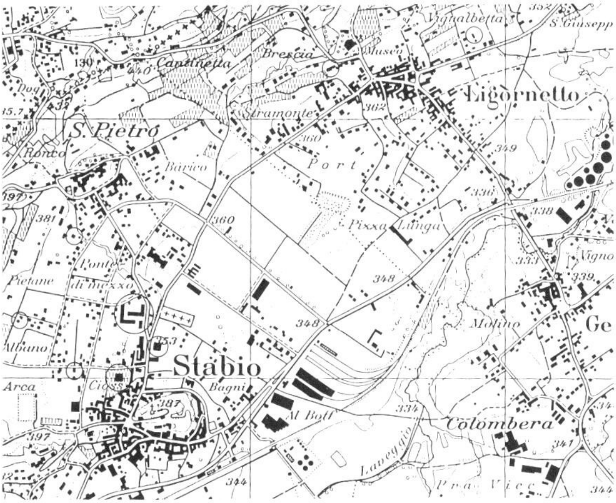

Ligornetto, Stabio und
San Pietro di Stabio
Seite 109–113

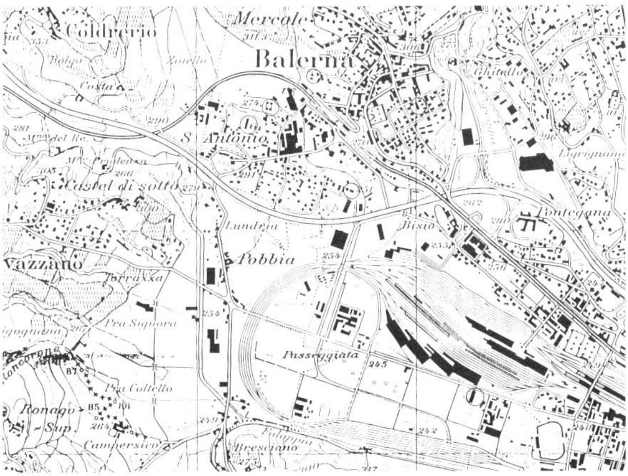

Balerna
Seite 114–120

Castel San Pietro,
Morbio Superiore und
Inferiore
Seite 114–120

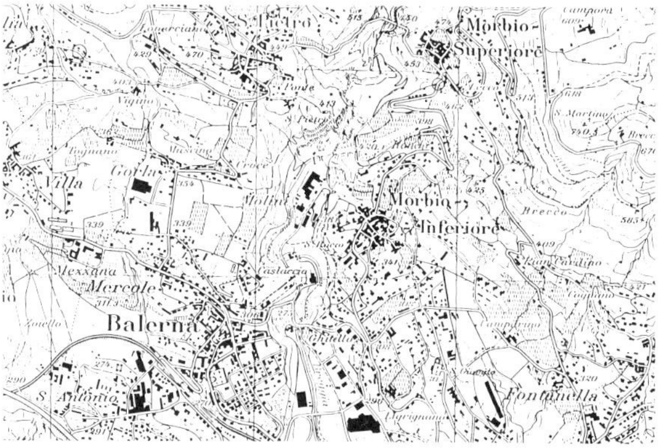

Vacallo
Seite 121–123

Alzate Brianza und
Sirone
Seite 124–125

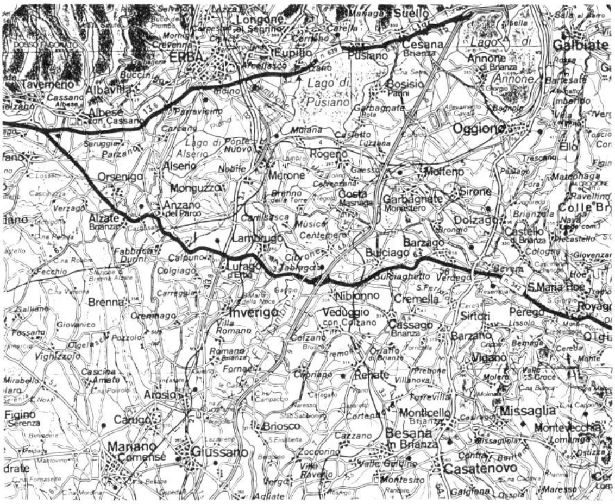

Novara
Seite 129–131

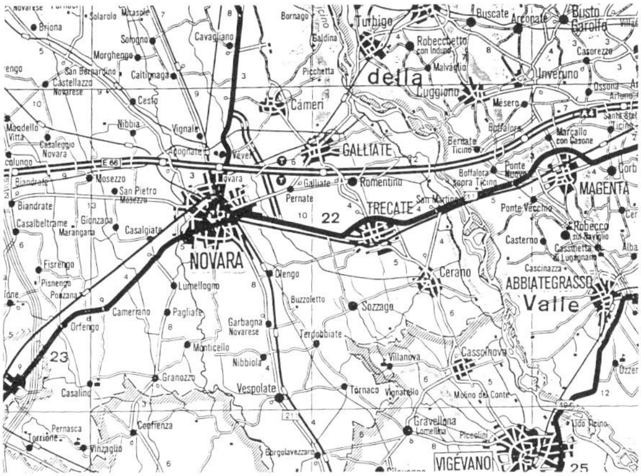

Novara und Umgebung
Seite 129–131

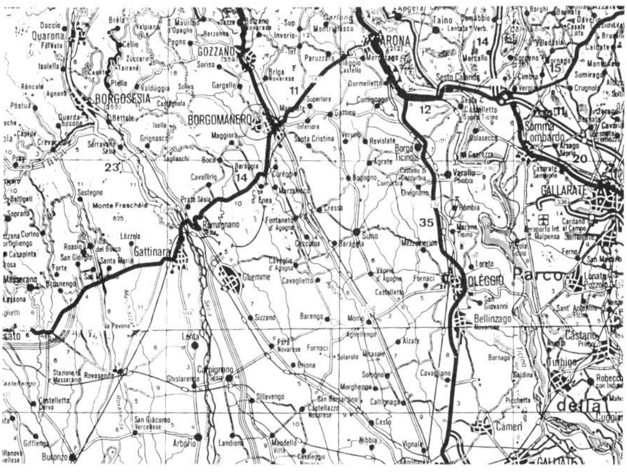

Nördlich von Novara
Seite 132–134

Casorezzo
Seite 139–143

Gallarate
Seite 139–143

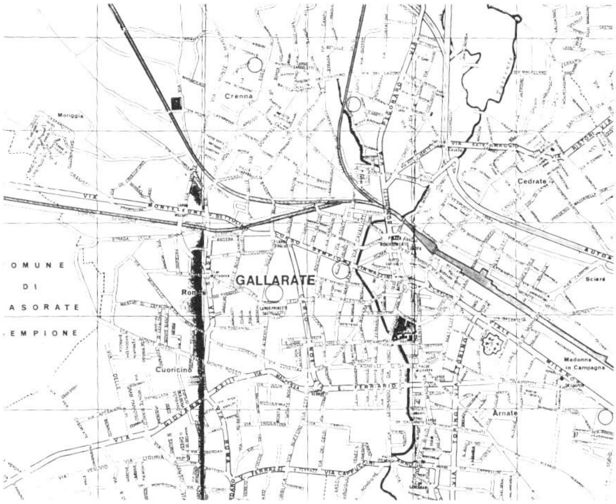

Fagnano/Olona
Seite 146–147

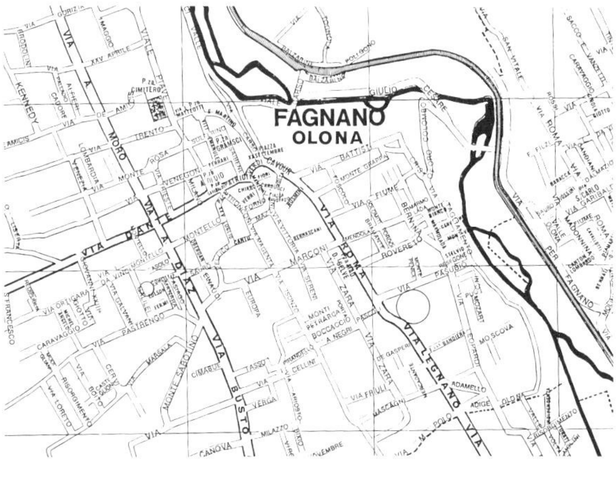

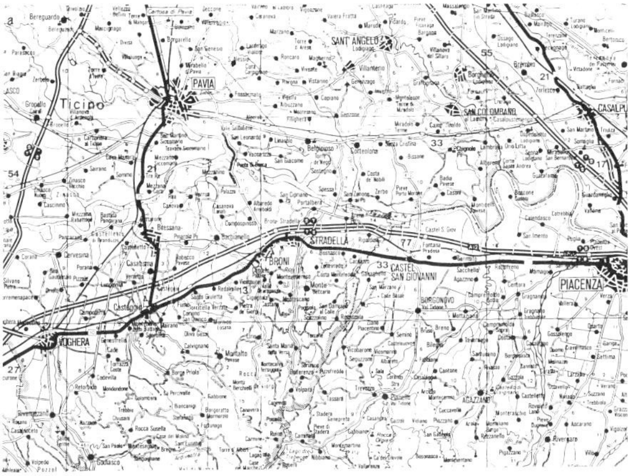

Broni
Seite 148–149

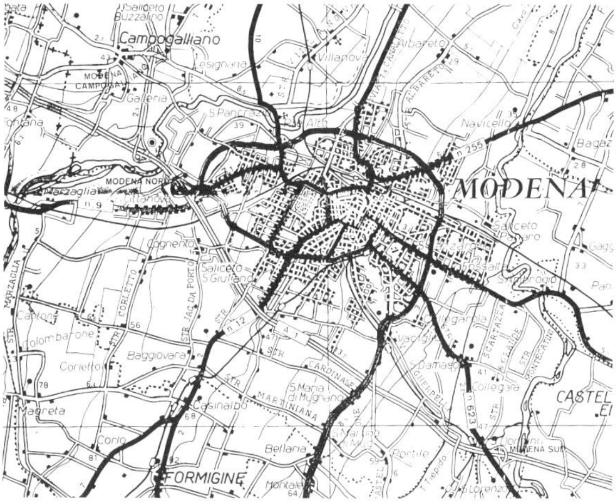

Modena
Seite 155–156

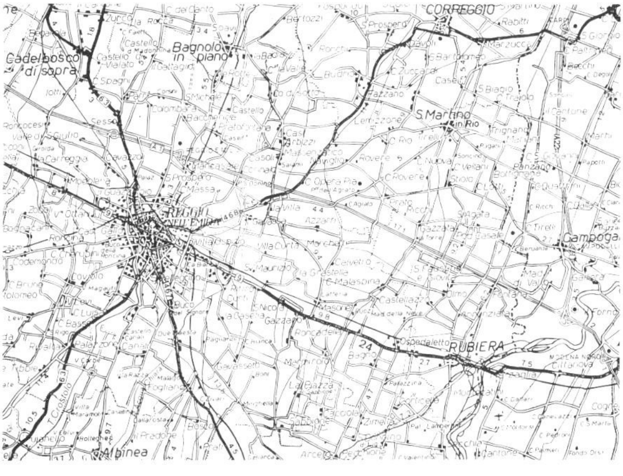

Provinz Reggio Emilia
Seite 157–158

Bibliographie

Allgemeine und spezielle Publikationen zur traditionellen autochthonen Architektur in der Region

Schweiz

Amsler, Thomas, Dieter Herrmann, Knut Lohrer und Ulfert Weber. *Corippo: Bauaufnahme an der TH Stuttgart 1959.* Stuttgart: Karl Krämer Verlag, 1986.

Bukowski, Manfred, Roland Dorn, Bernd Lohse und Cord Machens. *Tessin: Bergdörfer und Neue Villen.* 8. Aufl. Braunschweig: Technische Universität Braunschweig, 1981.

Gschwend, Max. *La casa rurale nel Canton Ticino.* 2 Bd. Basel: Verlag G. Krebs AG, 1982.

Rossi, Aldo, Eraldo Consolascio und Max Bosshard. *La costruzione del territorio: Uno studio sul Canton Ticino.* Mailand: CLUP, 1985. Gekürzte Ausgabe von *La costruzione del territorio nel Cantone Ticino.* Bd. 1, *Costruzione del territorio e spazio urbano nel Cantone Ticino.* Lugano: Fondazione Ticino Nostro, 1979.

Italien

Barbieri, Giuseppe, und Lucio Gambi, Hrsg. *La casa rurale in Italia.* Florenz: Leo S. Olschki Editore, 1970; Neuaufl. 1982.

Castellano, Aldo. *La casa rurale in Italia.* Mailand: Electa Editrice, 1986.

Guidoni, Enrico, Hrsg. *L'architettura populare in Italia.* Rom/Bari: Editori Laterza.

Nangeroni, Giuseppe, und Roberto Pracchi. *La casa rurale nella montagna lombarda.* 2. Bd. Florenz: Leo S. Olschki Editore, 1957, 1958.

Nice, Bruno, Gino Pratello, Giuseppe Barbieri und Elvira Boriani. *La casa rurale nell'Appennino emiliano e nell'Oltrepo pavese.* Florenz: Leo S. Olschki Editore, 1953.

Saibene, Cesare. *La casa rurale nella pianura e nella collina lombarda.* Florenz: Leo S. Olschki Editore, 1955; Neuaufl. 1980.

Allgemeine Publikationen zur modernen Architektur in der Region

Schweiz

Bachmann, Dieter, und Gerardo Zanetti. *Architektur des Aufbegehrens. Bauen im Tessin.* Basel: Birkhäuser-Verlag, 1985.

Blaser, Werner. *Architecture 70/80 in Switzerland.* Basel: Birkhäuser Verlag, 1981.

Disch, Peter. *50 anni di architettura in Ticino 1930–1980 (Quaderno della Rivista Tecnica della Svizzera italiana).* Bellinzona-Lugano: Grassico Pubblicità SA, 1983.

Fumagalli, Paolo, und Attilio Panzeri, Hrsg. *BSK Architettura in Ticino – Architektur im Tessin – Architecture au Tessin.* [Lugano?]: Edizioni A. Salvioni & Co., [1987?].

Rastorfer, Darl. »Architects of the Ticino.« *Architectural Record,* 175, Nr. 4, April 1987, S. 110–127.

Tendenzen Neuer Architektur im Tessin (Ausstellungskatalog). Zürich: ETH, 1975.

Werner, Frank, und Sabine Schneider. *Neue Tessiner Architektur.* Stuttgart: Deutsche Verlags-Anstalt, 1989.

Italien

Bonfanti, Ezio, Rosaldo Bonicalzi, Aldo Rossi, Massimo Scolari und Daniele

Vitale. *Architettura Razionale.* Mailand: Franco Angeli Editore, 1973.
Casciato, Maristella, und Giorgio Muratore, Hrsg. *Annali dell'Architettura Italiana Contemporanea 1984.* Rom: Officina Edizioni, 1985.
Morton, David. »Tendenza«, *Progressive Architecture,* 61, Nr. 10, Oktober 1984, S. 49–65.
Nicolin, Pierluigi. »Castles in the Plain; Housing on the Periphery«, *Lotus International,* Nr. 48/49, 4/1985–1/1986, S. 176–189.
Portoghesi, Paolo. *I nuovi architetti italiani.* Rom/Bari: Editori Laterza, 1985.

Monographien und andere Veröffentlichungen zum Werk einzelner Architekten

Mario Botta
Battisti, Emilio, und Kenneth Frampton. *Mario Botta: Architecture and Projects in the '70.* Mailand: Electa Editrice, 1979.
Battisti, Emilio. »The Intelligence of Architecture as Craft: Works by Mario Botta«, *Lotus International,* Nr. 22, 1/1979, S. 60–68.
Carloni, Tita. »Architect of the Wall and not of the Trilith: Building and Mario Botta«, *Lotus International,* Nr. 37, 1/1983, S. 34–46.
Dal Co, Francesco, *Mario Botta: Architecture 1960–1985.* Paris: Electa Moniteur; New York: Rizzoli International, 1986.
Frampton, Kenneth. »Botta's Paradigm«, *Progressive Architecture,* 65, Nr. 12, Dezember 1984, S. 82–90.
Gilardoni, Virgilio. »Gli spazi dell'uomo nell'architettura di Mario Botta«, *Archivio Storico Ticinese,* Nr. 100, Dezember 1984, S. 219–224.
Miller, Nori, und Livio Dimitriu. »Transfigurer of Geometry«, *Progressive Architecture,* 63, Nr. 7, July 1982, S. 54–63.
Nicolin, Pierluigi. *Mario Botta. Bauten und Projekte 1961–1982.* Stuttgart: Deutsche Verlags-Anstalt, 1984.
Purini, Franco. »Inner Voices: Observations on Architecture and Mario Botta«, *Lotus International,* Nr. 48/49, 4/1985–1/1986, S. 67–93.
Stein, Karen D. »A Tree Grows in Lugano«, *Architectural Record,* 174, Nr. 8, Juli 1986, S. 132–137.
Trevisiol, Robert. *La casa rotonda.* Mailand: Edizione L'Erba Voglio, 1982.

Mario Campi, Franco Pessina und Niki Piazzoli
Frampton, Kenneth. »In the Lugano Landscape: Five Architectures«, *Casabella,* 534, Jg. 51, April 1987, S. 4–11.
Seligmann, Werner, und Jorge Silvetti. *Mario Campi - Franco Pessina Architects.* New York: Rizzoli International, 1987.
»The Mountain and the Machine«, *Progressive Architecture,* 63, Nr. 7, Juli 1982, S. 64–71.
»Within the Bounds of Reason«, *Architectural Record,* 174, Nr. 8, Juli 1986, S. 88–91.

Guido Canali
Morton, David, »Cheese Biz«, *Progressive Architecture,* 65, Nr. 7, Juli 1984, S. 92–98.

Giancarlo Durisch
Durisch, Giancarlo. »Analogous Figures«, *Lotus International,* Nr. 15, Juni 1977, S. 122–127.

Massimo Fortis
»Reseña de proyectos«, *Arquitectura* (Madrid), Nr. 215, November–Dezember 1978, S. 22–23.

Aurelio Galfetti
Aurelio Galfetti. Einleitungen von Mario Botta und Mirko Zardini. Text spanisch/englisch. Berlin: Ernst & Sohn, 1989.
»Castelgrande e Bellinzona«, *Abitare,* Nr. 252, März 1987, S. 164–173.
»In the City and on the Crag: Two Projects by Aurelio Galfetti for Bellinzona«, *Lotus International,* Nr. 48/49, 4/1985–1/1986, S. 94–117.

Giorgio Grassi
»Giorgio Grassi« (Sonderausgabe). *2c: Construcción de la Ciudad,* Nr. 10, Dezember 1977.

Moschini, Francesco. *Giorgio Grassi: Progetti* 1960–1980. Florenz: Centro Di, 1984.

Vittorio Gregotti
Tafuri, Manfredo, *Vittorio Gregotti.* New York: Electa/Rizzoli, 1982.

Rudy Hunziker
Hofmann, Rinaldo, Hrsg. *Case da vendere - Ready Houses.* Mendrisio: Associazione Culturale Spazioarte, 1983, S. 51–67.
Rudy Hunziker. Old Westbury, N. Y.: New York Institute of Technology, 1986.

Giancarlo Motta und Antonia Pizzigoni
Motta, Giancarlo und Antonia Pizzigoni. *La casa e la città.* Mailand: CLUP, 1987.

Adolfo Natalini
Natalini, Adolfo. *Figures of Stone.* (Lotus Documents 3). New York: Rizzoli International, 1984.
Natalini, Adolfo. »Stone-Clad Building: Premises of the Cassa Rurale e Artigiana in Alzate Brianza, Como«, *Lotus International,* Nr. 40, 4/1983, S. 4–19.
Natalini, Adolfo. »Two-Way Building: Traditional Container and Sophisticated Content«, *Lotus International,* Nr. 37, 1/1983, S. 52–60.
Savi, Vittorio. »Story of a Design: Adolfo Natalini and One of his Works«, *Lotus International,* Nr. 40, 4/1983, S. 19–21.

Bruno Reichlin und Fabio Reinhart
Nicolin, Pierluigi. »Intrinsic Architecture: Works by Bruno Reichlin and Fabio Reinhart«, *Lotus International*, Nr. 22, 1/1979, S. 94–106.

Aldo Rossi
Abercrombie, Stanley. »Italy: The First Built Part of a Cemetery Famous before Building Began«, *Architecture (AIA Journal),* 72, Nr. 8, August 1983, S. 162–167.
Arnell, Peter, und Ted Bickford. *Aldo Rossi: Buildings and Projects.* New York: Rizzoli International, 1985.
Braghieri, Gianni. *Aldo Rossi* (Studio-Paperback). Zürich: Verlag für Architektur, 1983.
Moschini, Francesco, Hrsg. *Aldo Rossi: Projects and Drawings* 1962–1979. Florenz: Centro Di, 1979.
Rossi, Aldo. *Three Cities: Perugia, Milano, Mantova* (Lotus Documents 4). New York: Rizzoli International, 1984.
Savi, Vittorio. »Aldo Rossi«, *Lotus International,* Nr. 11, 1/1976, S. 42–56.
Savi, Vittorio. *L'architettura di Aldo Rossi.* Mailand: Franco Angeli Editore, 1976.

Luca Scacchetti
Moschini, Francesco, Hrsg. *Luca Scacchetti: Forme, Oggetti, Architetture* 1975–1985. Rom: Edizioni Kappa, 1986.

Luigi Snozzi
Croset, Pierre-Alain. »Three Buildings for Monte Carasso«, *Casabella,* 506, Jg. 48, Oktober 1984, S. 52–63.
Jehle-Schulte Strathaus, Ulrike, Kenneth Frampton und Vittorio Gregotti. *Luigi Snozzi.* Mailand: Electa Editrice, 1984.
Luigi Snozzi: Urban Renewal at Monte Carasso (Ausstellungskatalog). London: 9H Gallery, 1986.

Livio Vacchini
Bonell, Esteve. »Escola al Ticino«, *Quaderns d'arquitectura i urbanisme,* Nr. 160, Januar/Februar/März, 1984, S. 86–97.
Norberg-Schulz, Christian, und J. C. Vigato (Einführungen). *Livio Vacchini.* Barcelona: Editorial Gustavo Gili, 1987.

Index